実質的犯罪論の考察

山本雅子著

成文堂

平成十八年十一月十五日、
自立を全うしつつ、卒寿を迎えた母、
島田敦子に、今日までの恩愛を謝して
本書を捧げる

雅子

はしがき

久しく教壇に立ちながら、私は今日まで著書を出版するということに思いを至してこなかった。従って、一つの主題に向けての論文作成という執筆を心掛けてきていない。

しかしながら、自分なりの研究生活の中で如何にしても越えなければならない切所に追い込まれることが少なからずあった。その最大のものが構成要件論否認論による自縄自縛であった。

本書第一章、「違法構成要件論への道程」はそこでの試行錯誤を詳らかにし、今後の研究の基盤を確保できたことを明らかにし得たものであるので、敢えてこれを巻頭とした。その間、ロクシンの教科書の第四版が出版され、彼の客観的帰属論はその大半が構成要件該当性論であるという認識をもつので、さいわいの好機と思い、第二章に、ロクシンを中心とする「客観的帰属論」をおいた。第三、四、五章のテーマは、草野刑法学で育てられた者にとってはとりわけ大切なものであり、自己の見解を示しておきたいと考えた。第六章は内容上むしろ第七章に後続するものともいえるものであるが、一応、体系的配列も考慮してこの順とし、最終章に基本的なテーマに関するものをおいた。統一のある構成には欠けるところがあると思われるが、ほぼ現在の思索の結果である。

それぞれの論文は折々にまとめたものであるが、どの論文にも「実質的考察」という視点が傾向として存在すると自覚し得るので、本書のタイトルとして論文集とし、この度出版の運びとなった。

本書の上梓は、思いもかけないところに生じた縁しから、成文堂取締役の土子三男様に本書の出版を強くお勧めいただけたことに端を発した。諭されたことは「学問に年令はないから、これを機に更なる道を進んでみるように」ということであった。心に重く響いた。多くの名だたる研究者が出しておられる成文堂でお引受け下さるということは筆者にとりまさに身に余る事態であり、相当の逡巡とはじらいの中での決意であった。

十八歳で中央大学法学部法律学科に入学、更に、家族の深い理解に恵まれ、さいわいにも大学院へ進むことを得、下村康正先生の門下の端に加えていただくことができた。先生は草野刑法の学統を大切にされ、門下生にその本質を熱く語られる講義でそれを伝えられた。

私学の伝統は学統の継承・発展なくしてはあり得ないと考えている。それ故、現在、中央大学法学部で草野刑法学の真髄が、立石二六教授を中心に脈々と受け継がれていることは門下の一員たる私にとり学問上の大きな支えとなっている。

顧みて、こんにち本書と私のあるは、下村康正先生の御指導、並びに、立石二六先生のお力添えの賜物である。又、出版事情の厳しい折にもかかわらず、出版を御承諾下さった成文堂社長阿部耕一様への感謝は筆舌に尽し難い。更に、これまでには成文堂の皆様を初めとし、多くの方々のお世話になった。あらためてここに心からの謝意を捧げ、あわせて衷心より御礼申し上げる次第である。

平成一九年二月七日

中央学院大学法学部研究室にて

山本雅子

目次

第六章　予備罪考……186

第一章　違法構成要件論への道程

一　はじめに

刑法総論においてはまず体系が問題となる。伝統的に、二分法、三分法の是非論は問われるのであるが、現在ではいわゆる構成要件をいかに論ずべきであるかという事がもっとも基本となる争点である。犯罪は、構成要件に該当する違法で有責な行為である。犯罪のこの形式的な定義は、体系思考そのものを示している。犯罪はまず①行為であり、②それが違法且つ有責なものでなければならないのであるが、定義中、「構成要件に該当する」という文言が全体の中でどのような位置づけをされるのかということが問題である。

構成要件の機能は、周知のごとく、犯罪個別化、故意の規制、違法関連に大別されるのであるが、特に、違法関連機能に関し、それ自体を否定し、行為の型のみを示すものであると考えることも可能であるし、反対に、違法や責任を推定させるものと解することも可能であることから、定義でいわれるところの「構成要件に該当する」という文言の意味が改めて問われなければならないのである。この問題に関する学説の観にも又、実に様々なものがある。例えば、内田博士は、ベーリングの構成要件概念のいわゆる形式的かつ価値中立的性質に対する通説からの批判は的をはずしたものであり、「このことは、違法性・有責性という実質的な刑法的価値概念からみて形式的であり、中立的であるというだけのことであって、構成要件そのものが、全く形式的で無内容なものだということを意味するわけではないのである」[1]、といわれ、しかし重ねて、「構成要件の違法推定機能などは、単なる『事実上の推定』が可能であるという限度でのみこれを首肯すべきである。（中略―筆者）ベーリングが、構成要件に中立的な位置づけを与え、違法論・責任論に固有の領域を与えようとしたことは、決して否定されるべきではない」[2]と主張される。

これに対し、我国の通説は違法類型説であり、更に、有力説として違法・有責類型説があることも知られている通りである。ちなみに違法類型説が認識根拠説と実在根拠説に分れることも周知のことである。

いずれにせよ、行為という概念が評価を受くべき客体（実体）として総論上独自の地位を占め、それに対する刑法的評価の起点は構成要件該当性判断であるということになる。

構成要件概念の総論入りは、もとより人権保障の要請である。もともと、罪刑法定主義上、犯罪とは最終的にいずれかの各則各本条構成要件に該当するものでなければならないのであるから、その性質を有するはずの行為に限って犯罪論上にのせるという方法論は充分に謙抑的である。体系美学上も構成要件該当性判断を端緒とする賓辞構成の同質性は是とせられるであろう。

現在、体系論は行為論（下村博士、岡野教授がこれを採られる）[3]と構成要件論に大別されるが、前説はかつては有力であったものの、現在では遺憾ながら少数説であると思われる（筆者も従前はこれに与するものであった。本章は、私見が行為論から構成要件論へと向うに至ったその思考の軌跡を明らかにすることが目的である）。

これに対し、構成要件論は多数説・通説であるが、ただ、その内部において構成要件概念の把握に相違がある。

ベーリングの体系に従う(1)行為－構成要件該当性－違法性－責任とする体系、(2)構成要件－違法性－責任とする体系、(3)行為－違法性－責任として、違法性の実在根拠として構成要件を内包する体系、これらが代表的な体系であろう。前記の行為論は構成要件概念を総論に位置づけない。即ち、その意味で「構成要件論否認論」[4]である。

問題はこのような体系論の違いがいかなる理論的相違に帰着するかということである。特に行為として把握される範囲の広狭が問題となる。行為論自体は、構成要件論の採否にかかわらず、いずれにせよ（前記(2)の体系論であっても）、犯罪論の基礎となるべき部分であり、あまつさへ、因果関係論あるいは客観的帰属論という理論領域を内包するものであるからである。

さて、行為として把握される範囲に関しては、何といっても行為論による場合が最広義である。けだし、条文に定められた結果が発生したことを基点として、それを因果的に惹起した意思実現活動が条件関係の下で捉えられてそこに一個の行為の存在が確定するからである。これに対し、前記(1)の犯罪行為類型たる構成要件概念を用いて該当行為を確定する場合は、「実行行為をもつ」意思実現活動と相当因果関係による結果との相関性という二重の絞りがかかることとなる。その限りで、刑法的評価の客体としての行為の範囲は前者より狭いものとなる。しかし、ここでもまだ、例えば、不作為犯の作為義務のような行為類型外の要素による絞りは入ってきていない。これに対し、構成要件を違法行為の類型であるとし、それを前提として犯罪論の中に置くとすれば、作為義務や、不法領得の意思等の主観的違法要素を構成要件要素として認めることとなり、これらの有無の判断が構成要件該当性判断に影響を及ぼす。けだし、これ等の要素をはずして純粋に客観的に行為の類型性を求めるとすれば、それは違法行為の類型ではありえないからである。他面、行為に属さざる、しかし、行為の違法性に影響を与える諸要素を構成要件該当性の判断にとり入れるとすると、犯罪の個別化機能に利するものではあっても、構成要件論の本来的出自からははるかに隔たるものとなる。この矛盾を抱えながら、違法行為類型説の行為範囲は前二者に比して狭いものとなる。

さらに、違法・有責類型であるとされる構成要件概念が採られるならば、ここでは故意及び過失が類型化されたものとして加えられてくる。その要素が付加されるだけ、構成要件自体さらに細分化される。したがって、一個の構成要件の下で把握される行為の範囲は最も狭いものとなるはずである。

このように、犯罪論の端緒あるいは中核に構成要件概念をおき、これにより刑法的評価の対象を固定していく方法は、思うに、行為論に替わる対象確定理論の役割にも増して、むしろ、爾余の評価論、即ち、違法論、責任論での個別の立論にきわめて確定した整合性を与えるものとして意味づけるべきである。その最も端的な例が法定的符合説や具体的危険説、犯罪共同説等の諸論との結合である。

私自身は、前述の如く、体系論としては行為論にしたがっていた。しかしながら、長く自問し続けた結果、現在、構成要件論否認論からの離脱に達し、上記体系論(3)を妥当な見解であると思料するに至っている。その理由をここに提示し、今後の研究の出発点としたい。

そこで、次の二において、体系論としての行為論及びその中核となる因果理論をあらためて振り返り、私見は客観的帰属論の思考に影響を受けて主張された実質的把握による因果理論からの脱皮であることを明らかにする。

二　行為論

まず、体系の基本におかれるべき概念は行為でなければならない。上述の犯罪の形式的定義の文章構造通り構成されるべきである。行為を構成要件の外側に出す、あるいは、構成要件の客観的要素として非独立的な部分的役割に限定することは妥当でない。刑法理論は難解であるが、裁判員制度の導入をはじめとして、犯罪被害者を中心とする一般人からの関心の高まりという、これまでに例をみなかった状況の中で、可能な限り人口に膾炙するものであることが望ましい。特に入口論では平易・明快であるべく、その意味からも「犯罪は行為である（＝行為でないものは犯罪ではない）という命題を降ろすものであってはならず、そのことは体系上も明示される方がよいと考える。(5)

行為論の長所は構成要件論に比し評価作業が少ないだけ一義的な結論を得やすいところにある。もっとも因果関係の存否も、条件説では把握しにくい限界事例があるのであるし、それに先んじて、有意性の判断や不作為論等難問は抱えているといわなければならないが、構成要件論はそれ以上の評価理論であるが故に、特に専門性を必要とする。したがって、刑法が関心をもつ結果の発生を基点とし、それがともかくも人の有意的な意思実現活動を原因として惹起されたものであるという判断を経、広義の行為概念を確定するという作業から体系を展開するものとして、行為論を構成要件該当性の判断に論理的に先行させ、上述の如く、そのことを命題として堅持することが重要であるといわなければならない。

行為概念の限界機能・結合機能・基本要素機能はまさに犯罪論体系の出発点にふさわしいというべきである。行為論により確定される行為は決していわゆる「裸の行為」ではないのである。刑法上の評価の客体としての限定はおのずから設定されているのである。

この点につき、かつては以下の如く考えた。すなわち、わが国の刑法典は犯罪の行為性を直接には規定していない。しかし、その各本条において逐一「……した者は」とし、具体的に犯罪が行為であることを示している。犯罪現象についてのこの実体的な認識を基礎として、方法論的にも犯罪が行為であるという点に犯罪把握のための論理的出発点を認めていくことは可能である。犯罪が明文上行為であるのなら、あらゆる刑法的現象に共通する現実的基体たる行為を理論的にも犯罪の基本概念とすることにより犯罪論体系の統一が確保せられることになるからである。この方法論を行為論と名付けることができる。

これに対し、行為の本質を論ずる行為論は、上の意味での体系上の行為論と密接な関係にたつものではあるが、しかし、これとは区別して扱われなければならないものである。前者は構成要件論と相対峙するものであるが、後者は因果的行為と目的的行為論、あるいは、社会的行為論等の対置を内容とする事柄であるからである。もっとも、行為の本質論が登場した歴史的背景が、体系的上位概念を得る試みにあったことは否めない。行為の本質がいかなるものであるかによって、行為が犯罪論の上位概念たりうるか否かが決定されことになるのであるから（例えばかつてのヴェルツェルの故意犯・過失犯二分論や、不作為の行為性否定論）、犯罪の行為性を前提とする行為論の成否は本質論を基点としてそれに依存することになる。

しかし、翻ってみるに、法以前の一般的行為の本質を刑法の領域で論ずる必要はない。刑法において採り上げられるのは単なる一般的行為ではなく、刑法という価値体系の下で論ぜられる（犯罪の可能的実体とでもいうべき）行為だけなのであるから、そのような行為の本質だけが刑法上意味あるものである。論理的順序としてはまず刑法上の行為という概念が先行し、然る後にその行為の本質は一体何かということが問われるべきである。

社会生活はあまねく行為の集積に他ならないのであるから、その意味において行為は多面性を有する。行為の本質論が多岐にわたるのはまさにこの多面性の故であり、又、それらの結論の相違は観察者の視点の相違（どの側面から捉えようとしているか）に帰着するが故に、あくまで相対的な結論であるに止まるといえる。刑法的視点を離れ、純粋に行為の本質論に立つ限りは、したがって、いずれの結論を採るべきかの解答を得ることは不可能である。刑法的観点から目的論的に比較検討されてこそ選択されうる。このように解すれば、行為の本質が目的性であれ、因果性であれ、社会的有意味性であれ、それによって体系上の行為論の存在そのものが左右されることはない。けだし、行為論の根拠はその本質論にではなく、実定法の「……した」という文言に求められるからである。この意味において行為概念は法的概念であるから、刑法的観点に先行する基準から作為のみを行為としたり、目的的行為のみを行為であるとする思考に拘束される必要はない。

例えばドーナは過失犯と不作為犯における行為性を否定し、全ゆる犯罪に共通する要素は行為にあらず反規範性であるとして行為論を批判しているのであるが(6)、なぜ、この両者につき行為性が否定されているのかといえば、行為という概念が倫理的に没価値的なものとして法以前の段階で捉えられているからに他ならない。これに対し、過失は予見可能性及び義務性に関係づけられ、不作為は期待されたことの不作為として規範的に意味づけられている。したがって、ここでは過失と違法な故意、不作為と義務違反的行為が各々対応関係にあるとされ、「犯罪は常に行為であるとはいえないが、規範違反であるとはいえる(7)」と結論づけられるのである。

しかし、過失や不作為といういわば例外的な概念が価値関係的に把握されているのに、行為概念のみなにゆえに没価値的に解されなければならないのであろうか。刑法において問題とされるところの行為概念は、とり上げられた時点で既に規範の衣をまとう。論理的順序として違法・責任評価に先行し、したがって、それ等の純刑法的な評価からは厳密に区別されなければならないが、しかし、実体的にはそれ等の評価の対象に他ならないのであるから、違法性、有責性をもち得るものとしての可能体即ち価値に関係づけられたものでなければならないのである。ドーナの如く、行為という客観的事実を廃し、規範違反性という評価概念を基点に据えることが保障機能の点からも問題となることはいうまでもない。前述の如く、歴史的事実としての犯罪には違法性、有責性が同時に内在しているはずである。しかし、その事と評価の側における論理的段階付けとはなんら矛盾しない。概念的思惟の特色として、客体は個々の要素に分解され、統一体が部分的要素に解きほぐされる。それにより本来同時的なものが論理上逐次的なものへと変換させられる。犯罪論もまた一般的論理に服するものであるということを認めるのであれば、このような概念的思惟の限界を是認しつつも、なお、一般的なるものから個別的なるものへという論理的順序はここで依然として固持されなければならないのである。

さて、行為論に対する批判的な姿勢は、ベーリング以来の伝統に基づく「構成要件実現」という考え方の中にも見出される。行為論がその基礎を各則の「……した」という文言に求める限りにおいて、前者の考え方は後者即ち行為論にとりあながち無関係ではない。何故ならば、後者の、犯罪とは行為である、という定義は現行法上の構成要件の形態からのみ抽出されるからである（メッガーが指摘しているように、(8)もし動物の所為や自然現象などを内容とする構成要件が存在すれば、ここでいう行為論はその最も土台とするところで揺るがざるを得ない）。この意味で、行為論も現行法上の構成要件により条件付けられているのである。

ラートブルッフは構成要件実現という視点から、特に不作為においては外部的挙動は問題となりえないとした。しかし、行為の本質は外部的挙動性に存するのではなく、むしろ、意思の外部的発現という点にあるといわなければならない。作為・不作為は単にその態様でしかない。刑法上の行為は、行為概念が体系上有すべき有用性という点からしても、不作為による意思の発現形態を当然含むものである。刑法学が実践の学問である以上、犯罪論も又目的論的に構成さるべきである。したがって、その体系的基礎概念たる行為が犯罪の全態様を洩れなく包摂しなければならないという要請は、体系構築上のものであるというより遡ってむしろそれ以前の理論的前提たる目的的考

察の帰結である。(9)

さて、行為論は刑法上の結果の発生をまって、その原因たる意思実現活動を因果関係を辿って特定し、そこにいわゆる広義の行為を認定する。したがって、行為論にとり、因果関係がどのようにして認められるのかという事は最も重要な論点である。因果概念を狭く解すればそれに伴なって行為の範囲も狭まる。逆も成り立つ。因果関係は試行錯誤の理論であるといっても過言ではない。現在、条件説は判例において依然健在であるといえる。(10)相当因果関係説は特にその折衷説が構成要件該当性の理論と軌を一にする性質のものである。ここでは主観的構成要件要素の存在を前提とする構成が可能であるからである。さらに、現在、ドイツではほぼ通説的思考方法となっており、わが国でもきわめて注目を集めている客観的帰属論につき、この理論と因果関係論とは必ずしもパラレルに位置付けられるものではないと考えられるのであるが、その実質的な思考方法は因果関係論にも影響を与えたと考え、この思考の基礎的なところをあらためて検討し、その影響を与えた部分を例示したいと思う。因果概念の実質的把握がそれである。

最終的に、私見はその過程を経た上で、構成要件論否認論たる行為論から、構成要件論、特に違法実在根拠説たる構成要件論是認へと至ったものであるので、以下はいわば、自説の再検証ともなるべき論述となる。なお、客観的帰属論の基礎の検討はホーニッヒの見解に依った。

三　因果関係論の史的展開、及びホーニッヒの客観的帰属論

刑法上の行為は、通常、有意的な意思実現活動及びその結果の二者結合体として表わされる。行為という意味統

一体をこのように分析的に把握することの是非は一つの問題であろう。しかし、前述の如く、方法論として許されるものであるといえる。ただ、その客体が刑法上の行為であるという事実から、分析された各要素もおのずから刑法上のそれとして性格づけられ把握されるべきであるということが見失われてはならないのである。

さて、意思実現活動と結果との間には、後者が前者に基づいて発生したものであるという特定の相関関係が存在しなければならない。この関係が因果関係であり、また、あるいは客観的帰属関係である。刑法における因果関係が独立した犯罪要件論として論ぜられるのは行為論においてのみである。構成要件論からも例えば団藤博士が「因果関係はまさしく構成要件該当性の一つの場面にほかならない」(11)と指摘されるように、同様の検証が構成要件該当性概念の下で行われるのであるが、しかし構成要件論においては狭義の行為と結果が共に構成要件該当行為と構成要件該当結果として把握されるところから、その間の因果関係も当該構成要件に内在する性質として個々的に考えられることになると思われる。端的にいえば、構成要件論の下での因果関係論は構成要件的定型を構成するものである。したがって一般化された理論としての因果関係論とは相容れないものであると考える。(12)

しかし、いずれにせよ、結果犯における因果関係の存在は事実としてこれを無視し得ないのであるから、行為論の立場からは行為確定の観点から、構成要件論の立場であれば「構成要件において必須的な一つの契機（モメント）として」(13)実質的に考慮していかなければならないであろう。

特に行為論は構成要件論否認説として、行為―違法―責任という総論体系を採るのであるが、そこでは犯罪はまだ具体的類型をもたず、等しく同一の基準により検討され、その終局において「犯罪」という同一の枠組の中でとらえられることになる。したがって、行為論の領域でも刑法的評価の俎上にのせられるべきあらゆる行為が具体性を捨象した「何らかの有意的意思実現活動とその結果の結合体」として取扱われることから、その両者間に存在すべき因果関係も等しい基準により論ぜられなければならない。つまり、この意味での一般的因果形式が要求される訳である。

因果関係についての理論的解明は一九世紀後半にその端を発する。それ以前の段階では事実問題として個々的判断に委ねられていたのである。しかし、等しかるべきものを等しく取扱うという法の要請と、折しも自然科学的実証的方法論が当時の学界を支配した機運とがあいまって、従来の事実的因果関係の中に一定の法則を見出し、それにより理論としての一般化をはかる動きが生じてきたのである。単純な事実関係であればそれを把握するのに特別な理論や考量は必要とされない。例えばM・E・マイヤーが指摘したように、人間悟性の働きとして、生来、思考の中にあるべきものと解されるからである。しかし、判断そのものに客観性が要求される場合、及び、限界的事案に対する判断である場合、そこには一定の基準がなければならない。なかんづく、近代刑法学の黎明期であり、しかも、責任主義の確立をみていない一九世紀にあっては因果関係の確立がそのまま責任に結びついたのであるから、因果関係確定は極めて重要な問題となった。一九世紀中期の論客として知られるケストリンやベルナーにおいては因果関係はまだ総論的立場を与えられていない。ただ、殺人罪に固有の各論的問題としてのみ論じられた。

因果関係を総論的要素として採り上げた嚆矢はブーリである。彼によって提唱された条件説は実務及び学界における支配的地位を占め、以来、今日まで実務上の通説として継承されてきている(14)。ブーリが条件説を主張するに至った基礎には原因説に対する根本的な疑念があったのであろうと思われる。けだし、原因説の最有力条件とか優勢条件というような基準の不明確さも問題であるが、それ以上に、因果連鎖という対象の性質上これを原因と条件即ち本質的なるものと非本質的なるものとに区別する考え方自体因果概念を破壊するものであるといわなければならないからである。因果連鎖のどの部分をとってみても、それがなかったならば結果は生じなかったといえる限り、他の条件とまったく同等の価値を有しているはずである。原因説が全条件の等価性を基礎とする条件説にとってかわられたのは当然の結果であった。

しかし、この条件説が、その全条件等価説のゆえに、非通常的な因果経過や偶然性の介入事案も包摂し、極めて広範な因果関係を意味するものになることは周知の通りである。このように非通常的な因果関係や偶然の介入を算入することになると、通常の結果犯におけるがごとき故意による限定が及ばない結果的加重犯や、過失犯における因果関係の確立にあたってはきわめて広範なそれを認めざるを得ず、それにともない咎責性の範囲は無限定に拡大し、帰属の実体たる行為を確立するという因果関係の任務は霧散の結果となった。その弊害はとりわけ極端な因果経過の錯誤の場合、特に主観説とあいまって顕れるし、又、結果的加重犯において、旧独刑法五六条のような規定がない限り著しいものとなる。そこで、社会生活に直接介入する実務がかかる危険に陥ることのないよう予め因果概念そのものを相当性乃至適当性という中庸概念で限定しようとしたのが相当説である(15)。

相当説の創唱はバールになる。彼は自然的意味における因果関係と法的意味におけるそれとを対置せしめ、後者の観点から、法の目的を顧慮すれば法的意味における因果関係の内容はいわゆる「社会生活上の経験則（Regel des Lebens）」に一致しないものを除外するという形で限定されなければならないとした(16)。条件説及び相当説（なかんづく、後者については社会生活上の蓋然性の内容たる予見可能の判断基底を巡り問題が残る）の具体的内容や、条件説の立場からの範囲限定の試み（中断論、遡及禁止論等）などの周辺的問題については本稿であらためて言及するまでもないであろう。

ちなみに、両者の対立の中にあって、両者を対置せしめることなく、むしろこれを段階的に捉え、前者は後者の論理的出発点であり、考察の基礎をなすものとする論者も少くはない。因果関係論は一般的考察に属するものであるが故に、刑法の領域での法固有の考察には不適であるという理由から、因果関係を個々の構成要件の解釈に消化せしめたベーリング、あるいはこれを責任論に転化せしめたM・E・マイヤー等、いわゆる因果関係論不必要説の論者達も考察の前提としての条件関係存在の必要を否定してはいないし、メッガー、マウラッハ、ヴェルツェル、イェシェックといった論者達も条件説を基体としてそれへの法的評価という形で各々の見解を位置づけているのである。

この中でも特にメッガーにより提唱された「重要説」(17)に筆者は関心を寄せている。なぜならば、別章で客観的帰属論につき、特にロクシンとグロップの見解をみる積りであるが、グロップによれば、重要説が客観的帰属論の母胎であるとされているからである。しかし、「重要説」の詳解は本章では行わない。条件関係を前提として、さらに相当因果関係を問い、行為者が当該結果に対しその責を負うのは、確定した因果関係が法的に重要である場合のみであるという主張であることを示すに止め、先へ進みたい。

ところで、条件関係であれ、相当因果関係であれ、それらは因果概念である限りにおいて基本的に同じ範疇に属すものである。両者の対立はいわば方法論の相違に過ぎないとし、行為と結果の間の関係をより実質的な概念により把握する思考が生まれた。当罰性という目的を顧慮し、行為そのものが有する結果惹起力、あるいは、結果との間の法益侵害の危険性という実質的な関係をみていこうとする考え方である。これが客観的帰属論である。

この背景には犯罪の実質化という、より大なる流れが存在する。自然的行為を犯罪の類概念とし、それの属性という形で構成要件該当性・違法性・責任性という種的要素を認めた古典的犯罪論はその論理的明確性と体系美学という点ではきわめて秀れていたのであるが、その形式性のゆえに、現実に犯罪を把握する場合にもおのずからの体系に制約されざるを得ず、結果的に二つの側面からの修正を余儀なくされたのであった。一は目的論的・価値関係的考察方法の導入であり、二は犯罪における人格倫理的要素の認識である。前者が刑法理論にもたらしたものは実質的違法概念である。ここでは一方において主観的違法要素が認識され、他方において「利益衡量」という超法規的違法阻却への思考契機が生まれた。そしてこの超法規的違法阻却の承認は立ち返って構成要件の没価値性を否定し、構成要件とは類型化された違法に他ならないという帰結を導いたのである。けだし、ある構成要件該当行為が法定の違法阻却事由のいずれにも該当せず、しかも、実質的に違法性がないと判断されるべき時、要求される理論的根拠は当該行為の構成要件該当性を否定するという形でしか示されないからである。

このような考察を可能とするためには当該構成要件が違法行為だけを内包しており、本来違法でない行為は前もって構成要件該当性をもたないものであるという考えに依るのが自然である。すなわち、構成要件はもはや没価値的な性質から脱し、まさに違法行為の類型とならなければならなかったのである。かくして、構成要件は違法性の実在根拠であるとする見解、さらには構成要件と違法性を一体化した不法構成要件という概念を主張する見解の成立をみるのである。

さて、では後者の理論的帰結は何であったのであろうか。それは不法の本質を結果無価値から行為無価値へと移す見解にみられる。法的心情の発露としての行為に対する否定的価値判断がそれである。この、結果から行為へという思考転換が行為論（あるいは構成要件論）に顕われた時、客観的帰属論の成立をみたといってよいのではあるまいか。結果から行為に遡って検討された因果関係から、行為から結果を捉える客観的帰属へと移行することにより、行為と結果との間の関係は認識論的なものから実質的な内部連関となり、これにともなって違法論も行為と結果の統一的評価として、例えば二元的行為無価値論に結実する。

客観的帰属概念の内容は一義的ではない。広義においては、例えば団藤博士が説かれる如く「強いていえば『客観的帰責』である」[18]という、論理上主観的帰責すなわち責任概念の存在をまって初めて意味をもつ内容のものもある。しかし、このような責任従属概念は本来の客観的帰属概念とは区別される。

現在、シュミットホイザーに代表されるところの、積極的に違法判断との関りを求めていこうとする立場と、ホーニッヒが主張するような違法性とは無関係な行為確定論としてとらえる立場に二分される。前者は不法構成要件を基礎とし、行為が有する結果発生の危険性を不法構成要件に類型化された実質的違法性の有無という点から判断しようというものであるから、もはや従来の因果関係論には対応しない。これに対し後者はその基本的思考においても、又、結論においても従来の因果関係論に直接の関りを持ち興味深いものがある。従来の因果関係論では解かれえなかった点、例えば介入行為が故意によるものか過失によるものかにより、因果関係の存否が左右されうるかというような問題をも解決しうる性質を有するからである。したがって、本稿では特に後者を採り上げて検討してみたい[19]。

さて、相当説が志向したのは目的論的結論であったが、そうであるとすればそこに存するのはもはや存在の有無を問題とする因果関係論であるというよりむしろ別個の性質を与えられた規範的・法律的志向なのではないかという批判が、因果概念をあくまで存在論上の意味体であると考える立場から提示された。客観的帰属論はその狭間に生じて、因果関係論に対峙する。すなわち、一般的因果概念か刑法的因果概念かという、従来、因果関係の内部的問題として取扱われてきた条件説と相当説の対立は、それが因果概念への価値性導入の是非を争点とするものである限りにおいて、一方では因果概念の存在論的意味の破壊を、他方では真の（没価値的な）因果概念の刑法領域からの敗退を意味するものに他ならないと認識せられたのである。したがって、客観的帰属論は、厳密な意味における因果概念をとるとして、それが果して刑法上の帰属基体（Haftungsgrund）確定という高度に価値的な作業になじみうるかという条件説への疑問と、それに対する否定的な結論をもつものとして、そこでは相当説と共通の視点をもつ。ただ、両者はその方法論を異にした。客観的帰属論が因果的思考そのものを排したのに対し、相当説は因果概念の修正という形でその内部に止まったからである。

相当説の方法論は、ホーニッヒによれば、次のようにして否定される。相当説は事実的条件関係にある諸事象に対し相当性という観点からの評価を行うのであるが、結果を惹起する諸条件の内部における評価活動はいかなるものであれ既に因果概念の存在論的意味を冒してしまっている。けだし、後者が示すところのものは当の条件も他の条件と同様に結果発生の必然的前提であるという確定の問題だけであり、その意味で事実問題に他ならないからである。ところが、このような因果概念によって示される事実的因果関係は刑法的評価の基礎としての特殊性をなんら含んでいない。確かに因果関係の一方の基点は法益侵害的結果に限られるのであるから、その点では既に刑法的特殊性に関係づけられているといえるが、他方の基点については、なにゆえに、人の行為だけに限定されるのであろうか。因果概念からはかかる選別機能は到底生じない、というのである。相当説が事実的因果概念を排し、刑法の目的を顧慮した特別な因果概念を求めようとした点は評価すべきであるが、しかし、この特殊性を観念的な因果概念にのみ要求し、実体的なものとして把握し得なかった点が問題であるし、特に、因果関係論として止まる限りは前述の行為選別の機能を有し得ないというのである。

条件説、相当説に対するこのような批判から生み出された客観的帰属論はしたがって当初より刑法に固有の法概念として位置づけられる。

ホーニッヒは正当にも、ラレンツにより展開された帰属概念の哲学的基礎づけを自己の帰属概念とは一応無縁のものとして退け[20]、肝心なのは一般的な法理論からの基礎づけであるとする。彼により着目せられたのは法の客体であり行為の本質をなすものであるところの意思である。意思はその前者の意味において法の内容たる禁令あるいは命令に対応し得る唯一のものであるから、法が要求し得る客体としての行為はその意思による支配が及び得る範囲に限られなければならない。すなわち、法は立法者にとり望ましい結果の惹起あるいは望ましくない結果の回避を、その惹起あるいは回避が意思にとって一般に予見可能であり、したがって、惹起可能、回避可能である場合にのみ要求し得るのである。

このような基本思考に伴なって、帰属基体としての行為の確定も、単に意思実現活動と結果との間の因果的結合だけでそれを論じうるものではなく、さらに当該結果が意思実現の範囲内にあるかどうかという目的性の検討が加えられなければならないということになる。この後者の判断、すなわち、立法者により予定された規範的関係が当該行為と結果との間に認められるかどうかという判断（ホーニッヒはこれを法的重要性の判断であるとする）[21]において用いられるのが客観的帰属概念である。命令及び禁令の唯一の受容者たる意思は、したがって、この帰属概念の本質的要素でなければならない。さらに、前述の行為選別の問題も帰属概念に内在するこの意思要素から必然的な帰結として出てくる訳である。又、この事は行為の本質としての意思という実質面からも基礎づけられる。結果に対して条件関係をもつ多数の諸要因の中から特に行為だけが選別され得るのは、行為の基礎に爾余の諸要因を利用し因果経過全体を支配しうる意思が存するからであるに他ならない。

ホーニッヒはまず「意思実現活動は人がそれを手段として因果的継起事象に介入し、それにより自己の目的を達成する方法として、換言すれば、外界を自己の目的に従属せしめるための手段として認識されるという点にその目的論的特性を有するのである[22]」として行為を目的論的に把握する立場を明らかにし、その立場から「意思実現活動である挙動は爾余の無数の要素とは異なり、いわば基因的（etwas Ursprüngliches）なものである。つまり『原因の目的的設定』であり、『創造に等しい行為（quasi-schöpferischer Akt）』であり、自然現象への理性の目的的介入であり、それ故に目的論的現象である」[23]として、行為を把握するについては行為の本質である有意性を無視することは出来ないという結論をうるのである。かくて、人は挙動がもたらす結果を予見する能力を有し、それに則って結果の惹起あるいは回避にふさわしい挙動を選択し実行することが出来るのであるから、すなわち、因果経過の支配者たりうるのであるから、その限りにおいて単なる一因果分肢に止まるものではなく、当該因果経過を自己の目的下において自由に制御しうる主体として把握されなければならない。行為もそのようなものとして意味づけられなければならないのである。つまり、行為は客観的に（行為者の主観的目的とは無関係に）意思の目的的発現として認識される。このように捉えられた意思は、又、潜在的回避あるいは惹起能力に他ならない。

以上のような考察からホーニッヒは因果的事象経過への目的的介入が行為の本質を形成するなら、この客観的目的性こそが帰属判断の基準でなければならないとするのである。つまり、結果の帰属可能性は客観的にみて当該結果が目的的に設定されたものと考えられるか否かにより判断されるのである。具体的にいえば、行為者が自己の行為と他の諸事情を共働せしめて結果惹起あるいは回避をなし得たかどうかが基準となる。しかも、このような客観的目的性（＝帰属可能性）の有無は、単なる結果の予測可能性（相当説における如く）で見るものではなく、当該具体的事案がもつところの諸要素を全て考慮に入れ、事案を全体的に把握して初めて判断されるものであるとされ、ここで一般化思考（これも相当説の思考である）の排除が試みられる。曰く、「当該挙動が、発生した結果の惹起あるいは回避へと目的的に設定されえたはずのものであるかどうか――能動的挙動であれば、発生した結果の惹起手段として、受動的挙動であれば、その結果の不回避手段とみなされる――という問題の解決にあたっては当該具体的事案を構成する事情はいかなるものであれ考慮に入れられなければならない」[24]と。

帰属概念の実質に関しては以上のような説明がなされているのであるが、それでは一体この概念の体系上の地位はどこに求められ、また、いかなる点で理論上の実益がもたらされるのかという点に視点を移さなければならない。

まず、体系上の地位は犯罪の第一要素としての構成要件該当性の段階におかれる。(25) 例えば、E・シュミットがそうであるように、帰属（Haftung）の基体を確定するものとしての因果関係論と帰属範囲を限定するものとしての構成要件該当性という二段構えの体系であれば、前者の段階で帰属範囲を限定する試みは無用であろう。ホーニッヒは、これに対し、構成要件該当性こそが評価の客体すなわち帰属基体を創出するものであるとする。つまり、彼にとって構成要件該当性は実体を創るものであって決して行為概念の修正に止まるものではないのである。彼のこの実質的構成要件該当性論を念頭におく時初めて、客観的帰属概念がなぜ行為の実体把握を希求したのかが理解されよう。法的評価の対象であるためには意思に基づく挙動であることが要求されるのであるから、そのような帰属基体を決定するものとしての構成要件該当性の判断にとっては、条件関係の存在に加えて（事実上のこれは否定出来ない）、当該結果が意思の対象たりえたことを内容とする帰属関係の確定は不可欠である。

次に帰属概念の効果についてであるが、ホーニッヒはこれを特に不真正不作為犯における結果と不作為の関係及び共犯論で展開する。(26) ただし、前者については基本的には作為犯の場合の既存概念の展開に帰一する。けだし、作為・不作為は意思実現の態様の差異に過ぎないからである。したがって、作為において展開された批判、すなわち、因果関係の確定だけでは刑法上重要な点はいまだなに一つ解決されてはいないということが出発点をなし、不作為が結果に対して目的的に設定されたと考えられる限りにおいてのみ、換言すれば、不作為が結果発生の予見可能性及び回避可能性に基づく意思の実現として把握される場合にのみ、当該不作為は何か（etwas）をしなかったという意味を与えられ、また、それにより初めて刑法上の不作為になるのであるとされる。つまり不作為における客観的帰属可能性の有無は目的指向的不作為の選別に他ならない。ホーニッヒによれば、因果概念にはこのような機能がないにもかかわらず、条件公式を用いる際、そこに暗黙の前提として他行為の可能性が検討されていると解されるのであるが、そうであるとするなら、そのような暗黙裡の承認よりも帰属概念による明確な把握の方が不作為の本質によく合致するとされ、そこに帰属概念の有用性が認められているのである。体系的にはしたがって結果回避の可能性は構成要件該当性の領域へ、回避義務の問題は違法論へと配分されることになる。

次に共犯論での効用であるが、それは客観説にいう客観性の基礎付けという点に認められる。共犯行為とみなされるべき挙動が構成要件実現という点で目的的に設定されており、同時にこの客観的目的性の中でその挙動が意欲されているという点に挙動の各共犯類型への整序が成り立つとされ、各共犯形式への具体的あてはめを因果思考ではなく帰属可能性で補充することによって初めて客観説を保持できるとされるのである。具体的に考えてみるなら、正犯であれば「実行行為」という意味での挙動の客観的目的性、従犯であれば「幇助行為」という意味でのそれの有無ということなのであるから、実際、形式的客観説に他ならず、したがって、形式論理的なあてはめに対し実質的基準（客観的目的性）を提示したものといえよう。ホーニッヒの客観的帰属論の概容は以上のようなものである。ここからいかなる思考方向が示唆されるであろうか。従来の因果理論にあわせてこの客観的帰属論をさらに反芻しつつ、因果概念の実質化ということが可能かどうかの検討へと結びつけていきたい。

私見はかつて行為論に依り、条件説に従うものであった。しかし、条件説は適正な帰属をはかる為には、より実質的ならざるをえない性質のもである。そのことは条件説の問題点であるといわれる個所での条件説の対応の諸々で見られることである。とはいえ、事実的存否の理論としての条件説の実質化とはどのような形をとるものとなるのか、そのことを自問しつつ、次項の論述に移ることになる。そこでの思考は、おそらく、行為論から構成要件論へという道程において一つの分水嶺を意味するものになるのではないかと思われる。

四　因果概念の実質的把握

刑法における因果関係論の存在理由から考えてみると、まずは行為確定の手段として用いられるということは否定できない。したがって、本来その目的に関係づけられて論ぜられるべきものが、あたかも無制約や因果連鎖全体として捉えられ、その広範さゆえに特に条件説が批判の的となったことはいささか問題のあるところである。それはいわば、前法律的な全体的因果関係が、その中のごく一部を占める刑法領域を取り出し、どの範囲までこれに入れるかという、全体から一部をみる方法であるからである。この思考は予め排されるべきである。行為論をとる限り、まず刑法があり、刑法上の行為論があり、そこでの行為を確定する一方法論として機能する因果関係論でなければならないはずである。このように考えるなら、条件説にとって無限の連鎖などということはないのである。

また、ホーニッヒが指摘した、因果関係論は人の行為だけに対象限定をし得ないという批判もあたらないのである。対象限定は因果理論からくるものではなく、刑法上の行為概念から導き出されるものであるからである。刑法における因果関係は予め特定された意思実現活動と法益侵害的結果との間にそれがあるかないかを問われるものであって、そのことはまさに行為刑法そのものからの前提条件である。

刑法上の行為概念は原則として広義のそれである。それは結果犯の帰属基体であり、違法評価・責任評価の客体である。因果概念はそのような意味あるものを確定するものとして性格づけられているのであるから、事実概念ではあっても法的事実概念である。しかし、同時に、因果関係そのものは確かに「存否」の判断であるから、そこではまず一般的に妥当する因果法則、すなわち、条件公式が先行するものと考える。刑法にのみ固有の因果関係というものはあり得ない。相当説はその意味で、刑法的観点からする、条件関係の絞り込みという評価理論である。まさに構成要件該当性という別の概念での評価に他ならない。相当性の要請は因果概念に内在するものではない。したがって、本項で論ずる因果概念の実質的把握の可否は、相当説を対象からはずして論ずることとなる。けだし、相当説は構成要件というきわめて価値的・実質的意味体の一要素であり、したがって、本来、実質的に把握されなければならない学説であるからである。

ここで実質的把握が可能か否かと問われるのは条件説に限定される。

刑法規範を受容するものは意思である。いやしくも意思が自由に発現して（発現は行為においてのみ客観的に察知されうる）惹起せしめた事象経過であれば、それが一般的に相当といわれる経過を辿っているか否かにかかわらず、刑法的評価の対象にすることは可能であるといえる。規範の受容者たる意思に基づいた行為がある限り、それに対する刑法的評価をなすことは許されるのである。よって、条件説自体を否定することはできない。しかし、刑法規範は原則として対世的性質をもち、一般人に可能なことを命じているのであるから、そのような規範の具体的違反の類型として列挙される構成要件該当行為こそは一般的に生じ得る相当性のある事象経過を内容とするものでなければならない。一般的相当性は構成要件の要素である。構成要件論否認論としての行為論は、存否の判断に程度概念を入れることはできない。しかし、条件説を用いて確定された行為は、それを惹起した行為者に実質的に帰属せしめられるのである。その意味では条件関係は単なる観念的結合に止まらず、行為者の意思と結果との間の実質的連関性を意味しているのである。

ホーニッヒの思考は立脚点の相違はあっても、因果連関の実質面を浮上せしめたという点で重要な役割を果たしているると考えられる。

従来の因果思考はあまりに形式的であったため、実体との関係から切離されて独自の観念操作に陥ってしまったといえる。因果概念は実体との関係の中で取扱われるべきである。その場合、行為の実質的把握の基礎は意思におくべきであると考える。すなわち、行為の目的性に着目しなければならないが、この場合の目的性は目的的行為論にいうそれではなく、むしろ、メッガーのいわゆる有意性で足りると思われる。けだし、当該意思は具体的な目的性を内容とする意思ではなく、行為をして刑法上の行為たらしめる客観的目的指向性として認知されるものであれば足りる。そして行為の確定はこの意思の支配下にあるか、あるいは支配が可能であったと客観的に判断される結果と当該意思実現活動との間の条件関係の存在で確立する。

行為の確定は最終的には帰責の対象となることを意味するのであるから、刑法が意思責任を問うものとすれば、その土台となる行為は非難さるべき個々の意思（故意、過失）の背後に存する客観的意思にとって支配可能な範囲においてのみ成り立ち得るといわなければならないからである。このように考えてみると、AがなかったならばBもなかったであろうといえるのはいかなる場合であるのか、換言すれば、条件関係の実体は何かということが明らかとなる。すなわち、それは意思により因果経過が支配可能であった場合に他ならない。条件公式は意思支配の可能性が存する場合の認識確認手段である。これまで条件説は違法・有責評価を行為の範囲のいわば修正とみた時期がある。答責主体というような思考は責任論でとりあげればよいとしてきた。しかし、そこで加えられる限定基準は主観的意思である。主観的意思が問われ得る前提として（その具体的内容にかかわらず）まず一般に意思が宿りうる行為でなければなるまい。因果関係の範囲は少なくともその意味での実質的限定を要し、また、その範囲が「刑法的因果関係」と称せられることになるのである。

下村博士は、「事物自然の経過」たりうる因果関係を提唱された。行為の客観的把握という伝統的立場を遵守されながら、行為の本性に則した判断を念頭に置かれたものであり、その意味で新たな条件説への基礎づけをなされたものであるが、その後、さらに論を進められ、客観的帰属論の影響下、客観的帰属関係説を創唱された(27)。

行為論はその広範性のゆえに、特に行為構成要件論の制約に比して自由であり、その点を長所とするのであれば、条件説を採用することにより、一層の融通性を得たといえる。しかし、反面、遡及禁止の理論や、故意行為、偶然性の介入等をいかにかいくぐるかという難問が内在し続ける理論であることは事実である。上述の客観的帰属関係説もそれ等に対処する為の工夫であるともいえるのである。

これまで、私見は下村説に従い、行為論に依拠して条件説を採るものであった。行為－違法－責任という三分法に、各論としての構成要件該当性を論じる四要件説である。しかし、その見解を述べながら、実は常時一つの理論的不安定感を覚え続けたものであることを吐露しなければならない。次項でその理由を刻明にし、自説を変更した根拠を示すこととする。客観的帰属関係説により因果概念の実質化は可能であるとしても、体系上不可避の疑問を解消させるのには足りないものであった。

五　違法実在根拠説としての構成要件論へ

行為論への疑問は以下のところから生じてきた。すなわち、行為論に依る場合、行為（発生した侵害結果とそれを因果的に惹起した意思実現活動との結合体）が確定すると、その後直ちに違法阻却事由の有無を検討することとなる。

行為の確定はとりも直さず違法行為の形式的確定になるのである。しかし、行為の段階で違法判断に関係づけられるものがあるとすれば、行為無価値を問題としない立場からは、侵害結果が提示する法益毀損性のみである。その場合でも、形式的な結果の発生が直ちに法益侵害性を示すものであるのかも疑問なしとしない。因果的な結果惹起という事実及び発生結果という事実が即違法ということなのであろうか。違法阻却事由が存在しなければそれで足りるのであろうか。既述のごとく、例えば、不作為犯の作為義務等、他に違法性を基礎づける要素があるはずであるが、それが入って来ないのである。いかなるところからこれ等が現われて行為の属性になるのか定かでない。主観的違法要素とされるものも同様である。違法阻却事由の不存在だけで行為が実質的にも違法となるのであれば、既にして行為確定の段階で上記の諸要素はとり込まれていなければならない、という行為論にとっては絶対矛盾の結論が出て来てしまうのである。

特に故意に関し問題が生ずる。一方で行為論を採りつつ、他方で違法論では実質的違法の個別化を重視するとすれば、違法論の段階で故意・過失の別をいわざるをえないのであるが、行為の段階ではその別は問われてこなかったのであるから、その統一的な行為概念は違法の段階であらためて一定の評価を受け、故意犯という強い違法類型と、過失犯という弱い違法類型に分別されなければならないのである。

この点について、行為論は従来、故意を純粋な責任要素と考え、行為の違法判断からは切り離して扱ってきた。既遂犯については確かに条文に該当する事実の表象・認容から主観が超過する部分はなく、それゆえ、主観的違法要素が例外的に導入されたこととは事情が異なる。行為論からすれば、違法は客観的要素で、責任は主観的要素で、という原則は崩したくないところである。現に、通常の主観的要素もこれを認めず、可能な限り客観的な行為態様の面から捉えるべきであるとする見解も依然有力なのである。[28] このような見解もある程度は可能であると考える。客観的違法論を徹底すればかくあるべきであろう。しかし、これ等の要素の存否は明らかに行為の違法性を左右するものである。犯罪の限定化をはかる必要上、違法領域でとりあげられざるをえない。それを主観的要素としてであれ、あるいは客観化された行為態様でみるのであれ、である。

これに対し、故意は責任形式で再びとりあげられなければならない（私は故意を責任形式と解し、責任要素と考える）[29]。責任は生じた違法行為につき、行為者にそれについての責任を問えるかという判断である。三八条の規定を俟ち、我々はまず行為と行為者の主観的帰責関係を問わなければならない。この間に実体的な関係が存在しなければならないのではないかと考える。

この実体関係の一方の要素は行為者の責任故意（あるいは過失）であるが、私見によれば、行為の側にも、それを受容する要素があって然るべきである。行為は既に構成要件該当行為として違法なる行為である。しかし、違法性に関する認識への評価はここでは未だ要求されない。それは反規範性に関わるものとして、責任故意に位置づけられるからである。したがって、ここで問題となるのは事実の表象・認容たる故意である。この故意は構成要件該当事実の表象・認容であるが、構成要件が違法性を既に帯有しているものであれば、実際には違法事実の表象・認容ということになる。ゆえに、これを責任の段階で捉えてみた場合には、原則として責任故意の存在が認められるはずである。ただし、構成要件的故意の領域では、行為者が認識する内容はその事実面で捉えられるのであり、その事実が違法性を内包しているという認識は裁判官による後の評価の問題に属するものであるから、体系的思考により、責任論において初めて、その認識を土台として行為者が違法性に関してどのように意識し、規範に反応したのかを問うということになるのである。

すなわち、構成要件的故意の個所では、類型的構成要件事実を表象・認容しているという事実が客観的に認められることで足りる。さらにその事実が違法であるという認識があったか否かは、責任能力存否の判断を経ない限り確定しえないことである。そのような条件の下で、行為者が類型的に表象・認容したはずである構成要件的故意が主観的帰責関係のもう一方の要素になると考える。責任故意は、構成要件的故意の類型性と、行為者が具体的に認識した内容との比較の中で評価さるべきである。その最も適例は錯誤に求められると考えるが、いずれにせよ、構成要件的故意を認めるのであれば、責任故意との実体的つながりを見るべきであると考える。

さて、行為論をとり、行為と結果との関係について考えてみた場合、この説は違法を無価値結果の惹起であると解し、その無価値判断の根拠を当該結果が各則各本条に規定されるものであるという点に求めれば足りるとする見解であったように思われる。勿論、行為無価値からの立論も可能ではあるが、義務違反とみざるをえない結果、既遂処罰を原則とするわが刑法の思考とはなじみにくいといえよう。ゆえに、前者の思考が伝統的であったということができると思う。確かに各則各本条は犯罪類型であるから、条文に記載されている結果は犯罪結果であり、法益侵害結果なのである。しかし、この結果はいわば、行為—違法—責任判断の後の論理的帰結の産物である。この結果概念を、遡って行為論にとり込む時、これは再び、中立化し、違法阻却事由もその範疇に納めたものになっているはずである。したがって、この広義の結果概念が直ちに違法を根拠づけるものにはなり得ない。

違法阻却事由はその様々な要件の存否を問うて行為の違法性をおとす。それに対し、違法阻却事由にあたらぬ本来違法であるはずの行為については、単に違法阻却事由に該たらないという消極的な理由のみで違法であるとしてよいのであろうか。(30) 行為として確定したものが違法行為となるのはいわば質的変化である。違法は積極的に付与さるべき属性である。その違法根拠を具体的に提示するものを探さなければならないはずである。違法行為を具体的に示しているものは各条文の構成要件である。これに該当することが違法なのであるといわざるを得ない。このように思考し、私見は違法の実在根拠としての構成要件概念を違法論に取り込むべきであると思料するに至った。しかし、違法性が推定されるのか、あるいは実在するものとされるのかについては更なる思考を要する。したがって、ここで構成要件と違法性の関係という点に関し、若干、自説を整理しておく必要性を感じる。

構成要件はまず具体的な形としては各則各本条の要件部分である。それは犯罪行為のカタログであるが故に、違法行為を類別したものである。さらに有責性まで類別したものであるとすることは可能ではあると思うが、責任という、主観的要素を本体とするものは、そもそも、その意味を充足する形では類別化出来ないものではないかと考えるので、それは別個のものとして考えたい。責任論では、とりわけ、錯誤及び期待可能性を論じなければならない（緊急避難についても責任阻却事由として考うべき部分に関してはこれも含まれる）。これ等をも含む形で、構成要件に類型化されているということは到底予想され得ないことである。それ故、違法行為の類型であるという時点で止るべきであると考える(31)。

さて、構成要件が違法行為の類型として一般的・抽象的概念の形で総論に属した時、行為がその構成要件に該当することが、当該行為の違法なることを推定させるのか、それとも違法なることの直接的顕示を意味するものであるのか（もっとも、ここにいう直接的顕示はあくまで形式的なものである。けだし、違法性阻却事由の問題が控えているからである）、ここであらためて、その双方が立論可能であり、それ故にこそ、いかなる根拠から、後者、すなわち、いわゆる実在根拠説をもって妥当と考え、その思考に与するのか、自ら客観視しておきたいと思うのである。

構成要件に違法性の推定機能を与える見解は、もはやいうまでもなくM・E・マイヤーであるが、その基本観はベーリングによる、構成要件と違法判断の峻別に従うものであると解される。彼においては真の違法とは文化規範違反である。構成要件は文化規範が強制力をもつ為に立法化された概念であるので、いかなる文化規範が国家により承認されたか、また、どの程度まで承認されたかを知る為の認識根拠であるに他ならない。マイヤー、メツガーによる立論の詳細は、既に諸々で論ぜられているので、ここではおく。マイヤーはベーリングにしたがって、行為は概念形象として明確に記述されるべきものであると述べているのである。ただ、彼の場合には周知の如く、規範的構成要件要素と主観的違法要素を認めた。この事により、構成要件は、彼の構成要件該当性と違法性峻別論から進路を変え、裁判官の内面において行われる価値判断である違法性との関係を、いわゆる「認識根拠」という形で認められるものとならざるをえなくなったのである。しかし、マイヤーにあっては、構成要件は客観的・外部的な総体であると解されているため、主観的違法要素も特に責任との関係で論ぜられ、これを構成要件の中に位置づけるということはなされなかった。とはいえ、このような価値的形象への視線がメツガーの実在根拠説に影響を与えたことは否定できないであろう。

思うに、具体的・事実的構成要件は事実としての犯罪の構造的要素に他ならない。しかし、ベーリングにより抽象化せられた構成要件概念は犯罪を目的論的に認識組成していく為の機能概念と捉えられるべきであろう。その観点から考察してみるならば、構成要件を外部的行為型と位置づけ、それに対する違法・有責という実質的評価を別様に樹立するという方法論と、構成要件をそれ自体既に犯罪の類型として違法性を体現する概念であると把握し、行為がそれに該当するか否かの検証により、違法性といういわば、価値規範的であるが故に、質、量という問題を帯有し、よって、個別の基準を要する判断の、その基準として機能させるという方法論のいずれが是とさるべきであるか、そこに議論の収斂をみると思われる。

構成要件が、外部的・記述的要素のみならず、規範的・主観的要素も具有していることは否定できない。したがって、これを行為の外枠として機能させても十全のものたりえない。むしろ、現在では、構成要件論当初の保障機能という歴史的要請はこれをあくまで礎石としつつ、理論的には、犯罪の個別化に資すべきものとして機能させるべきであると考える。

私見はそれと同時に、構成要件の故意規制機能に重点をおきたい。その理由は、責任故意において、「準故意説」を是とするものであるからである。ドイツ及びわが国の構成要件論についてきわめて正確かつ詳細に論ぜられているのは立石教授である。私見の基礎は専ら、立石教授の詳述せられるところに依拠するものである。[32] その上で、構成要件を違法性の実在根拠とみるべきとする理由を準故意説の視点から述べてみたい。準故意説は、故意の成立には、犯罪事実の表象・認容と共に違法性の意識を必要とするのであるが、ただ、違法性の意識を欠いたことにつき過失がある時は（違法性に関する過失）故意に準じて取扱うとする見解である。[33] この見解に対しては、違法性に関する過失が何故に故意と同視されるのかという批判が絶えない。

思うに、ここにいう事実の認識とは当然ながら構成要件事実の認識である。この構成要件が違法性の実在根拠であるとすれば、ここにいう事実の認識とは本来違法な事実の認識であるはずである。然るが故に、この違法なるべき構成要件事実を認識しながら、その違法なることに気付きえない過失は大なりといわなければならない。準故意説は、構成要件の中に違法性を実在させる理論を前提としなければ成り立ちえないのではないであろうか。単に違法性を推定するものとして観念されたのでは認識の客体として弱小である。けだし、推定は事実的行為に止まり、規範的強制力を有し得ないからである。準故意説は違法性の実在根拠としての構成要件概念を前提として成立する見解であると解する。この意味において構成要件の故意規制機能を深化・実質化させたく思うのである。[34]

この観点をさらに派生させていくなら、厳格故意説はとりえない。事実の認識にあわせて違法性の意識を要求することは、両者を別様のものとして把握するものであるからである。

制限故意説は、違法事実を認識している場合、違法性の意識の可能性は常に認められて然るべきであるという事ができ、それにもかかわらず、違法性を意識しえなかったとするなら、そもそも、構成要件自体に、違法性の実在を示すものが内在しているのにそれを意識できなかった不注意をやはり問うべきものであると考えられる。結局は準故意説に同化すべき見解といえるのではないであろうか。ただし、上述の如く、推定根拠として把握する立場であれば別様である。違法性の意識が可能であったとする要請力は低いとみなければならないからである。

このように考えて私見は実在根拠説に従うものとする。実在根拠説を徹底するならば、消極的構成要件要素論[35]に赴くことは充分考えられる。しかし、私見はこの途を選びえない。けだし、違法阻却事由の判断は違法性の積極的類型化に比し、はるかにより実質的・個別的であり、したがって、構成要件に類型化するとしても、その簡潔な表現を西原博士に借りるとすれば[36]、各規範に「正当な理由なく」という前文が共通して、すなわち、横一列に付されていると想定し、それをもって類型化されていると思考する他はないと考える。しかし、その「正当な理由なく」という前文は、いわば全構成要件に共通する要件となるが故に、実際には類型化とはなっていない。まさに博士がいわれるところの縦の、類型化が可能な部分こそ、構成要件が個別化される個所である。そここそが規範違反を個別に明示するところであり、違法性の実在を根拠づける部分である。横並びの共通項に関しては、違法阻却事由として、前者に並置し、より実質的・個別的な判断の対象とすべきである[37]。その際、違法阻却事由の検討は、積極的な違法構成要件該当性の後に置かれなければならない。

これに対し、西原博士はこの点に関し、「違法性の判断の内部で、構成要件該当性を認定してから正当化事由の存在・不存在を確定するか、あるいは正当化事由の存在・不存在を認定してから構成要件該当性の確定に入るかは、どちらでもよいことになる[38]」といわれる。しかし、これは奇異な思考である。けだし、違法構成要件に該当しないかもしれない事実につき、違法性阻却事由を先に論ずることは論理矛盾であるからである。形式論理的にみて、まずは違法構成要件が先行し、その後に違法阻却事由が論ぜられるべきである。

消極的構成要件要素の理論は違法阻却事由に関する錯誤を事実の錯誤と解し、故意を阻却するものとする。しかしながら、違法阻却事由に関する錯誤は自己の行為を違法ではないと誤認するものであるから、違法性に関する錯誤と解すべきである。その点からも、これらの事由を消極的構成要件要素と解することはできない。あくまで、事実に対する評価の部分の誤認、すなわち、事実の存在を誤認した結果、自己の行為が許されると誤認したところに錯誤の核心があるというべきである。

消極的構成要件要素にいう「消極的」とはその要素の不存在が構成要件充足の前提となるの意である。したがって、違法阻却事由の不存在は構成要件自体の阻却事由となる。形式論理からみても、構成要件を阻却する要素が同時に構成要件要素たり得るものではないと考える。錯誤論という外延型の理論から遡って、構成要件のあるべき姿、すなわち、犯罪を実質的に個別化し、同時に、故意の内容を規制するという本来の機能を損なわせてはならないと考える。よって、私見は消極的構成要件要素の理論には与しない。

以上の理由から、これ以降の論述は、構成要件を違法論に内包された非独立的概念であり、違法性の実在根拠として考える立場からのものとなる。結びにかえてまとめておくこととする。

既に指摘したように、各則の各構成要件は犯罪類型を提示するものである。したがって、構成要件は一方では違法行為の類型として把握され得るし、他方、違法・有責類型としての立論も可能ではある。しかし、後者は、行為という客観的要素と行為者面という主観的要素を一つの類型で表わすという理論的に整合しない部分を有する。よって違法行為の類型と解する見解を是とする。この類型は違法阻却事由を除外した積極的な違法類型である。違法阻却事由は別途並列的に違法論を構成すべきものと考える。ここで全不法構成要件の思考は採り難い。何よりも、消極的構成要件要素をも故意の内容とすることは、故意概念に過大な要求をすることになると思われるからである。まずは構成要件該当性が問われ、その形式的充足を前提として初めて違法阻却事由を論ずることになると考える。

構成要件は違法行為の類型である。行為が構成要件にあてはまるとその行為の違法なることを認識させる。実在化そのものではなく、実在の認識作用でなくてはならない。認識作用であると解することにより、例外的な違法阻却事由の存在による違法の打消しを容認することが出来る。その意味で、構成要件は違法性判断基準を類型化したものであると表現すべきではないかと考える。「違法行為」という概念が、評価と客体の複合体であるとすれば、構成要件は客体の類型化の前に、まさに評価基準そのものの類型に他ならない。立石教授が指称されるメッガーの「類型化された不法」という概念をこの意味に解したいと考える。(39)

そこで次なる問題はそのような構成要件概念の要素いかんということである。必然的に違法の本質論が先行する。違法論における諸々の見解の対立に関し、本稿でそれへの検討・考察へは至り得なかった。行為無価値か結果無価値かによっても、構成要件に求められる要素に少くとも広狭の差が出てくると思われる。

構成要件は本来確定的な概念としてベーリングにより理論化されたものであるが、違法の内在概念として価値を付与されたものは、前者とは別様の、まさに文字通り、新構成要件論とも表されるものである。それを構成する要素論は独立した論考を要するであろう。

本稿は、行為論における違法の根拠についての試行錯誤の中で、同門の先達により教え導かれて辿りつきえた考察である。この違法構成要件という新たな立脚点から今後の一歩を始めることを示して本稿を了としたい。

了。

(1) 内田文昭・改訂刑法Ｉ（総論）八九頁～九〇頁。
(2) 内田・前掲註(1)九一頁。
(3) 下村康正・犯罪論の基本的思想、続犯罪論の基本的思想参照。岡野光雄・刑法要説総論三三頁参照。
(4) 立石二六・刑法総論第二版五三頁。
(5) 岡野・前掲註(3)三六頁、大嶋一泰・刑法総論講義八八頁、同旨。
(6) Vgl. Graf zu Dohna, Zur Systematik der Lehre vom Verbrechen, ZStB, Bd. 27, S. 329ff.
(7) Graf zu Dohna, a. a. O. (Anm.(6)), S. 336.
(8) Vgl. Mezger, Moderne Wege der Strafrechtsdogmatik, 1950, S. 14.
(9) 立石・前掲註(4)五〇頁参照。
(10) 最決平一五・七・一六刑集五七巻七号五〇頁（被害者が高速道路上に逃げ込み、轢死させられるにいたった事件）、最決平一六・一〇・一九刑集五八巻七号六四五頁（高速道路上に人の車を停止させた過失行為と後続車の追突による死傷事故の事件）等参照。
(11) 団藤重光・刑法綱要総論第三版一七五頁。
(12) 例えば、小野清一郎・犯罪構成要件の理論七五頁は相当説より原因説の方が構成要件定型論に近いとされている。原因説は個別化と称されるものである。
(13) 小野・前掲註(12)書七一頁。
(14) 条件説の論者としては Bauman, Dohna, Liszt-Schmidt, Kohlrausch, Radbruch, Wegner, Welzel, u. a.
(15) 相当説の論者としては Hippel, Kohler, Maurach, Rümelin, Sauer, Tarnowski, Träger, u. a.
(16) Vgl. Mezger, Lahrbuch, 1949, S. 118.
(17) Mezger, a. a. O. (Anm.(16)), S. 122.
(18) 団藤・前掲註(11)一七四頁。
(19) Vgl. Honig, Kausalität und objektive Zurechnung, Frank-Festgabe Bd. 1, 1930, S. 174ff.　なお、シュミットホイザーの見解については、彼の刑法総論（一九七〇年）一八二頁以下参照されたい。

(20) Vgl. Larenz, Hegels Zurechnungslehre und der Begriff der objektiven Zurechnung, 1926 ; Honig, a. a. O.(Anm.(19)) S. 181～182.
(21) Vgl. Honig, a. a. O. (Anm.(19)) S. 179.
(22) Honig, a. a. O. (Anm.(19)) S. 183.
(23) 引用文中の引用個所は Bierling, Juristische Prinzipienlehre, Bd. 3, 1905, S. 48.からのものである。
(24) Honig, a. a. O. (Anm.(19)) S. 186.
(25) Vgl, Honig, a. a. O. (Anm.(19)) S. 194ff.
(26) 前者については同書一八九頁以下を、後者については一九七頁以下を参照。
(27) 下村・前掲註(3)七一頁以下、「ドイツ刑法学における最近の条件説」(比較法の諸問題二〇周年記念論文集)三三一頁以下、「ドイツ刑法学に於けるいわゆる客観的帰属の理論」(法学新報七九巻)、「条件説の一試論」(警察研究四七巻九号)、等参照されたい。
(28) 内田・改訂刑法I(総論)補正版一七八頁参照。
(29) 立石・前掲註(4)二〇二頁に同旨。
(30) 立石・前掲註(4)一二〇頁参照。
(31) 立石・前掲註(4)一二〇頁参照。
(32) 立石・前掲註(4)一〇二頁以下参照。日独の代表的構成要件概念が精密に論ぜられている。
(33) 立石・前掲註(4)一九六頁。草野説の基本的な主張であり、学統である。
(34) 立石・前掲註(4)二〇〇頁参照。
(35) 立石・「消極的構成要件要素の理論に関する一考察」(北九州大学法政論集八巻三・四号二一五頁以下)参照。中義勝・誤想防衛論はこの問題の基本書である。
(36) 西原春夫・刑法総論改訂版上巻一五四頁～一五五頁参照。
(37) 立石・前掲註(4)一二〇頁同旨。
(38) 西原・前掲註(36)一六二頁。
(39) 立石・前掲註(4)一二〇頁参照。

第二章　客観的帰属論

——特にロクシンの見解を中心として——

一　はじめに

本書第一章において、従来、与していた行為論の体系から離れ、違法の実在根拠としての構成要件が理論上不可欠の概念であるという思考へと至り、その考察過程を明らかにした。そこでは必然的に条件説から相当因果関係説への移行があり、構成要件個別化の機能上、特に折衷説を選択した。違法という実質的、価値的概念を体現するものとしての構成要件は、それへの行為の該当性を求める際、それはまさに、該当性が認められれば、違法行為となるはずのものを確定する作業なのであるから、少くとも一般人にとり予測可能であり、又、行為者が特に知り得るところを判断の対象として、そこに結果発生の相当性を問う一般人の眼での客観的判断が必要とされるからである。しかし、ここにおいて、相当性という判断基準がそれ自体かなりの巾を有する、いわば、計数的な性質のものであることが一つの問題となるし、社会生活上の経験則に照して、という概括的な把握では未だ刑法的価値性を帯びていないということも出来る。その点が本稿の一つの視点となるメッガーのいわゆる「重要説」が主張されるにいたった所以でもある。

しかしながら、本来、違法類型として構成要件を把握し、その構成要件への該当性を問う時に問題となる因果関係は、当該違法構成要件が予想するものという意味で、相当性概念をもってしても足りるということも出来よう。何故ならば、因果関係自体は事実的存否に関わるものであるが故に、その実在性を完全に捨象して、評価論にしてしまうことにも問題があるからである。結局、原初の因果関係の基本は条件関係の存在ということであり、それを前提としての絞り込み理論が必要なのであるが、当初からその二段構えを排して、惹起関係自体を（事実論から切り離して）価値的観念形象で捉えることは無理なことではないかと思われる。少くとも、条件関係の存在を前提とした上で当該違法結果を発生させるに相当であると評価出来る惹起関係に絞り込むことを考えねばならないであろう。それにより自ずから惹起行為が選別され、構成要件該当行為が確定すると考えることが出来る。つまり、そこでは、当該行為が人を殺すのに相当といえる惹起関係を結果との間にもっているか、あるいは、物を盗むというのに相当といえる惹起関係を結果との間にもっているかということが一般人の眼において判断されるのである。ただし、そこで認められる相当因果関係はやはり存在論的なものであろう。惹起関係の相当性はあくまで事実判断であろうからである。

それに対し、相当性判断が違法な結果と違法な行為を繋ぐ場で用いられる概念として適切なものであるかどうかを問いかけるのが「重要説」である。メッガーの重要説は、構成要件該当性という観点から惹起関係の重要度を測ることにより、相当説の計数的性質から脱却すると同時に、刑法的な重要性を問うという形で規範論へと質的変化を遂げたといってよいのではないであろうか。メッガーにとって問題は、論理的概念たる因果性の存在を超えて、すでに刑法上の帰属（Haftung）ということである。(1) 彼は因果関係の重要性をどのようにして、どこで把握するのかという問題設定をし、それに対する回答は、まさに「刑法上の構成要件及びその適切な解釈の中でのみ見出される[2]」というものである。メッガーはその際、先ずは相当性概念を採り入れる。曰く、「相当性は刑法上の構成要件該当性の本質をなす。全く不相当な因果関係は、と特にV・ヒッペルが適確にもそう記述しているのであるが、刑法的な意味を欠くものである。それ等は構成要件該当的な帰属の適切な基礎たり得ない。構成要件該当的な帰属は構成要件の正しい解釈から出てくるのである[3]」と。

ここにおいて、筆者は、構成要件該当性という術語を通し、相当説、重要説と客観的帰属論の間にどのような関係性がみられるのかということに関心をもち、その点に関して若干の検討を試みることとした。向いたいと考えるところは、構成要件の実質的把握基準の探求であるが、それと同時に、あるいはそれに先んじて、というべきであろうか、わが國においてはなかなか難解な理論としての印象が強い客観的帰属論につき一通りの整理も考えてみたい。

二　相当説、重要説、客観的帰属論の関係

1　相当説

相当説に固有の論点は、いうまでもなく、主観的相当説か客観的相当説か折衷的相当説かという対立になるが、本稿でのその論点の詳述はむしろ余分なことであろう。ただ思うに、相当説を条件説と同一のレヴェルに置き、条件説と同様に因果関係は事実的存否の理論であるとして自然的・事実的に把握する場合には、現在大半の文献で示されているように、いわゆる主観的相当説は不適である。そこでは、客観的であるべき存否の判断が主観的事情により左右されるのであるからこれが因果関係論としては妥当でないとして否定されるのも止むなしと思われる。し

かし、相当説そのものを事実論から評価論へと転位させて把握するのであれば、行為時に行為者が認識したところを対象とし、それと結果との間の相当因果関係を問うという方法論も、主観的帰属を客観面に先行させるような体系を採るのであれば、成り立ち得るとしておきたい。主観説を否定し尽すならば、折衷説も成立し得ないといわなければならない。とはいえ、現状では客観的相当説と折衷的相当説の両者が主張されており、そこへ客観的帰属論が立脚点を異にしつゝも参入しているというのが構図となっている。後者はひとまず措くこととする。

相当説としては客観説と折衷説のいずれが妥当であろうか。ここではやはり、規範違反説と法益侵害説の対立が反映されるように思える。そもそも、立法の基礎論に規範違反を置くとすれば、定立される構成要件の内容は規範の中味として、行為に内在する意思に向けられているはずのものであるから、その行為の構成要件該当性の判断に行為の主観的、即ち、規範に対応する意思面が採り上げられ、判断の対象とされることは自然である。行為者が認識したところ、及び、認識可能であったところの事実をも判断基底に置く折衷説の方が規範に結び付きやすいであろう。

これに対し、立法の基礎を法益侵害に置く立場からは、結果発生に直結する法益侵害という事実的・客観的事象が関心の中心となる訳であるから、結果発生という外部的事実に関係するあらゆる外的条件を相当性判断の基底として採り上げることが理に叶う。すなわち、客観的相当説が採用されるべきこととなる。もっとも、規範違反説と法益侵害説の対置は、行為無価値論と結果無価値論の対置ほど截然としたものではない。何故ならば、刑法の本質が規範違反性にあることは他の法領域と共通ないし他に比し一際明確（刑法規範の内容は人倫に悖るとされるものが中心となっており、そのことは大半において普遍性をもっているということが出来る。勿論、宗教規範・道徳に由来する社会規範等において古今東西の相違は否定され得ないことではあるが、主要な犯罪類型には共通性があることは比較法が証明するところである）であり、それゆえ、法益すなわち法により保護される利益とは規範により尊重されていることにその根元をもつものであろうからである。よって法益侵害説を採るからといって必ずしも客観的な事象のみを判断基底としなければならないとは考えない。客観説は行為当時存在した全ての客観的事情及びその事情から予測可能な事後的事情の全てを考慮して事後的に相当性判断をする。折衷説は行為当時一般人に認識可能であった事情及び行為者が特に認識していた事情を基礎として行為時の相当性判断をする。

客観説があらゆる事情を考慮するものであるとしても、それを基に更に相当性判断をするのであるから、巷間いわれているように条件説に常に近いものになるとはいえないと考えるが、構成要件要素としての因果関係を考えるという視点に立てば、その構成要件を違法関連の概念とみるか否かにより、把握内容には異同が生ずると思われる。違法と無関係な中立的行為構成要件ないし違法を事実上推定させるのみと考えられる構成要件概念にあっては客観説が有効である。違法の実在根拠とみる立場であれば、一般人の認識の枠内という実質判断及び行為者が特に認識していた事情があるとすれば、それを度外視する必然性はないのであるから、それも含めての判断基底を基礎とする折衷説になりうる。

要は因果関係が行為の確定理論であることから、行為者の主観面をも対象に入れて判断することが果して妥当かという視点と、構成要件該当性を基礎づける理論であるとすれば、それは単なる行為確定の理論ではなく、規範的要素も主観的要素も取り込んで実質的な評価の対象として耐え得るものを基底とすべきではないかという視点の相違にある。

この相違を行為無価値・結果無価値の対比軸でみるならば、行為無価値の立場からはその理論的背景にある目的的行為論の影響下、行為者が認識したところ及び認識可能であったはずの事実が判断対象の中心をなすはずである。しかしながら、目的的行為論を採らずして、行為無価値の思考から因果関係を問う場合、結果へと到る惹起過程の相当性を求めるのであるから、一般人にとり認識可能である範囲内の事実を中心として、行為者の認識がそれに合致すれば良し、合致しない場合は特にその認識するところを容れて判断対象とし、相当か否かを問うという折衷説が妥当であると考える。これに対し、結果無価値から考えるとすれば、結果の発生に至るまでの全条件を対象とするべきである。結果が惹起されたという事実は本来、条件説的に認めても然るべきところを、それに対し、刑法的な惹起関係という規制の下で重ねて惹起態様の相当性を問うのであるから、その結果の発生の仕方が一般的にみて相当といえるか否かを判断するには、事後に生じた事情であれ、事後まで表面化しなかった事情であれ、それ等を全て判断の基底において相当性の有無を問うことは妥当と認められなければならない。従って、客観的相当説となるはずである。

私見は特に構成要件を違法構成要件として把握する立場に従うものであるので、構成要件該当性を見据えた行為概念を指向しなければならない。そのことは、換言すれば、行為概念も「刑法上の」行為概念として規範性を帯びるということに他ならない。しかしながら、この「刑法上の」という表現は多義的である。偶然性の介入や、絶対的強制下での行為を除外するという意味でも用いられるが故に、いかなる意味で用うるのかを明確にしておかなければならない。

行為概念を定石どおり、結果、因果関係、狭義の行為に分析してみる。結果は条文に規定されたもの以外に有り得ないのであるから、これに「刑法上の」という形容語を付ける必要は全くない。それに対し、因果関係と狭義の行為についてはそれぞれ、一般的な意義のものと刑法上の意義のものとが存在し得る。狭義の行為については、不作為の場合も含めて考えれば（同時に少くとも内心的な動きは除くべく）、有意的な身体の動止をもって刑法上の意味体とするのが妥当である。有意性の要件は規範の受容上欠くべからざるものであるとし、不作為も結果惹起力を有し得るものとして考慮に入れられるべきである。この要件は社会的行為論であれ、目的的行為論であれ、人格的行為論であれ、狭義の行為の最少限度のものとして認容せざるを得ないのではないだろうか。

因果関係概念については、一般的意義は条件関係に帰すると思われる。各条件関係は等価であるので、条件説の立場からは中断説や遡及禁止論等の限定理論が主張されることとなるが、例えば、故意行為が介入した場合、なぜそこで条件関係が切れるとみるのかという問題につき、刑法的な観点を導入することなく答えを出すことは出来ないのである。すなわち、事実確定論としての行為論の領域においても、多かれ少なかれ一定の基準による選別は行われているのである。その限りにおいて、因果関係論は何説にせよ、一般的条件関係で存在が確定した因果関係に対する価値的（=刑法的評価の）理論であるといってよい。その中でどの理論を採るべきかは、結局、論理的にみて、その確定した行為に対する次なる違法判断のあり方に関わってくると思われる。

このような思考はあたかも論理的な先取りの如きであるが、そうではない。そもそも、刑法的評価と真に称されるべきは違法及び有責判断である。これに対し、行為論は上述の評価の客体を確定する理論である。違法という規範的な評価の客体であるが故に、行為自体もその規範に関係づけられて一定の価値性を帯びるものであるといってよい。行為論と違法論との間には認定の順序としての先行・後行があるだけであり、まずは刑法における違法とはどのようなものであるべきかという評価理論と行為という評価客体の理論とが並列的にあるいは相互関係的に思考立論されることは矛盾とはならないはずである。(4) 刑法は処罰すべき対象を行為に限定し、しかもその行為を構成要件で類型化している。従って、刑法上の行為とは構成要件に該当するものではなくてはならない。この点から考えるならば、次なる問題は構成要件をどのようなものとして把握するのかということである。

構成要件はまずは条文に規定された結果を発生させる行為の類型である。例えば「人を殺す」という一般的観念の下に集約され規定化されたものから抽出される。規定化とは行為規範としての刑法に要請されるべきことであり、そこでは行為及び惹起関係は当該結果を発生させるのに相応しい（＝相当である）ものであるべきはずである。さらに加うるに構成要件を違法行為の類型として把握する立場からは違法構成要件該当性判断の対象たりうる行為確定の理論が必要である。刑法上の行為が、条文に規定された結果を含む概念であることを当面は措くとして、ここで行為無価値という概念を使用するとすれば、狭義の行為概念は、規定上の結果を生ぜしめるに足る性質のものでなければならず、行為無価値はその結果に関係づけられた無価値をも意味すべきではないかと思われる。その間をつなぐのが因果関係論である。このように把握するならば、因果関係論もまたその選択の巾が限定されることになるのではないかと思われる。刑法から規範違反性を捨象すべきではないという思考から、行為無価値性は無視さるべきではないと考えるのであるが、そうであるとすれば、行為無価値性の内容の主要な部分を占める行為者の認識面を必要に応じて相当性判断の基底に取り込むことも不可欠であろうと思料する。その意味で折衷的相当説をもって妥当とする。これに対し、主観面即ち行為者の認識する特別の事情は、帰属の客観性を固守し、判断基底に取り込むべきではないとするのであれば客観的相当説となるが、この見解は「一般人にとり認識可能である」という基準ではなく、行為後に判明した事情も全て考慮に入れて相当性の判断をするのであるから、結果を行為者の仕業として帰属させるには広範に過ぎる（特に、結果的加重犯の場合、顕著となる）。ちなみに、構成要件要素としての故意を未遂犯において認めざるを得ないとすれば、既遂においてもこれを認め、それに即して構成要件該当性の判断をする方がむしろ妥当であると思われる（平野博士によれば、「刑法における因果関係は、構成要件該当性の問題である」(5)）。

因果関係が構成要件該当性の問題であるという指摘は補充を要する。因果関係はあくまで事実上有るか無いかという判断である。構成要件該当性の問題であるといわれる場合の因果関係とはまさにそれこそ「刑法上の」因果関係のことであり、結果に対し条件関係にたついくつもの因果関係の中から、構成要件に該当するという意味で、一定の条件関係に「刑法上、重要である」という評価を下すことである。この意味からいえば、相当説も「重要説」と称されてよい見解である。

2　重要説

前述の如く、重要説はメッガーにより主張された。彼によれば、刑法においても、具体的結果に対し因果関係をもつのは条件公式にあてはまる全ての条件であるとされ、しかし、刑法上の帰属という点からは相当因果関係だけが採り上げられる。なぜならば、行為が結果に対して因果的であると確定されたとしても、行為者がその結果ゆえに処罰されうるのは、その場合の因果関係が重要で、言い換えれば法的に重要である場合に限られるからであるとし、これを名付けて重要説とするのである。一連の原因を構成する全ての個々的分子が因果的に同価値であるからといって、そこからそれ等が法的にも同価値であるという結論にはならないと断定している(6)。

メッガーは可罰性の前提条件として三種を挙げる。(1)意思活動と結果との間のいわゆる因果関係、(2)この因果関係の法的重要性、(3)行為者の有責性がそれである。例えば結果的加重犯の場合がそうであるように、三番目の有責性の要件が欠ける場合にはとりわけこの二番目の法的重要性が慎重に検討されなければならないという(7)。それ故、因果関係の法的重要性ということと、これがどのようにして、どこで見出され得るのかという事を特に問題とする必要があるのである。彼に言わせると、その答えは「よく知られた因果概念」というような不明確なものや自然法的な先入観の中には決してないのである。それはより確定的でより安定したものでなければならず、すなわち、条文上の根拠付けを要するということなのである。彼はこの答えを刑法上の構成要件とその適確な解釈の中でのみ見出されるものとする。そして、そこでは「相当性」という概念が刑法上の構成要件該当性の本質的要素であるとしている。(8)すなわち全く不相当な因果関係は刑法的な意味に欠けるというのである。従って、それ等は構成要件該当的な帰属を合理的に基礎づけることが出来ないことになる。

メツガーが特に配慮するのは結果的加重犯の問題である。メツガーの時代にあっては結果的加重犯の取扱いについて責任主義的な限定理論が規定上も実務上も存在しなかったことから、(9)条件説を採れば当然であるが、相当説を採ってすら不適正な帰責をもたらしがちであった。そこでメツガーはこの犯罪類型に対しては、通常の相当因果関係よりも一層限定的な関係で帰責範囲を絞ろうとしたのである。よってHaftungsfrage（帰責問題）とKausal-frage（因果性の問題）とを不当に同置してはならないという指摘も見受けられる。(10)

メツガーの重要説の実際上の効果は、以上のように結果的加重犯の適正な取扱いで示されると思われるが、理論的には構成要件該当性の問題とすることにより、彼の場合にはしかも構成要件は違法性の実在根拠なのであるから、違法要素たる事実的故意や目的あるいは作為義務というような視点を取り込む思考とはかなりの近似性をもつものと推量できる。

重要説のこのような規範的色彩が例えば以下で採り上げるグロップをして客観的帰属論の発祥を「重要説」にみさせるのである。

3　グロップによる客観的帰属論

まず最初に、客観的帰属論の周辺的な背景と、特にドイツにおける理論の現況につき、素描しておきたい。上述

1、**2**に比して、いささかの不斉合を認めざるを得ないが、わが国ではいまだ学界の主流を占める理論ではないと思われるので、理論の具体的な検討に入る前に一通りの理解を試みたいと思う。前者はマイヴァルト教授の日本での講演に、後者はロクシンの述べるところに依った。

客観的帰属という考え方は、本書別章でとりあげたホーニッヒにより刑法学にとり入れられたものである。一九三〇年のことである。

現在、ドイツにおいては既に通説的見解であるといわれることが多いが、この理論の歩みについて、その周辺的状況も含め、概略を把握しておくことは有用であろう。

二〇〇〇年一〇月に北九州大学においてゲッティンゲン大学マンフレード・マイヴァルト教授が「ドイツ刑法における客観的帰属の理論」というテーマで講演され、その翻訳が当時北九州大学教授であられた立石二六現中央大学教授により、当大学法政論集第28巻第2号に掲載されている。マイヴァルト教授は客観的帰属論の史的状況をそこで以下のように述べられている。

①客観的帰属論が刑法の教科書上で席捲的状況をみせたのはここ二、三〇年以内のことであり、それ以前は目立つものではなかった。②現在、この理論を否定する声は殆んど聞かれない。③ラレンツやホーニッヒが第一に目標とした理論とは、因果性のみが法益侵害結果に対する民法的責任や刑法的答責性を理由づけるのではなく、責任や過失のような主観的領域で初めて決定的な制約が追求されうるものでもなく、たとえ行為者が結果に対して因果的であったとしても、事情によっては結果は「彼の仕業」として彼に帰責されないということである。これを端的に云えば、帰責は、固有の所為を偶然の事象から限界づける試みそのものである[11]（筆者注：マイヴァルトはこのいわゆる「伝統的な」帰属概念を受容しており、現在展開されているような「スーパーカテゴリー」には懐疑的である[12]）。④ラレ

ンツやホーニッヒ後、客観的帰属論は一時下火となる。その理由は、ひとつには国家社会主義の時代となり、そのイデオロギーテーマが前面に現われ、その結果、刑法解釈学の個別性に関心が寄せられなかったこと、更には、その時代が終りを告げた時には、既にヴェルツェルの目的主義が議論の中心となっており、リスト、ベーリングに遡る古典的犯罪論とヴェルツェルの目的主義的体系との間の論争が暫時続いたということである。⑤客観的帰属論はこの闘争の後、再登場し、二〇世紀終り一〇年間に「無敵の進軍を比類なく」[13]続けて、刑法総論の問題をことごとく解決する魔法の杖の如き「スーパーカテゴリー」と化し、現在に至る（その間の具体的状況：㋑当初は周知の遺産目当て飛行機事例のような「異常な出来事に富んだ因果経過」[14]の可罰性を客観的構成要件の段階で阻却する為の理論であった。㋺それに加え、自由に行為する第三者が介入する因果経過から帰責を阻却する理論となる。㋩一九七〇年代、例の自転車走行者事件に対する連邦裁判無罪判決を契機に、結果に対し行為者によって設定された条件が法的評価基準によっても重要であったかどうかということ、すなわち、仮定的に合義務的な行為を想定したとしても結果は避けられなかったという場合には、現に結果を惹起していても、そして、義務違反的な態度であったとしても、被告人により設定された条件は法的に重要ではないとして無罪判決に至った理論を包摂する。ここにおいて、結果の惹起はなぜ法的に重要でないのか、という問いかけに対し、結果は行為者に客観的に帰属されえないということになったのである。理論適用のこの拡大は、保護された法益に対して危険を増加していない場合には刑法的重要性を認めないとする思考からもたらされる。すなわち、ここで、客観的帰属概念は「危険増加」[15]概念となった。㊁これを突破口として、客観的帰属概念は危険減少の事例形態にも適用される。㋭許された危険と客観的帰属論とを結びつける考え方は、マイヴァルトによれば、ロクシン等若干の学者によりとられていると限定的に解されている。ここでは、マイヴァルトによれば、行為の違法性が問われるべき事例形態へと拡大適用されて、現在を迎えている）。以上が彼の分析である。

ちなみに、マイヴァルトは、このようなロクシン流の帰属概念には賛意を表さない。彼は、初期の帰属論であれば、許された危険の場合も、危険減少の場合も、客観的帰属を認めたであろうという。自転車走行者事件でも同様であると解している。[16] すなわち、伝統的な客観的帰属概念をとり、違法や責任の領域との峻別を崩そうとしていない。概念の混交を嫌うのである。

マイヴァルトは二〇〇〇年の段階で、議論はいまだ闌と述べている。反面、ドイツにおいては最早通説という指摘も他の文献ではみられる。

いずれにせよ、日本の刑法学界においてはいまだ未定着の理論とみてさしつかえないように思われる。その意味からも、ドイツにおいてどのような変遷を遂げてきた理論であるのかをマイヴァルト教授の講演内容から管見した。

そこで次に二〇〇六年あたりの状況を付記しておきたい。

客観的帰属論の現状について、あくまでロクシン自身の記述によるものであるが、参考の為に一応の概訳を試み、それにあてることとする。[17] この思考は多くの論文により改良され、又、進展をみている、とされ、就中、ロクシンが挙げる論者達は、ブルグシュタッラー（一九七四）、カシュタルド（一九九二）、フリッシュ（一九八八）、ルドルフィ（JuS1969, 549ff）、シューネマン（JA1975, 435, 511, 575, 647, 715, 787）、シュトゥラーテンヴェルト（Gallas-FS, 1973）、ヴォルター（1981, 1984, 1995）等である。教科書、コンメンタールでも数多くとりあげられ、現在では支配的見解である。外国では、なかんづくスペインとラテンアメリカ、又、ポーランドでも反響を呼んでいる。シュレーダーによれば、80年代の中頃から客観的帰属論は全ての教科書やコンメンタールで認められるようになってきており、その基本原則的な意義においても、外国からの注目度においても目的的行為論にとってかわった観があるといわれている。

判例に関しては、ドイツとスイスにおける受け入れは未だ序の口であるとみられるが、オーストリアの実務は広範にとり入れている。

ロクシンの展開している思考とその端緒を共にしつつ、ヤコブスによれば「Modellgefahr」という概念で、オットーによれば「操縦可能性」の原則で、テッペルによれば「合理的な計画可能性」という基準で、クラッチュは特に不法論と未遂論研究の「刑法における行為操縦と組織化」という単行論文の中で総合的情報科学システム論と組織化論の説明モデルを援用し、それぞれに客観的帰属の問題を取り扱っている。

Reyes は、むしろヤコブス関連で、「客観的帰属の理論的基礎」(ZStW105－1993年)を判り易く論じている。プリットヴィッチは危険社会の中での刑法という、より広範な観点の下で帰属基準としての危険創出を説明している。ヴォスゲッター(二〇〇四)は社会的行為論を客観的帰属論の前駆者と解している。フリッシュは「構成要件該当的挙動と結果の帰属」という包括的な単行論文の中で、通説とは異なり、「構成要件該当的挙動」と「結果の帰属」の分離を試みている。[18] 行為者が許されざる危険を創出したかどうか、構成要件の射程範囲はどこまでかという問題は彼に云わせると結果帰属の問題ではなく、構成要件該当的挙動の問題であり、他方、帰属論には「構成要件該当的挙動を基礎づける許されざる危険と結果発生の間の因果及び現実化関係」だけが属することになるというのである。このような両者の分離をしてしまうと、結果的に常に問われるべきは結果の帰属如何なのだということが顧慮されないのである。原因者にとって、彼がもともと適正な挙動をしていたのであれば、結果は帰属されないのであるし、因果関係が特に異常であった場合も同じように帰属されないのである。

ロクシンの見解からこの分離論には反対することになるが、それは行為無価値と結果無価値は相互に切り離せず結合しているものであるという事情が然らしむるのである。死の結果とその帰属がなければ、如何なる殺害行為も「構成要件該当的行為」も存在しない（たかだか、未遂結果を前提とする殺害未遂行為があるだけである）とされる。

フリッシュはロクシンのこの反論に対し、次のように指摘する。すなわち、市民にとっては、「彼が適法に行為したのであれ、あるいはそういう場合ではなくて、その過まった行為にもかかわらず、生じた結果だけが彼の仕業として負わせられることはないというのであれ」それを知ることは大きな利益となるとするのである。ロクシンにいわせれば、しかし、この事実的区別は、あくまで客観的帰属の枠内で、許されない危険の創出の問題とその実現化の問題とを分離させるのであるから、不明瞭になるものではない。正しいのは、いうまでもなく、ロクシンの理解通り結果惹起の観点の下で、客観的帰属論は構成要件該当的行為の理論であるということである、とする。ロクシンはそのことを志向したのだという。ロクシンに云わせると、フリッシュとのこの見解の相違は問題の解決にあたっては結果的に重要でないと思われるので、過大視しない方がよいとされている。ブストス・ラミレッツは更に先立つ説明をしており、客観的帰属は「構成要件該当性のレベルでは許されず」、それは「その体系的な位置づけを違法性の中に」持つというのである。[19] 彼はロクシンが挙げている帰属基準を、専ら「ある状況を構成要件に整序するための基準として」であれ、「明らかに妥当」なものとみなしている。[20] 又、レンギール（Roxin-FS, 2001, 811）は結果的加重犯及び三〇三条、二三一条、三二三a条、二〇六条を客観的帰属論で説明しているようである。

以上がロクシンにより概観された客観的帰属論の理論上の現況である。

さて、グロップは、「客観的帰属論」の母胎をいわゆる「重要説」にみている。[21] 前提論として、相当説と重要説の相違から説くのであるが、前者との比較において後者をみるなら、後者にあっては、因果性という事実論範疇と、結果の帰属（ただし、Zurechnung という単語は用いられず、Zuschreibung が使われている）という当為論範疇とが明らかに区別されている。[22] その際、更に、その前提として、相当説も重要説も、事実論範疇にあっては、condicio公式を離れることはないとされているので、[23] それを受けて、重要説では以下のように説明されることになる。即ち、condicio公式の意味においては、結果を脱落させることなしには取り去ることが出来ない条件は全て結果にとって因果的である。しかし、結果又はその惹起のあり方（Art）は、それが一般的に適切な、換言すれば、構成要件該当的に重要な条件により惹起された時にのみ、まさに構成要件に該当すべきものなのである。従って、例えば、顔に一撃を加えたところ、不幸にも脳震盪をおこしてしまい、そこから更に静脈破裂が生じて死に至ったというような場合、重要説は場合によっては因果関係を否定するのではなく、顔面を一撃する程度のことは死を惹起せしめるについての一般的な適性を欠くとみて、結果の帰属を否定するという考え方を可能にするのである。

このように理解するとすれば、重要説は殆んど客観的帰属論に近似のものであることになる。この前提の下で、更にグロップによる客観的帰属論の理解の跡を追歩してみることとする。[24]

彼によれば、客観的帰属論が追求するものは「行為者」と「構成要件的結果」との間の「特別な関係（Sonderbeziehung）」を「規範的に」根拠づけ、形成することである。ここで極めて興味深く思われることは、この特別関係の「必要条件」は条件公式であると強調していることである。その上で、「帰属」にとっては更にそれ以外の諸要因、即ち、広義において、「危険の支配可能性（Risiko-Beherrschbarkeit）」という概念に含まれる諸要因が付加されなければならないのである。

グロップは客観的帰属論を称して、重要説の完全化であるという。その理由として、客観的帰属論は重要説と同様に、因果性の指標であり、又、帰属原則（Zurechnungs-Regel）である条件公式から出発しながら、同時に客観的な帰属例外（Zurechnungs-Ausnahmen）を用いて上記帰属原則をあらためて制限しようとするものであるからである。この、因果連鎖があっても納得のいく根拠があって客観的帰属が否定されるような事案はいくつかに分類され得る。これについては後述するが、項目のみ予め列挙すれば、(1)法的に重要な危険に欠ける場合、(2)危険関係を欠いている場合（規範の保護範囲外）、(3)危険減少の場合、(4)義務違反関係を欠いている場合（合法的な行為が択一関係で存在する）、(5)第三者への帰属移転（自己危殆化：遡及禁止）がそれである。

さて、帰属にとっては、これを積極的に表現すれば、保護された行為客体の法的に重要な危殆化が前提となるのであり、それは構成要件該当結果の中で実現されるものである。これを、もし、等価説の視点から吟味するとすれば、客観的帰属論は「帰属否定（Nicht-Zurechnung）」の理論といえる。[25] 客観的帰属の事例群は、それに応じ、消極的な層構造の事例群を表わしている。即ち、それ等の上にある指導原理は：行為が帰属可能となるのは、それが①保護された侵害客体に対し、法的に禁じられた危険を創出し、②この危険が構成要件該当的結果の中で実現された場合だけである、ということなのである。この限定原理をしてグロップは「帰属否定」の理論といい、又、消極的な層から成り立つと称するのであろうと思われる。

客観的帰属の「客観的」とは、その帰属が行為者面の諸事情とは全く関わりなく、既に客観的な構成要件の中で帰属を認めないことが出来るの意である。ちなみに、主観的帰属論も存在し得ることは自明である。しかし、それは、「因果関係（Geschehensablauf）の不知」として錯誤論に整序さるべく、判例によってもそのように扱われている。その際、主観的帰属という規範的な領域は、当該錯誤の重要性を決定すべきところに存すると解される。結果的には、客観的帰属と主観的帰属は区別されないが、しかし、主観的帰属論の適用範囲ははるかに限定されるということに注意しなければならないとグロップは指摘する。なぜならば、個々の客観的帰属の否定が主観的にパラレルなものを指示してはいないからというのである。従って、例えば、危険減少を根拠とする帰属の否定や、あるいは危険関係（いわゆる規範の保護範囲）外にあることによる帰属の否定を、主観的帰属の否定として形成することは出来ないということになるのである。例えば、事故で骨折した患者を乗せた救急車が、救命士の突然の心筋梗塞により運転不能で斜面から転落し、搬送中の患者が致命傷を負ったというような場合、これは明らかに、そのような危険の回避は身体に関する構成要件の目的になっているとはいえないとして処理すべきであって、因果経過の不知というような主観的帰属の問題とすべきではないという主張なのである。[26]

思うに、一次的に客観的帰属論が構成要件の客観面における検討の方法論たるべく、客観的帰属が認められる場合に初めてその範囲内で更に主観的帰属の有無、すなわち、因果関係に関する錯誤の重要性を問うの意であろう。その際、錯誤の程度が法的に重要であって看過し得ないような場合は、客観的帰属は認められても、主観的帰属が否定される故をもって（＝主観的構成要件要素を充足せず）、当該構成要件当該性は否定されるはずである。

以上のような前提論の下で、グロップが主張する、いわば消極的客観的帰属論を個別にみていくこととする。項目は既に掲げておいたものである。[27]

(1)　法的に重要な危険に欠ける場合

当事者が、一般に生命への危険を上廻る法的に重要な危険を結果に対し創出していないような場合、この結果は、等価的な因果関係があっても帰属され得ない。具体的にいえば、この事例群にとっては予見不可能な、即ち、支配不可能な変則的因果関係が基礎となっており、従って、それ等は重要説によっても同様に否定されるべきはずのものである。ここで示されているのは周知の遺産目当ての飛行機事故死の講壇例である。

(2)　危険関係を欠いている場合（規範の保護範囲外）

客観的帰属の否定という結果を伴なう、危険関係を欠く場合とは、行為者が侵害された行為規範の保護範囲外にある結果を惹起しているので、当該刑罰構成要件が防止しようとしている危険を全く実現化していない場合である。ここでの用例は、交通事故で骨折した怪我人を搬送する救急車の運転手が心筋梗塞を起こし、救急車が斜面から転落して、怪我人が死に致ったというものである。この場合、救急車の事故が示す危険は、傷害罪構成要件がその回避を目的としていない危険でしかない。

(3)　危険減少の場合

ここに整序される事案は、行為者が結果の力を減殺した、あるいは、時間的に先へ延ばしたので、減殺された、あるいは先延ばしにされた結果の発生については因果性をもつという場合である（いわゆる「牽制」事例や「振り替え」事例）。ここでの用例は次のようなものである。行為者は被害者を殺すべく、鉄棒を被害者の頭上に振りかざした。Aは咄嗟に鉄棒が被害者の肩にあたるようにした。その行為により被害者は肩の負傷で済んだ。この場合Aは被害者の肩への負傷については因果関係ありとなる。しかしながら、Aは彼の行為により、もっと危険な頭への負傷を防いだのであるから、Aに肩への負傷という結果を帰属させるべきではない。

(4)　義務違反関係を欠いている場合（合法的な行為が択一関係で存在する場合）。仮定的因果関係の場合と称する方が分明であろうか。義務違反関係を欠いたことによる客観的帰属の阻却は、過失犯においては、結果が合義務的な挙動の場合にも生じたであろうといえる時に認められる。なぜならば、これらの場合、結果は「過失により」（二二二条）惹起されたものとはいえないからである。ここでの用例は周知の自転車走行事件である（BGH4StR354/57 BGHSt11, 1）。トレーラーの運転手が充分な側面距離をとらなかったため自転車に乗っていた男を轢いたのであるが、男は酔っていたため、トレーラーが適正な側面距離をとっていたとしてもその結果は避けられなかったであろうという場合である。

通説はこのような場合、合義務的に行為していたとしても結果は確実に近い蓋然性をもって、避けられなかったであろうといえるとして、結果の帰属を否定する。有力な学説の中には、合義務的に行為していれば結果は生じなかったであろうということに真摯な疑いがもてさえすれば、それだけで帰属を充分否定できるとするものさえある（疑わしきは被告人の利益に）[28]。いわゆる危険増加説[29]によれば、逆に行為者が彼の挙動により結果発生の危険を増加させたということが帰属を認めるに充分なものとなるのであり、車側間距離を保たなかったことはまさにそれにあたる事情であるといわれるのである。

この個所に、グロップの客観的帰属論即ち帰属を否定する為の消極的な立論と、増加説との対比が表わされていて興味深い。グロップは客観的帰属を帰属例外とみるのに対し、ロクシンの増加論は客観的帰属概念を原則とすることの違いに起因する。

(5)　第三者への帰属移転（自己危殆化：遡及禁止）

結果の帰属は結局次の場合にも否定される。即ち、結果の有効な惹起が、故意的にか、あるいは、危険状況を認識して自ら帰属可能となる行為者の自由な介入により重畳的なものとなった場合である。当然のことながら、これにより、第一行為の因果性が中断されてしまう訳ではない。第三者の、ないしは、被害者自身の挙動に帰する帰属が上に重なってしまうのである。ここでは従って第一惹起者により惹起された危険ではなくて、第三者かあるいは被害者によって惹起された危険が実現化しているのである。

このような事例群は特に、被害者の自由且つ十分に答責的な挙動がそれである場合に意味をもち、また、議論の余地をいれない（自己危殆化事例）。ここでの用例はヘロイン注射事件（BGH1StR 808/83, BGHSt32, 262）である。Aはヘロインを所持していたが、注射器を持っていなかった。それゆえ、被告人BはAに注射器を調達してやったが、その際、ヘロインは純良品なので、その摂取は極めて危険だと警告してやっている。それにもかかわらず、Aはヘロインを注射し、死亡した。このAの死はBに帰属されえない。けだし、その死は自己答責的な自傷を表わすものであるからである。

この自己危殆化ということは、無論、被害者自身にいわゆる「行為支配」がある場合にのみ、いわれる。このことは、被害者が他者を欺いて自分を侵害させる（Fremdverletzenden）ということによっても生じ得る。

行為者により設定された、まさに重要な危険を被害者が認容することによってのみいわゆる「自己侵害」が避けられ得た場合に、決定の自由は、無論、最早問題とはなりえない。構成要件面での帰属を除去することは、ヘロインが第三者によって中毒患者に注射される場合は、患者が、もし、それと結び付いた危険を知っていて、同意したのであったとしても、これまで以上に否定されなければならない。これらの事例では専ら同意が問題となるだけである。

故意に、あるいは危険状況を知りながら、自己答責的に行為する者の自由な介入が他者侵害的性質であり得る場合は、やはり、帰属を除去し得る（いわゆる遡及禁止事案）。その用例は次のようなものである。AはB殺害を意図する。しかし、彼の銃撃はBの傷害に止った。Bは頭部に重傷を負い病院へ収容された。Bはそこで仇敵Cに遭遇する。Cは――看護師に扮して――Bに毒薬を注射し、死亡させた。Aはこの場合Bの死に対し因果性をもつ。しかし、Cによる故殺の形でのBの死は、最早、Aの仕業とはいえず、それ故Aには帰属し得ないのである。

通説は、客観的帰属に欠ける事例群としての「遡及禁止」の理論を以下の限りで否定している。すなわち、第三者の、予見が可能な自己答責的実行行為及び認識可能な行為志向（Tatgeneightheit）はいずれにしても第一惹起者を過失責任から免れさせ得るものでないとするからである。

第三者挙動の帰属はここでも、構成要件に該当する自己答責的な第三者挙動の惹起のその他の場合と同様に、次のことに依存する。すなわち、第一惹起者が第三者挙動を唆かしたものであるか、あるいは、少くとも違法かつ有責に惹起したものであるかということである。ここで自己答責的な第三者挙動が、第一惹起者自身の固有の部分的行為をなしている場合は、第一惹起者の責任は免ぜられないことがあり得る。その場合、当然ながら5／12の例のような場合であれば、（筆者註：例の飛行機事故の場合である）、第三者の行為は予見可能でなく、支配も可能ではないので、帰属の範囲外に止まることになるとされる。それ等の場合は法的に重要な危険に欠ける事例群と区別されるところはない、とされている。(31)

以上、グロップによる客観的帰属概念の理解を、その教科書の記述にほゞ即した形で訳出、あるいは、要約し、そこには筆者の理解するところも多分に反映させた形で紹介してきた。ここまでの思考により明確になることは、客観的帰属論は専ら刑法的思考方法であり、その限りにおいて、いわゆる因果関係論の論理性を前提とするものであるとしても、それ自体とは一線を画するものであるという確認である。グロップ自身、客観的帰属論の母胎を「重要説」であると述べている。そこで、問題は、再びこの「重要説」の基本的考え方であるということになる。けだし、特にわが国における客観的帰属論の内容は、いわば精緻を極め、理論が先駆している観を否定できないといえるからである。筆者の関心は、客観的帰属論が従来の因果関係論とどのような関連をもつものであるのか、全く切り離されるべきものであるのか、あるいは、構成要件論にとってよく適合しうるとされる相当因果関係説とはどのような違いがあるのか、というような、基本的なところに一度立ち戻って検討することであった。この点についての一部の答えは前述メッツガーによる「重要説」の論述個所から得られたと考えている。メッツガーは相当説と重要説の相違を特に結果的加重犯の帰責領域で意味づけている（既述）。すなわち、相当性を重要説の本質としつゝも、結果的加重犯においては相当性に更なる帰責の絞り込みをかけて適正な範囲を限定しようというのであった。そして特に、彼の場合、違法の実在根拠としての構成要件に基づいて、その適正な解釈がもたらす該当性の基準を重要性の内容とする。

それ故、私見が抱いた問題意識のうち、客観的帰属論は確かに条件関係を前提としてそれに刑法的限定を加えた相当因果関係説を一度経て、そこから更に規範的（即ち、結果的加重犯の取扱いをその発端とする帰責そのもののあり方という意味において）考察を構成要件該当性に求める「重要説」が母胎となる理論であるという点は確認し得た。すなわち、従来の因果関係論の本体を特に条件説に特定するとすれば、その因果関係論は存在論の範疇であるのに対し、客観的帰属論は評価論の範疇に属する。中間に存する相当因果関係説は、既に存在する条件関係に対する評価を内容とするものであるが故に後者に位置づけられるべきであり、その内容は少くとも重要説とは殆ど変るところはないように思われるのであるが、他面、重要説にいう重要性なる概念の基準を何に求めるかにより両者の相違は生じ得ると考えられる。相当性判断はいずれにしても「一般化」の思考に依拠するのに対し、重要説が構成要件該当性を個別の規範に対応させるとするなら、そこには、ずれの部分が発生せざるをえないであろうからである。

メッガーが指摘するように(30)、条件説という因果理論を批判するのに、相当説という法的理論でそれを成すことは出来ない。けだし、因果理論とは論理的概念であるが故に、それは否定さるべき対象ではなく、まさにその法的重要性を合目的的に採り上げるという理論の流れになるべきであるからである。構成要件該当性は個別的判断である。その中において、構成要件に該当する結果は確かにいくつもの条件行為の収斂した結果であり、そこに当該結果を発生させるに相当であると観てよい条件行為があるか否かを評価することは具体的判断である。

しかし、問題はそのような意味での具体的評価ではなく、当該構成要件該当行為が何人に帰するものであるのか、いいかえれば、当該行為者への係属（Haftung）が認められるかどうかの特定された関係性有無の判断として個別化されなければならないのである。従って、相当説の相当性の判断が、法的であっても、純粋に結果と惹起行為との間の、行為固有の問題であるのに対し、重要説は行為が行為者に係属するものであるかどうかという観点からの、すなわち、行為者の行為として把握可能かという視点からの判断であるので、両者は質的に層を異にするものというべきであろう。それ故、重要説を母胎として生み出された客観的帰属論と相当因果関係説の間にも質的な隔たりが大きくあるとみるのが至当である。ただし、実際の問題解決において、両説の間に顕著な相違が生ずるのは限られた場合であろうと思われる。それが見られるとすれば、例えば相当因果関係の存在は認められるにもかかわらず、客観的帰属は否定される場合（危険減少事例）がそれである。しかし、上述の、頭部への打撃を、致命的でない肩への打撃に転じさせて危険を減少させたような場合も、客観的帰属で処理せず、相当因果関係で把握したとしても、正当化意思で対応が可能となることもあるであろうし、逆に、打撃意思での介入であれば、遡及禁止の場合となり、やはり相当性は問われることとなる。

ただ、因果関係論からは遡及禁止という思考自体は出て来ないのである。そこには別の視点の介入がある。すなわち、客観的帰属の原点に戻り、当該結果が行為者の行為の結果として帰属せしめられるべきかどうかという帰責限定の視点である。行為と結果との間の因果関係の単なる相当性では計り切れない問題であると思われる。けだし、相当性は「一般的に相当か否か」という視点で評価する限りにおいて、依然として、一般化説なのである。それに対し、客観的帰属は、構成要件該当性の問題として、個別化される概念である。構成要件自体は類型概念であるという意味で一般化されたものであるが、その該当性を問う場合は個別化された理論となる。それは、見方をかえて表わすとすれば、結果と行為者の行為の間にその構成要件該当性を充たすに足る重要性が認められるということである。故に、今一度、重要説に目を転ずることとする。

4　再び重要説

「重要説」は前述の如く、メッガーの提唱になる学説である。彼は相当説との相違をその方法論にみる。曰く、「相当説は条件関係だけでは刑法への帰属（Haftung）は未だいささかも確定していないということを明らかにした功績をもつ。しかし、その際、条件説への論難方法を誤まった。因果関係を否定するのではなくて、その法的重要性を問題とすべきであったのである。因果概念は論理的概念であるのに、それを法的方法で批判した為に挫折した。つまり、相当説は法律的観点の下にありながらも、合目的にそのことをしようとしなかったのである：他のどのような法領域でもそうであるように、刑法は、帰責能力（Zurechnungsfähigkeit）や、責任領域での人格性論等々の問題で経験諸科学との共働をせざるをえないのである。その関係が、他の法分野ではよし異なろうとも、刑法においては、彼此で異なる因果観念が作用し、『単純な因果法則』という学問上単一のものが揺れ動くというようなことは断固避けられるのである。刑法の死活に関わる利害関係からすれば、経験諸科学との共働が、恣意的且つ一面的に法的因果概念によって妨げられるようなことがあってはならない[32]」と。メッガーはこのような前置きをした上で、「刑法においても、その具体的結果を排除することなしには取り去り得ない条件はすべてその結果に対し因果的である。しかし、刑法への帰属の根拠となるのは専ら相当的因果関係である。けだし、よしんば行為が結果に対し因果的であるということが確定されたとしても、行為者がその結果の故に処罰されるのは、当該関係が重要性をもち、換言すれば、法的に看過しえない場合なのである（いわゆる重要説）。『因果性を求めるという迷路のような問題の代りに、因果関係の法的重要度を求めるのである』（M・E・マイヤー[33]）」から、全ての因果因子の因果的等価値性はその法的価値同等性を導くものではないという基準を示すこととなる。メッツガーは可罰性を認める為の前提として次のことを挙げたはずである。(34) 意思実現活動と結果との間の因果関係の法的重要性と、これがどのようにして、どのような場合に見出され得るのかという問題は、因果性の問題と並んでとりわけ問題となるはずのものであるとされ、この問題の答えは、確実且つ安定した、即ち、法定的根拠を必要とするとし、ここにその答えとして、法定構成要件とその意味適合的な解釈ということが挙げられたのである。(35) メッガーはこのような思考法の第一の功労者としてM・L・ミューラーを挙げ、彼が相当性の思考を違法論の中に組み入れたことで道が拓けたのであると称えている。

刑法上の構成要件当該性の本質的要素は相当性であるとメッガーは云う。不相当な因果関係は刑法的な重要性に欠けるのであるとも云う。それらは意味上、構成要件該当的帰属（Haftung）の根拠となりえないのである。このことは構成要件が正当に解釈されることから明らかとなる、とされる。

メッガーに代表される「重要説」は結局のところ、構成要件の解釈論である。それ故、グロップが指摘するように最早存在論の範疇に属するものではなく、特に違法の実在根拠として構成要件をみるにあっては、その該当性の有無は価値論的なものにならざるを得ない。この点を更にメッガー＝ブライにより補充するなら、「行為の因果性と刑法上の責任論の間には不可欠の要件として結果の構成要件該当性及びその惹起の態様ということが存する。（中略）刑法上の構成要件の中で挙げられる各原因関係の前提は論理的意味における因果性であるが：しかし、これらの構成要件が自ら初めて、（違法を根拠づけ、責任を根拠づける）関係の為には更に別の前提条件が要求されなければならないのかどうかを決定しなければならないのである。通常使われている表現では、違法と責任が常に構成要件該当性にとっての暗黙の背景で活動しているのだという点が見落されている。一般的にみれば、刑法上の構成要件は、当面の種類の関係について論ずるところでは、経験則上一般に結果を発生させるにふさわしい条件に限定される。しかし、結果的加重犯のグループにおいては、帰属（Haftung）は更に他の、しかも『重い種類の結果を本来助長する枠内』にある関係に限定されなければならないということが示される（Mezger, Lehrb. 124)。その他の場合にも、犯罪行為毎に生じ得る特殊性への視線を常に保っていなければならない。それ故、重要性は例えば相当説の別称とされてはならないのである：けだし、相当説は刑法的な構成要件性という法律上決定的な観点をとりこんでいないからである（Mezger, Mod. Wege 15)」と述べられることになる。[36]

ここにおいて、グロップの当初の主張に立ち戻ることになる。即ち、重要説から発展した客観的帰属論は、違法行為を類型化したものとしての、評価を内実とする理論であろうということである。ゆえに客観的帰属論がその内部に様々な基準を混在化させているということはむしろ自然の帰結であると考えられる。場合により量刑事情まで入り得る（後述、曽根説参照)。

そこで、以下においては、この理論の代表的論者であるロクシン[37]をとりあげ、上述、グロップの見解と対比させてみたいと思う。

5　ロクシンによる客観的帰属論

客観的帰属論という考え方は、構成要件という法的概念の枠内で行為を把握するということに尽きる。例えば落雷事件とか飛行機事故事例のようないわば偶然的（＝蓋然性のない）事象についての刑責を却ける理論は従来、故意論においてなされるのが常であったといってよい。しかし、主観面に移すとすれば、意図したことが実現したのであるから、故意を否定することは難しいことになる。そこで、故意にまで進む前に、今一度、客観面での見直しがはかられた。その際のキーワードが構成要件であり、又、構成要件に該当する行為の範囲ということである。一連の因果連関から構成要件的行為をひき出す際の基準として、ロクシンは次の二つを挙げている。[38]

(1)　その一は、行為者が許された危険の裏付けをもたない危険を行為客体に対し創出し、そして、この危険が具体的な結果の中でも現実化している場合である。例えば、既出落雷事件の場合などは、森の中へ行かせる事は法的に重要な殺害の危険を創出するものではないから二一二条の意味での殺人にはならないのである。又、同様に周知の病院の火事の事例では、行為者の射撃は被害者殺害の許されざる危険を惹起するものではあるが、病院の火事という事態の中で、この射撃による傷害から発する危険は実現されていないのであるから、この事を根拠とし、結果は行為者に対し殺人の既遂として帰属されるものではないのである。危険創出に欠けることが不処罰をもたらす一方、危険が構成要件該当的な法益侵害の中での現実化を欠いた場合は、既遂に問われることはない。場合によって未遂に問われうるのみである。

(2)　その二は、結果が行為者により創出された危険の実現として表われている場合、それは通常帰属可能であり、その結果、客観的構成要件は充足される。しかし、それでも例外的に帰属が却けられる場合があるが、それは当該構成要件の射程範囲がその種の危険とその波及効果の防止を含んでいない場合である。例えば、AがBにヒマラヤ登攀を勧めたところ、その登攀中、Bは――Aが予見した通り――事故死したとする。その場合AはBの死を惹起したといえるのみならず、Bの死の中にはAにより惹起された危険が現実化してもいるのである。それにもかかわらず、Aはいかなる意味でも可罰的殺人行為を犯してはいない。なぜならば、現行法上は自殺の使嗾すら不処罰であり、ましていわんや、単なる自己危殆化の使嗾はまさに不処罰なのである。二一二条、二二二条、二二九条（筆者註：それぞれ、故殺罪、過失致死罪、過失傷害罪）の射程範囲は故意の自己危殆化行為に及ぶものではなく、従って、結果は使嗾者には帰属し得ないのである。

ロクシンは以上のことを総括して次のように云うことが出来るとする。[39]すなわち、客観的構成要件への帰属は、行為者により創出され、許された危険の裏付けをもたない危険が構成要件の射程内で実現化されることを前提とする、と。落雷事例や病院の火事の事例のような導入事例は故意犯に関するものであったが、客観的帰属論の実際上の意義はむしろ過失犯の場合に認められる、とロクシンはいう。けだし、客観的構成要件の充足の中で実現化するのは常に過失の——たとい殆んどが可罰的ではないにせよ——結果惹起であるので、その結果、全ゆる故意犯の中には過失犯が内在する。他面、そのことは、過失の結果惹起は客観的帰属の原則下でのみ特定されうるということを意味することになる。それ故、これから展開せられる原則は過失構成要件論の中核的部分を含むものであり、後述、過失犯の論述部分はその補充及び具体化の性質をもつものである、という。この点はロクシンの論述をみていく際に留意しておくべき点であろう。

まず全体の構成は以下の如く三分類される。

(1)　許されない危険の創出（S. 375）。ここでいかなる場合に帰属が否定されるかについて述べられ、

ⓐ危険減少化の場合（S. 375）、

ⓑ危険創出に欠ける場合（S. 377）、

ⓒ危険創出と仮定的因果関係の場合（S. 379）、

ⓓ許された危険の場合（S. 382）、が挙げられる。

(2)　許されない危険の実現（S. 384）。ここでは実現という観点からの帰属の否定、及び、ロクシンの見解の特徴を示す、危険増加論が取り扱われ、

ⓐ危険の実現に欠ける場合（S. 384）、
ⓑ許されない危険の実現に欠ける場合（S. 386）、
ⓒ結果が注意義務規範の保護目的による裏付けをもっていない場合（S. 390）。
ⓓ合法的な択一的挙動と危険増加論（S. 392）、
ⓔ危険増加論と保護目的論の結合について（S. 399）論じられる。

(3)　構成要件の射程範囲（S. 401）、とされ
ⓐ故意の自己危殆化が共働した場合（S. 401）、
ⓑ合意に基づく他者危殆化（S. 409）。
(c)他者の答責領域への整序（S. 417）。

以上の項目についての論述は、もとより詳細且つ分量のあるものなので、ここではそれ等の論述の中心となっている部分をとり上げ、訳出し、それについての私見の表明も含めて、全体の把握に努めることとする。

(1)のⓐ：行為者が既存の危険を少なからしめて、行為客体の状況をむしろ好転させた場合である。加害者が被害者の頭をめがけて投げた石を、肩に当たるようにして怪我を致命的なものではないようにした行為者を考えればよい。この場合、ロクシンは、相当説では解けないとする。確かに、緩和された結果であれ、それは行為者には予見可能であり、意図されたものですらあったからである。このような場合、客観的帰属は否定されるべきである。けだし、保護された法益の状態を悪化させるのではなくて、好転させる行為を禁ずることは不条理であろうからである、とロクシンは云う。このような場合、従来は三四条の正当化される緊急避難が認められ、違法性の問題とされていたのであるが、そうであるとすれば、危険減少をともかくもいったんは犯罪類型的法益侵害と見做すことになるのであるが、客観的帰属論

はそれ自体に欠けるとみるのである。危険減少の場合は直ちに帰属の阻却である。

これに対し、上のような既存の危険を減少させた場合ではなく、自ら別の危険を代償として被害者をもともとの危険より少ない侵害で済むようにしたという場合は事情は異なる。例えば、燃えている住宅から子供を救い出す為に窓から投げ落として重傷を負わせたとか、被害者を誘拐から守る為に、他に方法がなくて、承諾をとらぬまゝ監禁状態にして身柄を確保したというような場合がそれである。この場合には、行為者は構成要件実現として彼に帰属せしめられる犯罪類型的行為を実現しているのである。しかし、彼は推定的承諾或いは正当化される緊急避難により違法阻却となり得る。当然ながら、個別事案の中では、単一且つ同一の危険と、別の危険への転換とを区別することは難しいであろう。しかし、そのことによって区別の原則が疑問視されることにはならない。何故ならば、この難しさは至る所で見出される犯罪類型と例外、即ち、構成要件と違法性の限界づけという問題に重なるものであるからであるという。

思うに、この問題は客観的構成要件への帰属に止まり得るのであろうか。私見によれば、すなわち、危険減少は、ここでは行為者の意識に反映（例えば、防衛目的等で）して初めて帰属されえないものとなると考えざるをえない。主観的な要素の導入を敢えて否定するのであれば、危険減少の場合も一応帰属は認めるべきであると考える。その帰属関係を対象として危険が減少され、被害は少くて済んだのであるという評価がなされるべきであろう。そうであるとすれば、この問題は「客観的」帰属には止まらないはずではなかろうか。

(1)のⓑ：落雷事例がこれにあたる。すなわち行為者は法益侵害の危険を少なめてもいないが、しかし、法的に意味をもつほど高めてもいないという場合には帰属が否定されるという。滅多に生じえないような例外状況に結果の発生が結びついた場合、このような最少の危険は法が問題とするところではない。それ故、このような形の結果惹起は元々帰属されえない。ロクシンによれば、社会的にノーマルで一般的に危険だと思われない行為の惹起は禁止の対象とはなりえないが故に、このような行為が例外的に結果への原因性をもつとしても、犯罪類型的殺人行為は存在しないとする。同様のことはいわゆるダム溢水事例にもあてはまる。三一三条の規定は少量の水で脅かされるような危険を防止するのが目的ではないからである。帰属の判断は犯罪目的と犯罪の記述により決定される、とロクシンはいう。

思うに、この場合は相当因果関係存否の問題として解決可能であろう。そのことはロクシン自身も指摘するところである(40)。既に何十年も前に、ラレンツやホーニッヒにより主張された客観的目的追求性の原則とも本質を同じくするという。すなわち、法的に保護された法益に重要な形での危殆化を及ぼしているのでない挙動は、結果を偶然に生ぜしめたものでしかなく、従って、当該結果はこの方法では目的的に惹起されてはいないのである。この立場から危険創出の問題を判断しようとするのであれば、ここでは相当説と同様、客観的事後予測が妥当することとなる。即ち、分別のある観察者が事前に立ちかえり、当該行為が危険な、あるいは、危険を増強するようなものであると評価するか否かに関わる。この際、行為者が有している特別な知識も考慮に入れて考えるのである。それ故、ここでのロクシンの指摘はまさに、折衷的相当因果関係説のそれである。その点において私見も同旨である。しかし、ここではそもそも、危険創出行為たる実行行為性に欠けるのではないかという捉え方も可能であると考える。この点、曽根教授も同様の批判をされている(41)。

(1)のⓒ：仮定的因果経過は因果関係論においてはとりあげられないのが通常である。ロクシンは、客観的帰属論においても同様に仮定的条件の存在は帰属を排除するものではないとする。けだし、法秩序がその禁令を、別の人間もその違反をする気でいるという事を理由として撤回したりはしないものであり、その事は目的論的に必然の思考であるからであるという。従って、このような場合での危険増加は、構成要件的保護客体がいずれにせよ失われるであろうから、行為者による危険増加はなされえないということを理由として否認されはしないこととなる。実現された結果は専ら行為者によってのみ創出された危険の実現であり：規範的観点の下ではこのことだけが顧慮されればよい、ということである。

ここでロクシンは特色ある「危険増加論」を展開するのであるが、この場合の用例となる自転車走行事件で、どのような点に危険増加がみられるかといえば、トレーラーが命ぜられた車側間隔をとらずに追い越したという運転義務違反の点においてである。そこには確かに許されざる危険の存在が見受けられる。そして、結果の発生はその危険の現実化であると評価することもできる。

しかし、そこに増加した危険の存在が認められるのであろうか。規定どおり一・五メートルの車側間隔を保って追い越していればどうであったかという仮定的な事実との比較においてよりそれをひき出すことはできないように思われる。仮定的な因果関係が客観的帰属を否定する条件として用いられるべきでないとするのであれば、それ以上、更に増加させる条件としても用いるべきではないのではあるまいか。この点、疑問が残る。既出、グロップは危険増加論をとらない。この論点が客観的帰属論の一番の争点であると考える（後述）。

⑴のⓓ：行為者が法的に重要な危険を創出したとしても、それが許された危険に関する場合には帰属が阻却される。ロクシンは許された危険という概念が多様な関連性の中で用いられており、その意義や体系上の地位も明確とはいえないとし（三八二頁参照）、一定の枠をかけて論じようとしている。即ち、許された危険の下で理解される挙動とは、ある法的に重要な危険を創出してはいるが、しかし、一般的に（個々の場合とは関係なく！）許されていて、従って、違法性阻却事由とは別に、既に、客観的構成要件への帰属が阻却されるものである。その典型例は交通規制を全て遵守した上での自動車の運転である。自動車交通の許容性は、交通規制を遵守していれば犯罪類型を発生せしめるようなものではないという概括的な考量に基づく。そうであるからこそ、自動車の運転は、それが具体的な場合に高度な利益に資することがなくても、それどころか、犯罪の準備というような悪しき目的に利用されようと、ともかくも許されるのである

とロクシンはいう。この領域で把握されるものは、他の交通手段は勿論、企業活動やスポーツ、医療行為等、種々である。これらの場合、帰属の有無を判断するには、各分野毎に定められた遵守規定の存在が重要である。安全性対策の規定化は法的に重要な危険の存在を示唆するものになるからである。

思うにこの分野は、ロクシン自身も認めているように、わが国では社会的に相当性のある行為として、構成要件の枠外というよりも、むしろ三五条の正当行為で把握されるものといってよい。遵守規定を逸脱して許されざる危険となった場合、そこから生じた結果は構成要件的に帰属し違法となるものである。故にロクシンのこのような分類は体系上重要とは思われない。

しかし、これに対し、ロクシンは社会的相当性という概念は解決原理として不十分であるとする。このような概念は、後に、規範の保護目的というロクシンの分類でも問題とされる。故にここで予め彼の社会的相当性に関する見解をみておくこととする。(42)

社会的相当性という概念はいうまでもなくヴェルツェルにより展開せられたものであり、「共同生活の中で歴史的に生成した社会倫理的秩序の範囲内にある」(43)行為は社会的相当性をもつというべきであって、それが言葉の内容からみて、いずれかの構成要件に内包されるようにみえる場合であっても、構成要件には該当しないとすべきであるという考え方である。本来、危険な作業領域において、事故が生じ、死傷者が出たとしても、作業自体が正規に、規則を遵守して行われていた中での不幸な出来事であったとすれば、その事故は社会的相当性の範囲内のものとして業務上過失致死傷罪の構成要件そのものを充足しないと考えるのである。

社会的相当性という概念は、このように、構成要件該当性の存否と関係づけられて把握され得るし、又、わが国のように違法性阻却事由の外枠（あるいは見解によってはその内実）として機能することも可能である。しかし、前者の場合も、それが構成要件外のものとして当初から刑法的視野からはずされるものであるのか、形式的に構成要件と対峙した上で構成要件該当性阻却事由と解されるべきものであるのか、「社会的相当性」という包括的な術語のあり方に呼応して議論の対象にはなる。この事は、構成要件を違法類型とみて実質的・規範的に把握していくか否かにも関わってくることであると考える。けだし、違法判断はその実質的観点により「社会的相当性」という概念の内実と等しいものを、よしんば、異なる表現になるとしても、導入せざるをえないからである。その際、社会的相当性概念を積極的違法要素で捉えるのか、消極的即ち阻却事由で捉えるのかは体系論の問題となる。

ロクシンは後述の如く、規範の保護目的という概念を重視する。具体的には構成要件に表出される規範が考えられるのであるから、ここで述べた社会的相当性と意味的に近いものがある。

ロクシンは社会的相当性という概念を構成要件阻却要素とはみていない。むしろ、もともと社会的相当性のある行為は構成要件の枠外に止まるものであり、強いていえば、当該構成要件を解釈する際に用いられる区別基準（該当性の有無に関する）であり、特別に理論化される程の意味付けを要しないものであるとし、具体的には以下のように述べている。

社会的相当性の概念、すなわち、刑法においては社会的不相当性という方が直接的であるが、この概念は構成要件をいわゆる「犯罪類型」として意味づけるものであり、個別的な構成要件要素とみられるべきものではない。従って、例えば、構成要件該当的な挙動を誤って社会的に相当なものであると認識した場合、それは故意を阻却すべき構成要件的錯誤ではなく、禁止の錯誤というべきものである。それ故、社会的不相当という概念は、社会的に不相当な行為だけが構成要件にまとめあげられるのであるというように解釈されるべきものである。実際、社会的（不）相当性判断の解釈学的基準としての価値は、この観点の下で取り扱われる事案の為にとりあえずは精巧な解釈方法として役立ってくれるということによって相対化される。すなわち、社会的に相当な行為として示される多数の（そして個々的には動く）事例を詳しくみてみれば、それ等が二グループに大別されることがわかる。①第一グループは法的に重要でない、あるいは、許された危険のグループである。鉄道、道路、空路交通への関与、工場施設での操業、スポーツ競技への参加等は、それらの為に決められた規則を遵守し、通常的かつ一般的に認められた危険の中に止まっていれば、よしんば構成要件に該当する侵害結果が発生したとしても、侵害犯の構成要件を充足したのではない。その根拠は、結果の客観的構成要件への帰属は原則としてその結果が行為者により創出された、一般的に許されない危険を実現していることを前提とするものであるというところにある。既に一般的帰属基準によって排除されている構成要件充足を阻却せんが為に、社会的相当性をいう必要はない。再三とりあげられる講壇事例の、甥が金持の伯父を雨天に外出させ、あわ良くば落雷で死ぬかもしれないと望んで、遠出をさせ、その通りになったという場合、そこでは既に殺人罪は不存在であり、その理由は甥は伯父の生命に対して法的に重要な危険を生ぜしめていないからである：一般的な帰属論をとるならばこれらの場合に、甥の行為が「社会的に相当」であるかどうかを問題とする場合に比し、はるかに詳細な帰属限定基準を可能とする。

同じことが多数の判例に妥当する：酒類の小売業者が飲食・旅館業法により示される限界内で、許された危険の枠内で商なった場合には、そのことから生じた結果は以上の根拠から帰属可能ではないのである。許された危険を特定するにあたっては、勿論、挙動の社会的許容性に関し、それはしばしば細かい安全性規定の中で表示されていることがあるので、注意深い考察を要する。しかし、これらの社会的評価はもともと結果の帰属に帰するものであり、殆んど不明確且つ議論の多い社会的相当性判断の事後的矯正により初めて再び排除されるというような必要はないのである。(44)

②第二のグループは、ごく些細なもので社会的に普通耐えられるような行為を構成要件から除外することに関するものである。上述の（筆者註：ロクシン総論4版二九五頁参照）、郵便配達人への新年のささやかな心付けは、厳密には三三一条（利益収受罪）の文言には抵触するが、その社会的相当性のゆえに、同条に属させるべきではない；更に、少額賭金での賭事も二八四条（賭博罪）の可罰性をもつものではないし、家族内での内々の悪口は侮辱罪（一八五条以下）とはならない；冒険的な、しかし規則に適った企業活動の枠内での業務行為は背任罪（二六六条）とはならない等。これらの、そしてこれらに比較できる多くの事例の中で、その時々の構成要件が充足されないという結論は正当なものであるが、このことが、記述された挙動態様の社会的相当性を根拠とするとみるのはあまりにも当然すぎる。それはむしろ、それぞれの規定により保護されている法益が上のような例によっては侵害されておらず、その故にこそ、当該行為は禁令に抵触しないと看做されるということであろう。配達人へのささやかな贈物は三三一条が保護しようとしている公務員の清廉潔白さへの公共の信頼を危険にするものではない(45)。

ロクシンは概略以上のように述べ、この問題の結論を次の如くまとめている。

正当な解決はその都度の保護法益に向けられた限定的解釈により生ずる。このような方法は当該行為の社会的相当性を画一的に要請することよりも勝っている；けだし、それは判決が単なる法感情に従うという事や、広範に行なわれている濫用（筆者註：ロクシン原典二九九頁 Rn. 40で示されている、刑法上、規範の保護範囲外とされているような日常的行為、既出の、郵便配達人への心付けなどの濫用を示す）が構成要件に無関係として解釈されてしまうことを防止するからである。厳密に法益に関係づけられた、当該不法類型を目指した解釈だけが、一体なぜ（法益の……筆者）僅少性が一部では構成要件からはずれるのか、しかも、それはしばしば条文の文言によっても除外されているのであるが（筆者註：ロクシンがここの例として引いているのは、例えば一八四条c一号の「性的行為とは、それぞれの保護法益に関してかなり顕著なもののみをいい」や、二四〇条の「はなはだしい害悪」という文言である）、又、一部では、例えば少額窃盗のように、疑いもなく構成要件を充足するものとされるのか、というような問題を解決し得る。後者の場合、所有及び所持は少額の客体の盗取によっても明らかに侵害されているといえるが、他の場合には法益はある一定限度の侵害強度が認められる場合に初めて侵害されたことになるのである。それ故、社会的相当性の理論は確かに個別の不法類型に合致しない挙動態様を構成要件から除外するというあるべき目標を追求するものではあるが、構成要件を阻却する特別な「要素」を表わすものではなく、解釈原理としては、より精緻な基準にそれを譲ることになるというのが総括であるとしている(46)。

思うに、社会的相当性という概念は確かに包括的であり、個々の行為の、例えば構成要件該当性の有無を判断する場合の具体的基準として機能する性質のものではないようにもみえる。

しかし、構成要件を違法類型として考える私見からは、違法行為を類型化したものとしての各条文の文言は、それがまさに類型化されたものであるが故にこそ、仮令、如何に具体的に記述されているとしても閉じられたものとはいえない。文言の一つ一つが歴史的に受容された巾のある意味をもつものと考えられる。よって、条文を解釈し、構成要件を明確にする思考操作にあたっては、違法の内実が個別化され、具体化されるのであるという認識を要する。社会的相当性はまさしく社会がそれを相当性あるものとして受容することを意味するのであるから、そこからの逸脱が反社会的なものとして規定化され、違法を形成する。歴史的社会の中で形成され、現在の社会においても維持されている社会的倫理秩序を逸脱する法益侵害行為は社会的相当性を欠くものとして違法である(47)。

このことは事実上、ロクシンのいう許された、あるいは、許されざる危険の判断と重なるものではないかと思われる。客観的帰属論の違法連関を示す一端であろう。

(2)のⓐ：客観的構成要件への帰属は、結果の中で、行為者により創出された許されざる危険が実現化しているということを前提とする。それゆえ、行為者が保護法益に対する危険を創出してはいるけれども、結果自体はこの危険の表出ではなく、ただそれとの偶然の関連の中でのみ生じたという場合には帰属は阻却される（故意犯であれば場合により未遂の成立は論ぜられうる）。予見不可能な因果経過の中で結果が発生したというような場合がこれにあたる。例としては、殺人未遂の被害者が収容中の病院の火事で死亡したというのがこれである。既にエンギッシュは危険の実現は書かれざる構成要件要素として因果関係と並ぶと主張している旨、ロクシンも指摘している。(48) 此処では既遂の成立は問題とならず、未遂に止まるということは、通説も一致して認めるように、決して故意の問題ではなく、客観的構成要件の充足の問題である、という至極当然の理が述べられている。このような場合には、構成要件の意味における「殺す」という行為にあたらないと考えられるからである。ロクシンは、危険実現の検討は更に先へ進み、実際に生じた経過が正犯者行為終了後に下されるべき二回目の危険判断で検討されなければならないとする。上の例でいえば、行為者による銃撃が焼死の危険を、法的に測りうる程、高めたかどうかが検討されなければならないのである。その際、最初の危険判断（筆者註：即ち、保護法益に対する危険を創出・実現しているかどうかの判断である）の際と同一の規準が用いられる。病院への収容は、そこで被害者が火事という不運に遭うという危険をいささかも基礎づけてはいないのであるから、ここでは危険実現及び結果の帰属は否定されるべきであるということになる。

これに対し、因果関係の逸脱の程度が、とり上げる程のものではない場合は別論である。

(2)のⓑ：許された危険の諸事例の中での、客観的構成要件への帰属は、遵守規定からの逸脱、従って、許されない危険の創出によりもたらされる。通常の危険創出の場合、既遂となるには更に危険の実現が要求されるのと同様、許されざる危険の場合には、さらに、結果の帰属可能性は当該の許されざる危険が結果の中で実現されているということにかかる。これに関する最も端的な例は許された危険の逸脱がその具体的な形で結果に表出していないという場合である。

ロクシンが具体例として挙げるのは例の羊毛未消毒事件である。略述すれば、中国産羊毛を原料とする刷毛工場で、規定上消毒をしなければ用いてはならなかったのに、それを怠って使用したため、女工達が炭疽菌に侵されて死亡したのであるが、事後、判明したところによれば、ヨーロッパでは未だ知られていない菌であったので、定められた消毒では効果はなかった、というものである。

この場合、行為者たる工場主は事前判断では消毒を怠ったことにより大なる危険を創出しているが、事後判明したように、その危険を実現してはいないといえる。そこでロクシンによれば、彼に結果を帰属させるというのであれば、結局、履行しても無意味であった義務の違反を咎めることになるというのである。仮に、許された危険を遵守しても事態は変らなかったであろうという場合には結果の帰属も同様に扱わなければ平等原則に反するという。

思うに、ロクシンがこの件りでとりあげている事例は、かつてシュペンデルにより仮定的因果関係の問題として論ぜられたものであり、(49) 確かに因果関係論にとっては難問とされる問題領域である。特に条件説にとっては、仮定的な条件は導入せずして考慮するということになると因果関係の存在を認めざるをえない。ロクシンは工場主が故意であった場合も刑責は未遂犯に止めるべきであるとする。このような場合、因果関係論に依る限り、折衷的相当説をとるとしても、因果関係は認められることになるのではあるまいか。客観的帰属論はこの問題領域で特徴的である。

仮定的因果関係に関わる場合、これを考慮に入れないとすれば、上述のように、殆んど因果関係が切れることはない。不作為の因果関係と同様に構成し、いわゆる hinzu の形で合義務的な行為を挿し込んで結果発生の有無を問うという修正的条件関係に変化する。これは相当因果関係説にも当て嵌まる思考操作ではあるが、合義務的な行為があったとしても同一の結果が生じたであろうかという判断は、いずれにせよ、関係の存否を「蓋然性」か「確実性」で問うものではあっても、「相当性」という、存在を前提としてそのあり方の質を問うものとは別物である。よって、相当因果関係説を採る場合には（構成要件論の従来のあり方に即し）、既に「期待された合義務的な行為」の選択において相当性判断による選別が介入していると考えることになるであろう。けだし、そのような結果を回避するのに相当であると考えられるような行為が義務化されているであろうからである。しかし、そのような合義務的な行為をしていたとしても結果は発生していたであろうという場合にどうするかというのがここでの問題である。これは結果回避の可能性の問題であって、むしろ、因果関係の範疇には属しない。例えばわが刑法の二一〇条でいえば「過失により人を死亡させた」に該たるといえるか否か、即ち、条件関係の存在は当然として、相当因果関係が認められる場合であってもなお（一般的に結果回避不能であるのに）過失犯としての構成要件該当性＝違法性を認めるべきかという問題である。

この結果回避の可能性という観点は不可欠の構成要件要素であると考える。この要件の存在により、義務違反的な行為無価値に結果無価値の観点からの規制が可能となるからである。この要素が考慮に入れられないとすると、義務違反性という行為無価値単独の評価が可能となり実定法に適合しない。

これを「許されない危険の実現」という表現にする場合、一般化した形でみるのであればむしろ違法判断としての構成要件該当性の問題となるであろう。そして、又、結果回避の可能性を本来の構成要件要素として考慮する立場であれば、敢えて客観的帰属論固有の理論として特別視する必要もないように思われる。

(2)のⓒ：ここでは、許された危険の超過がその因果経過の危険を明らかに高めてはいるが、しかし、それにもかかわらず、結果の帰属を認めるべきではないという事例群が論ぜられる。ロクシンは二例挙げて説明している。①二台の自転車が無灯火で縦一列となって走行していたところ、前の自転車が対向して走ってきた自転車と衝突したのであるが、もし後続自転車が灯火していたならば、事故は避けられたであろうという場合の後行自転車走行者の帰属問題（RGSt. 63, 392）である。②歯科医が心臓不調を訴えていた患者に対し、本来、内科医に照会することが義務づけられていたにもかかわらず、それを怠ったまま全身麻酔を施して二本の臼歯を抜き、患者が心不全で死亡したのであるが、内科的な検査をしたとしても心臓の不調は見出せなかったであろうということが認められた。けれども、その患者の死は内科的な検査により引き延ばされはしたであろうというものである（BGHSt21, 59 の変形）。

例①に対し、ロクシンは、二台目（後続自転車）の無灯火走行は一台目の事故を惹起し、その惹起の度合いを高めたといえるし、例②に対しては、内科医への無照会は侵襲の危険性を少くとも早めたといえるとする。しかしそれにもかかわらず、結果の帰属を認めない。その理由は、例①につき：灯火命令は直接自分の自転車から発した事故を回避する為のものであって、他の自転車を照らし、それが第三者の自転車と衝突しないようにするためではないという。(50) 例②につき：内科医への照会義務は、侵襲の引き延ばしに作用し、それによって患者の生命を幾許か延長させることを目的にするものではない。従って、破られてしまった注意義務命令が防止しようとしている危険の実現ではないので、結果の帰属はないというのである。(51)

ロクシンによれば、このような許されない危険の実現の場合も、反義務的な挙動が因果的な効果を持つかどうか、そしてこの効果が危険を増したかどうか、あるいは、その危険の増加が重要な程度にまで達しているかどうかということが重要なのである。しかし、因果経過が許されない危険と相当性のある関係を有する場合であっても、このような結果の防止は保護目的ではなく、注意義務がもつ保護の反射効果に過ぎない場合には結果の帰属は排除されることになる。

ところで、ロクシンによれば、許されざる危険が実現にいたっていない事案群全て、これを公式化するとすれば、「危険関係」(52)が発生しているといえない事案群全てにつき、規範の保護目的は具体的な形の結果発生を把握するものではないということができる。何故ならば、未消毒羊毛を消毒せよという命令の目的は効果のない適用を要求するものではないし、速度制限の目的は（筆者註：スピードオーヴァーの運転をしていた者が、間もなく規定の速度に戻り走行していた。ところが彼はある自動車の後から彼の車の前に突然とび出してきた子供を轢いてしまった。その事故は彼にとって避けようのないものであったという三八七頁、Rn. 75 に出ている事例である）、通りの特定の場所から車を遠ざけておく等々のことを目指すものではないからである。論者が認識すべきことは、許されざる危険が実現した場合、常に問題となるのは「許された危険を限界づける注意規範 自転車の灯火命令、専門医への相談など）の保護目的であって、刑罰構成要件の保護目的ではないということである。これに対し、構成要件規範（殺人の、傷害の、器物毀棄の禁止、等）が特定の挙動態様及び作用をもともと包摂していない場合こそが、構成要件の保護目的による帰属阻却の本来的な事案である。それらは本書では「構成要件の射程範囲」(53)（下記 Rn. 106 以下）という観点の下で述べられる。よくあることであるが、その場合と、注意命令の保護目的が生じた結果を包摂していないが故に帰属が阻却される場合とが混同されてはならないとロクシンは注意している。

しかし、思うに、いずれの場合にも客観的帰属が排除される類型であるから、その下位において、更に類別化する必要性があるのであろうが、この場合も実行行為性の有無で扱うことが可能ではないであろうか。

ロクシンのいう前者は許されざる危険の実現でありながら、結果回避の可能性がないとされる事態であるから、実行行為性は認められない(54)。後者は構成要件の保護範囲外というのであるから、結果のみならず、その結果を発生させるべき実行行為性も備わっていない場合であるということができるのではないだろうか。両者共に実行行為そのものの欠缺として処理しうるように思える。

(2)のⓓ：ここで取扱われるのは、合法的な行為を選択していたなら、確実ではないにせよ、蓋然的に、あるいは、可能性の状態で結果は回避されたかもしれないという場合、その結果の帰属は許されるべきか否かという問題である。有名なBGHSt11, 1の例が用いられる。トレーラーの運転手が、酒に酔って自転車で走行中の人を轢いてしまったというものであるが、その際、自転車との間隔を規定する法規を守っていなかったのであった。しかし、自転車で走行中の男も強度の酩酊状態にあり、発作的反応を示す程であったので、車体を左へ傾け、トレーラーの後部車輪に巻きこまれたというものである。事故は、交通法規に従い十分な間隔をとって追い越したとしても、蓋然的に（変形：恐らく）生じたであろうということが確認された。

既に上で（Rn74）、合法的な行為を選択したとしても、同様の結果が確実に生じてしまうであろう場合、許された危険の超過はあるのであるが、ただ構成要件的事象経過の中で実現されていない場合には帰属が否定されるということが明らかにされた。それに対し、事例の場合、自説上、帰属が命ぜられるとロクシンはいう。なぜならば、正しい運転をしていれば、なるほど、確実にではないけれども、ひょっとすれば被害者の生命は救われていたかもしれないのである。追い越し間隔を守らなかったことによる許された危険の超過は、ゆえに、致命的な事故発生の機会を法的に重要な形で高めたものといえるからであるとされる。

その根拠として、彼は以下のようにいう(55)。命ぜられた間隔を保っていたのだが、被害者の死亡が発生したと仮定した時には、その経過の中で実現した危険は、追い越しという事態の中に常在しているものであり：この危険については、立法者は許された危険とし、運転手にそれを許すのである。その結果、結果は帰属されないことになるのである。

これに対し、行為者が許された危険を超過し、その後、結果が追い越しに内在する危険の発現として生じた場合、その結果は禁ぜられた危険の実現として帰属可能となる。この場合には、行為者の為に危険を受け入れ、彼を無罪とするいかなる理由も存在しない：なぜならば、耐えられうる危険の最大限度は規定された安全間隔により決せられるからである。この危険を高からしめる行為はどのようなものであれ、行為者にその結果を帰せしめることとなる。

ロクシンの創唱になるこの「危険増加理論」(56)は文献の中で支持者数を増やしていると自ら述べている。しかし、判例と一部の文献は結論を異にしているという。例えばBGHSt11, 1によれば、「交通違反の行為は、もし交通違反をしなかったならばその結果は生じなかったということが確実である場合にのみ侵害結果に対して原因力をもつとされてよい」とし、許されざる危険が実現したのだということが確かでない場合は、そうではなく、行為者は「疑わしきは被告人の利益に」の原則により無罪とされるということになる。

それは不当であるとロクシンはいう。(57)一つの危険を許された部分と許されざる部分に分け、その各々につき個別に危険の実現を立証する必要はないからである。行為者が許された危険を超過し、それにより、まだかろうじて甘受されている危険を更に増加せしめた場合には、彼は全体として、絶対に禁ぜられている危険を創出しているのである。結果が発生した場合には、この全体として禁ぜられた危険が実現されているのだとみなければならないとする。従って、ここに疑わしきはの原則が適用される余地はないのであるという。

危険を許される量と禁ぜられる量に分解し、その各々につき個別に因果関係の証明をする必要はないのだということは、許されざる危険が実現したか否かという問題にとり、他のところでも重要な意味をもつ注意義務規範の保護目的から必然的に結論づけられる。何故ならば立法者は注意義務規範の遵守が明らかに法益保護の機会を高めてはいるが、しかし絶対の安全を保証するものではない、まさしくそのところでこそ注意義務規範の遵守を厳命しなければならないからである。

例えば、ある外科医が医療上必要ではあるが危険な手術をした際、粗雑な治療ミスを冒した結果、患者が死亡したという場合、反対意見のような捉え方をするとすれば、正しく実施された手術であっても死という結果の発生はあり得ることなのであるからという理由で、その医師には無罪を言い渡さなければならない。そのことは、特に大なる注意が要請されるところで、それぞれの注意要請の放棄を意味することになるであろう、とロクシンは反対説・判例を批判する。

さて、ロクシンの危険増加論に対しては、もう一つ、この理論は法規に反して結果犯を危険犯へと転換せしめるという批判がなされる[58]。これについて、ロクシンは不当な批判であるとし、客観的構成要件への結果の帰属は常に行為者により創出された危殆化によってのみ仲介されるのであり、侵害犯と危険犯の区別は専ら、侵害犯の場合の許されざる危険が構成要件的侵害結果の中で実現されるのに対し、危険犯の場合には危険がただ種々の諸要請に応じて決定されるべき危殆化結果の中で実現されるという点にある。しかし、合法的な択一的挙動の事例では、危険の増加がある場合、禁ぜられた危険が構成要件的侵害結果の中に表出しているという事は記述の通りである。ロクシンは、従って、構成要件という概念を決して軽視するのではないのである。曰く、危険増加論は刑法規範を「危険を回避せよ」という公式に嵌め込むというようなものではないので、いわゆる「命令説」として刑法規範の本質をすりぬけていくとみられてはならない。けだし、危険増加論は実際このような命令をはるかに超えて、「危険すなわち構成要件的侵害結果の中で実現される危険を回避せよ」というものであるからであ、と[59]。危険の増加があるかないかは事後判断である。

思うに、結果に実現されているか否かの判断であるから、このことは当然であろう。事後に判明した事象は、少くとも、客観的構成要件該当性の問題として把握する限り、考慮さるべきである。それらが行為者に反映していたか否かは主観的側面であり、相当因果関係の折衷説で捉える場合、客観的一般人の予測可能の範囲で行為時に予測される事後的なものも検討の対象となる。

この事実関係を基礎とし、次いで、行為者が許された危険を保持していたとしたら、被害者に対する危険は減少せしめられたであろうかということ、換言すれば、生命が救われる可能性が高められたであろうかということが検討されるのである。その際、危険増加の有無は規範的規準により判断されなければならないのであるが、ここにいう規範的規準とは、ロクシンにいわせれば、事前に定められた規範が事後的知識を基礎とし、依然として有効な、即ち、結果の危険を減少せしめる禁令として認められうるか（その場合は、結果の帰属あり）、あるいは、当該規範は新しい認識状態からみると、具体的に無効であったり、少くとも、しても無駄と看做されるか（その場合は、結果の帰属なし）という判断を内容とする。この規範的考察方法にあたっては、当然のことながら、現実に行われた挙動と仮定的な挙動との自然主義的－統計的比較の成果が顧慮されなければならない、とされる。

このように考える場合にも、なお、議論の余地を残すのは、禁じられた挙動が、許された危険の範囲内でなした場合よりも大なる危険を創出したであろうかどうかが確定できない場合をいかに決すべきかということである。ロクシンに云わせると、危険増加論を採る見解であっても、その多くがこの場合をin dubio pro reoの原則で解決し、それを適用することにより、危険増加を、従って又、結果の帰属を否定しようとしているが、それに対し、法規は、注意義務規定を守った場合の所定の危険をひょっとしたら超過するかもしれないような行為容認のいかなるきっかけも与えはしないということが銘記されるべきであるとする。そのことをロクシンは以下の例で示す。医師が手順を軽視し、特異な治療方法をとり、その結果、患者が死亡したとしよう。後になって、手順を守っていたなら患者に対する危険は蓋然的に可成減少していたであろうという事、手順を守っていたなら危険の減少は、無論確実ではないにせよ、確かめられたことであるという場合、一体、いかなる理由でその医師に結果を帰属せしめえざるのかという。彼にいわせるなら、注意義務規定は、その不順守が、確実にではなくても、蓋然的にか、あるいは、可能性としてであっても、患者にとり、危険を増加させるところでは遵守を要求するのである。

危険増加の事例は実務では殆んど過失犯で扱われる。[60] しかし、述べられた帰属原理は故意犯に対しても理論的に同一の効力をもつ。例えば山羊毛事件では、工場主が自分の気に入らない職人をこの方法で殺害しようとして意図的に消毒をしなかったとすれば、事後の判断により、危険増加がなかったとわかった場合には殺人未遂でしか処罰され得ない。また、トレーラー事件（筆者註：自転車走行者事件）であれば、上とは異なり、トレーラーの運転手がこの方法で自転車走行者を致命的な事故に遭わせる為、ごく近接で運転してきたのであったのなら、確実な危険の増加があるとして、故意の殺人行為の責めを負わされるであろうとされている。

思うに、山羊毛事件においては行為は法令を遵守していない。そのことは自転車走行者事件の行為者（トレーラー運転者）も同様である。相違点は、事後判断において前者は結果の予見可能性や回避の可能性が全く存在しなかったことが判明したのに対し、後者はその点が必ずしも断定できなかった点にある。狭義の行為そのものが危険増加因子を有しているのではなく、危険増加とは、事後判明したさまざまな事情を考慮にいれて行なわれる判断の結果に他ならないのではないかと思われる。よって、この場合は特に高度な具体的判断となるはずであり、少くとも、因果関係論に代わるものとしての理論の域は超えているものといわざるをえない。後者の場合、私見もやはり、in dubio pro reo の原則に依るべきではないかと考える。

(2)のⓔ：ロクシンはここで規範の保護目的の理論を危険増加論を補充するものとして、その中に位置づけようとしている。[61]危険増加論には賛否両論ありと彼自身認めており、特に反対説についても詳細にそれを紹介しているのであるが、[62]それ等について論評することは控えなければならない。原典を直接の研究対象としなければ論じ得ない。又、支持論の中でも、禁じられた挙動が、許された危険の下でよりも、より大きい危険を創出したということを、どのようにして決定し、又、確定できない場合はどうするのかについて議論があると述べている。そして大方の支持者がここで再び疑わしきはの原理を使用し、危険増加と、従って結果の帰属を否認するとしている。ロクシンはこれに反対し、注意義務規定を遵守した場合生ずる危険の限度を超過する可能性があるかもしれないそういう挙動だけを法秩序が寛大に扱うというようなことは考えられないと指摘する。[63]そして、注意義務規定は、その不遵守が確実にではなくても、蓋然的にか、ひょっとしたらの程度でも被害者に対する危険を高めるかもしれないところでは注意を払うよう要請しているのだという。

ロクシンは例を用いて、規範の保護目的の理論が危険増加の理論を補充するものであることを説明している[64]。例えば、Aは免許証を携帯しないで運転していた。適正運転であったにもかかわらず事故に巻き込まれたという場合、禁じられた運転は事故の危険を高めている（ないしは一般に創出している）。けれども、運転禁止の目的は適正運転の結果を止めることではないから、危険増加があるにもかかわらず帰属は否定されなければならない：そこにあるのは単なる保護の反射効果にすぎないということなのである。

ロクシンは両者の主従関係を例のトレーラー事案で次のように説明している。曰く、危険増加の事実上の確定に従い、帰属前提は捨て去れないものであるとすれば、追い越し間隔の規定がもつ保護目的もその結果をカヴァーするものであるか否かの考量がなされなければいけないとし、法定の一mから一・五mの追い越し間隔は全ての自転車走行者（子供・老人、酔っていない人・酔っている人、健康な人・病人、慎重な人・おどおどと走らせている人、安全走行の人・不安定走行の人）の為に衝突の危険を少くするためのものであるはずである。この事は、「良い」自転車乗りに対しての方が、「良くない」即ち事態に即応した反応能力に妨げのある自転車走行者に対する場合よりもはるかにそういえるのだということではあるのだが、しかし、そうであるからといって、折々の可能性の枠内で、追い越し間隔規定は全ゆる保護を図るものであるはずだということに変りはない。従って、それが破られた場合、被害者が酩酊状態の反応をしたのであっても、それは規定の保護目的に含まれるといわなければならないのである[65]。

思うに、危険増加の理論には議論の余地が多く残されているというべきであろう。増加が、どのようなことを根拠とし（ロクシンは個別の注意義務違反であるとするのであるが）、いつを時点として判断されるべきものであるのか、やはりあらためて検討すべき課題である。規範の保護目的を補充条件として考慮に入れるということは、帰属の認否双方にそれが機能するという矛盾をきたしそうである。

(3)：ロクシンがここで取り上げるのは、構成要件の射程範囲の問題である。許された危険に基づいていない危険が実現された場合、通常は客観的構成要件への帰属が認められる。しかし、個別の事例では以下のような場合に帰属は不成功に終り得るとされる。すなわち、その場合とは、構成要件の射程範囲、いいかえれば、構成要件規範の（それゆえ、殺人や傷害や器物毀棄の禁令など）保護目的が、生じた種類の結果までは把捉していないということ、つまり、構成要件はこの種の事象を防止するために規定されているのではないといえる場合がそれである。就中、過失犯の場合にこの問題が役割を演ずる。なぜならば、誰かが、彼により設定された危険を通して、故意に法益侵害を惹起し、しかも、それが許された危険の裏付けなしに行為された場合、このような挙動からの保護を保証することが、構成要件の任務であることは当然のことであるからである。とはいえ、例外なくそうであるという訳ではない。故意犯の場合には、三種の事例群が分類され、それぞれ若干異なることが妥当することになる。

(3)のⓐ：故意的な自己危殆化の場合の関与。ロクシンの用例は、AがBを使嗾し、極めて危険であるにもかかわらず、割れやすい氷の張った湖を横断させようとした。Bは短慮にも危険を全く無視して渡ろうとし、死に致ったという場合、Aに―彼の目的に応じて―過失致死か、故意殺の責任を問えるかというものである。彼はこれを否定する。なぜならば、法律上、任意の自殺あるいは自傷行為への共働は、原則として不可罰であるがゆえに、故意的な自己危殆化への共働も同様に不可罰でありうる、という。けだし、自損行為という、より大なるものの惹起が不可罰であるのであれば、自己危殆化という、より小なるものは制裁から当然はずされてよいはずであるというのである。ロクシンは殺人罪の保護目的はこのような場合を包摂していないとする：すなわち、構成要件の射程範囲はこのような結果にまで及ばないのである。判例は以前から、過失により自殺を生ぜしめることを次のような適切な理由づけにより不処罰であるとしてきている。すなわち、自殺という結果を故意にひきおこさせても制裁を受けないのであるから、同じ結果を過失により生じさせた場合を処罰することは不斉合であるというのである（BGHSt 24, 342）。ただ、判例は、この考え方の、傷害と危殆化という同じ様相の関係を把握することへの転用は長い間認めてきていないとされる。(66)

思うに、ここでロクシンによりとりあつかわれている事例は、前提が「自殺」の介助ともいえるものであるが故に、後にロクシンが指摘しているように遡及禁止論によっても、自由意思による自殺という決定要因のあることが明白である。故に、自殺を不可罰とするドイツ刑法にあって、その教唆、あるいは幇助を処罰する独立規定もない場合、帰属を認める必要がないと考えられるのは当然のことである。しかし、彼自身、上述個所で、行為者の目的に応じて、過失致死か故意殺の刑責が生じうるかとの設定を示していることからもわかるように、この事例は事後の検証により、例えば、自殺をせしめるよう謀って窮状に追い込むという手段による他殺に転じうるものである(67)。その場合には客観的構成要件への帰属は認められなければならないはずである。ただ、このような場合に問われているのはむしろ主観的構成要件要素であるといえる。すなわち、使嗾者の意思支配を取り除いて考えたならば、あたかも自殺者は完全な意思の自由の下に答責的に行為しているのであるが、背後者の意思支配を考慮に入れて考えてみるならば、背後者の殺意ある使嗾という行為の中に存在する許されざる危険の創出が認められ、又、結果の中にその危険の実現があると判断される。

結局、客観的帰属論の場合には、危険の創出及びその実現の存在という原則型と、これまでみてきたような、そこからはずれる例外型との区別規準に関し、実に様々な観点をとり入れなければならないことが理論を複雑なものにしている要因である（例えば、上述の自殺の事例にしても、もしこれが自殺を手段とした他殺であったとすれば、結果として「構成要件の射程範囲」内に入ることとなるのである）。

次の用例は、ＡとＢがオートバイでの競走を計画したのであるが、両者共飲酒をしていたものの責任能力は未だ充分にあったところ、Ｂは競走中事故を起こし、自らの落度で死亡するにいたったというものである(68)。

ＢＧＨはＡに過失致死罪を認めた。その理由は、「被告人は予見可能且つ回避可能な結果を義務に違反して惹起」しているというものであった。「一杯のビールとひきかえに二人の命が軽率にも危険にさらされた」馬鹿げた競走への参加が、一般的な走行の危険を明らかに超過した危険を創出しており、その危険が後の成行きの中で現実化したのであるから、その点においては正当である。しかし、故意の自己危殆化があり、その危険についてBは、彼の依然として保たれている責任能力の故に、明らかに充分見通すことが出来たのであるから、結果は、存在する危険の実現にもかかわらず、規範の保護範囲に入るものではなく、帰属不可能なものといわなければならないと、ロクシンはいう。BGHは「義務違反」をいい、従って、自己危殆化への共働の際の可罰性を「事案の諸状況に」(BGHSt7, S. 115) 依拠せしめるのであるが、その場合可罰性は最早法定的評価の基準に応ずるものとはいえず、裁判官の個別判断により決定されているのであるから、その事は妥当でない、とロクシンは批判する。Aは二二二条、二二二条の客観的構成要件を充足していないのであるから、相手の致命的な事故をもともと計算に入れていたとしても、やはり刑には該たらないというべきであろう；けだし、これをしも「故意」と呼ばんか、この故意は構成要件性存せざる挙動に向けられているがゆえに、いかなる可罰性も基礎づけないというべきものであるとしている。

ロクシンは更に用例を掲げ、BGHSt17, 359[69]において、医師Aはインドから天然痘に罹患して帰国、彼自身、身体不調を感じていたにもかかわらず、事前の検査もなく、クリニックでの職務に復帰し、相当数の医師や患者が天然痘にかかってしまった。病棟付牧師も罹患したが、彼は危険に関する知識がありながら、任意に隔離病棟に立入ったのであったというものである。ここでも、全ての出来事がAにより創出された許されざる危険により現実化したことは明らかである。それ故、Aは知らぬ間に感染させてしまった人々に対し、過失致傷或いは致死罪で処罰されるのが妥当である。しかし、病棟付牧師についての場合は事情が異なる。けだし、彼は故意に自らの意思で危険を招いたのであり、そうであるならば、そこから生じた結果はAに帰属させられてはならないのである。牧師の自己犠牲的崇高な動機はそのことに何の変更も加えるものではない；逆に、彼の自己犠牲によりAが刑に陥されることを危惧しなければならない時、牧師の良心のみに負担がかかることになる、とロクシンは云う。

　しかし、ＢＧＨはこの場合も処罰した。ロクシンにいわせると、裁判所はただ、牧師が身体障害にまで同意をしていたか否かを検討し、以下の理由でそれを否定したというのである。即ち、牧師の同意は将来の作為或いは不作為にのみ関わりうるものであって、過去の作為・不作為には関わりえないというものであった。ロクシンにいわせると、ここで論じられることは同意の問題ではないのである。なぜならば、牧師はAによる侵害行為に同意しているのではなく、既に存在している危険に対し自らの行為により身をさらしたのであるから、その危険から生じ得る結果は殺人罪の保護目的には含まれていないというべきであるからである。

　ロクシンは更に別の用例を掲げる。(70) AはBにヘロインをわけてやったのであるが、その危険性については両者とも熟知していた。Bはそれを注射し、それにより死亡した、という例である。麻薬（あるいは麻酔薬）取扱法（BtMG）二九条、三〇条により麻薬の譲渡は重い刑となる。Aはそれ故、社会的に最早受け入れられ難い危険を創出し、それが死という結果の中で実現されている。実務上重大な意味をもつこの種の状況に際しても、判例は、さしあたって自己危殆化という考え方を顧慮することなく、過失致死の可罰性を肯定している。BGH NStW 1981, 350 は、ヘロインを与えることによりヘロイン中毒者の死を惹起した者は、ヘロイン中毒者が注射をするということが彼にとって認識されているか、或いは想定しなければならない場合、及び、彼が与えた物質が危険であることを認識しているか、あるいは知ることが出来たであろうという場合には過失致死の責任を負うと明言する。

　然るに、なかんづく、シューネマンによる批判に影響されて、BGHSt32, 262 は刮目すべき判例変更をし、このような事案を殺人罪の客観的構成要件に帰属させることを否定するにいたった。曰く、「自己答責的に意欲され実現された自己危殆化は、当該危殆化を意識した上で冒された危険の実現である場合には傷害罪、あるいは殺人罪の構成要件には服さない。このような自己危殆化をただ単に使嗾し、可能にし、或いは奨励しただけの者は、傷害罪、或いは殺人罪の故に可罰的であるとはされない」[71]と。BGHのこの判例以来、多数の判決がこれに習い、従って、従前の対置的な判例であるBGHSt7,112や同17,359は時流に遅れたものと看做されざるをえずとロクシンはいう。

このような新しい動きに対しても更に問題は生じた。即ち、自己答責的に行為する者の自損行為に対し、（故意的・過失的を問わず）共働した者が、自損行為者の身体や生命への保障義務をもつ者である場合にどう対処するかという問題がそれである。[72] BGH JR 1979, 429は、禁断療法の範囲内で患者に中毒薬剤を処方した医師に対し、患者がこの薬を用いて過剰量を注射し死に致ったという事案につき、この医師を過失致死罪とした。ロクシンはこの判決を結果的には妥当とする。けだし、薬物中毒患者は責任無能力者であったので、如何なる答責的決定もなし得ないということが全てにおいて示されるからであるという。しかしながら、当のBGHの如く、この患者に決定能力を認める場合には、処方医の医師としての身分が彼に患者の死を帰属せしめることはない。何故ならば、医師は患者を病気から守るのであって、自損行為から守るのではないからである。患者が彼に処方された薬物（それが、よし、睡眠薬であったとしても）の誤用により、自らを害するということは現実に避け難いことである。そのような事に対し医師に刑責を認めなければならないとすれば、医師は常時危険に足を踏み入れているといわなければならないであろうというのである。

ロクシンは、以下、数頁を割いて、BGHの判例で取扱われた具体的事例を用いての検証を試みている。例えば、麻薬供給者の場合、答責性の認められる自己危殆化への作為による共働は不処罰であるが、受給者に生じた失神状態に際し、医師を呼ばなかったという不作為に対し過失致死を認めた判例を批判し、あるいは、最近の判例が逆に、答責的な自己危殆化への共働は、危険に気付かなかった程度が、自己危殆化と共働者とで等しい場合にのみ帰属しないとしていることは正当であると評価し（その理由として、使嗾者あるいは助長者は、犠牲者が自分の決意の及ぶ範囲を見通していないということを認識しているのであれば、彼らは、最早犠牲者の意思による裏付けを持たず、ゆえに、その実現が共働者に帰属せしめられる危険を創出しているからであるとされる）、あるいは、他人の自己危殆化への共働の場合、その自己危殆者が限定責任能力者である場合の帰属如何、あるいは、自由意思の救助者が不幸にして自ら被害を負った場合のもともとの被救助者へのその被害の帰属の問題、あるいは、侵害の犠牲者が未だ救助が可能であることを充分に認識しながらそれを拒絶した場合の（例えば、宗教上の理由からの輸血の拒否）帰属如何が極めて詳細に論述されている。

これらの諸例は原則として帰属が否定される場合である。そこで、ロクシンは、他者の、故意的な自己危殆化への共働に対する帰属の排除はいわゆる古くからの遡及禁止論が機能した事例群の中の重要な一部分であるとし(73)、故に、この理論は因果関係論ではなく、帰属論なのであると述べている点、妥当な見方であると思う。

この項では実に多様な類別が行なわれている。まさに、具体的妥当性がはかられており、問題思考の典型のように思われる。しかし、この場合の問題思考は単なる具体的衡平を目指すそれではなく、いわば、適正なる当罰性という共通項により体系化されたとでもいえる思考である。この事はこの項に限らず、客観的帰属論そのものにあてはまる特徴ではないかと考える。なぜならば、ロクシンは随所において刑事政策上の要請という観点を重視し帰属の根拠としているからである。特に過失犯における注意義務違反の場合、個別の特別法規定の違反に危険の創出をみていることは一般予防の効果を大ならしめるように思われる。その危険が危険増加論の素となり、大方は処罰の方向に理論を拡げることとなるのである。

(3)のⓑ：ここでは、合意に基づく他者危殆化の場合として、故意で自己を危殆化するのではなく、他者からの危険を認識して危殆化される場合の帰属可否が論ぜられる(74)。この項も枚数を割き、非常に詳細に論ぜられるので、概略を適示するに止めたい。

ロクシンはここで事例を三つ掲げているが、その中の一つであるRGSt57, 172の判例をとりあげてみる。有名なメーメル河事件である。渡し守は悪天候の中の渡河は危険であると忠告したにもかかわらず、乗船者が渡河を強いたため、敢えて船を出したが転覆して客は溺死したのである。ＲＧは無罪とした。

通説・判例は多く被害者の承諾で処理しようとする。しかし、ロクシンはそれでは通らないという。なぜならば、危険に身をさらす人間は自分の運の良さに賭けるのが常であるから、単なる傷害の場合ですら結果発生への承諾など滅多にあるものではないというのである：単なる危殆化への承諾は、結果が不法の本質的部分でない場合にのみ、不法を阻却しうるものであるという。これに加うるに、殺害の場合、二一六条（筆者註：被害者の要請による殺人）の法的考え方は承諾の効力に相対立するものであるとされる。

ロクシンによれば、判例はまた別の出口も用意しており、「ある人が一定の危険を明確に認識した上で甘受し、行為者は彼の一般的な注意義務を果たしている場合には」（BGHSt.4, 93）行為者による過失犯の注意義務の侵害を否定するのである。メーメル河事件でＲＧも同様の思考で無罪としたのであった。

この一般的注意義務を用いた解決方法は駄目であるとロクシンはいう。[75] なぜならば、一般的な注意義務は、行為者の挙動の危険性が、それぞれの一般的に許された危険を超過しているのだということを理由にすれば、常に侵害されているといえるからである。

ゆえにロクシンの主張するところは、この場合にも、構成要件が、その保護目的に応じて、合意に基づく他者危殆化をどの程度包摂するかということになるのである。

この場合、問題となるのは、合意された他者危殆化と自己危殆化の価値的同一性ということになる。ロクシンによれば、被害が、合意された危険の結果であり、付け加わった別の過失の結果ではないという場合にのみ同置が問われる。このことは、合意がもともと別の過失に関してのものでない限り自明のことである。その次に、そして、とりわけ、その事態が、危殆化される人間の自己答責性の観点の下で、自己危殆化と同等視されるものでなくてはならない。ゆえに、他者危殆化に自らをさらす者は帰属能力が認められなければならず、また、強要された者であってはならない。彼は危険について、危殆化を実現する者と同じ程度見通していなければならない。これらの前提が存在する場合、彼はその危険を「引き取って」いるのである。

以上がロクシンの合意に基づく他者危殆化の理論である。ロクシンはこの理論を適用し、例えば、同乗者が運転者に禁じられている運転速度を強要し、その揚句、事故が発生して当の同乗者が死亡したという場合、同乗者が危険を完全に認識し、意識的に惹起した限り、運転手に結果の帰属は認められないという。これに対し、運転者が、正当な理由からためらっている乗客に、危険を隠すことにより、あるいは軽く考えさせることにより、同乗するように仕向ける場合には、運転手に帰属が生じなければならないという。二二二条による帰属は、傭い主による事故防止規則違反が傭われ人達の死亡と疾病を惹起したのである場合は、同条に応じて生じなければならない。傭われ人達がその違反とそこから生ずる危険を知っていたという事は傭い主の可罰性を阻却するものではないのである。なぜならば、傭われ人達はその従属性のゆえに、業務の安全につき傭い主と同じ責任を負うものではないからである。

(3)のⓒ：構成要件の保護目的は、その阻止が他者の答責領域に移っている、そういう結果は最早含むものではないとされる。(76)

ロクシンは次のような判例を掲げる。概略、尾部無灯火で走行していたトラックが警官により停止させられ、警官はその折、トラックの後部に注意信号灯を置いたが、パトカーがトラックの後から走行する形でトラックが発進する前に、警官がその信号灯を撤去した為、後から来た別のトラックが追突し、同乗者が死亡したというものである(BGHSt4, 360)。

BGHはA（無灯火トラック運転手）による過失致死罪を認めた。因果関係が認められた点は正当であるとロクシンはいう。しかし、この因果経過の予見可能性従って相当性及び危険の実現が認められるべきかどうかは、BGHは認めた訳であるが、大いに疑わしいという。彼にいわせると、しかし、問題はその点ではない。社会経験上、警官も過ちを犯すものだということから出発する場合ですら、そうであるからといって、市民が警官の行為を監視している必要はない。警官がいったん交通の安全を引き受けた後からは、それ以降の出来事は警官の答責範囲に属し、Aにはそれゆえ最早帰属されえないのである。構成要件の射程範囲は以降の事象を最早包摂しない。

答責化範囲論は理論上いまだ十分に仕上げられておらず、その結果、この理論についての確定し、且つ一般的に認識された定理はいまだ存在していないとロクシンはいう。しかし、彼によれば、このような事案における帰属阻却の根拠は以下の点にあると考えられる。すなわち、特定の職務遂行者はみずからの管轄内で、ある方法により、危険源を除去し監視する権限をもっており、部外者はそれに口出しすべきではないという点である。このような管轄配分がもつ刑事政策上重要な帰結は、職務遂行者の侵害的挙動の原因である一連の事象から第一惹起者をはずしてしまうことにある。そのことは、なかんづく、危険と闘うような活動、例えば消防士、山岳救助隊、水辺看視人、警官、場合によっては兵士達により行なわれる活動にとり、実際的な意味をもつ。それにも増して大きな意味合いをもってくるのは、医療上の治療ミスの結果が傷害の惹起者に帰属され得るかどうかという問題であると指摘される(77)。

あるいは、また、家屋の所有者が過失により火事を出してしまったとか、海浜学校で学童に充分な注意を払っていなかった教師の場合、救助活動の中で消防士や水辺看視人が死亡してしまった場合、過失致死で処罰されるべきであろうかと問いかけられる。

ロクシンによれば、通説はこれを認めるのであるという(78)。その理由は、結果の中に許されざる危険が実現されており、このような結果を構成要件の射程範囲内にとりこまないことにいかなる根拠も見出しえないからであるとされる。ロクシンはこのような見解に反対し、次のようにいう。

まず第一に、合義務的な命令の範囲内にある救助行為は、単なる合義務性を超える、自由意思によるリスクであり、その結果は、自己危殆化の観点の下で、第一惹起者に帰属させてはならないものであり、殆んど限界をもつべきでない。第二に、職業上の危険は、ほんのわずかに広義ではあるが、同様に自由意思に基づくものである。なぜならば、その危険は、自由な意思決定に基づく職業の獲得に伴なって甘受されるものであるからであり（例外：兵役）、その職業の従事者は、まさに彼が冒す危険の為に選ばれたものであるからである。第三に、三〇六条Cは、この条項は放火の際の救助者の死が軽率に惹起されたものであれば結果的加重犯として取扱うというものであるが、かつて、このような結果の帰属には反対であった（筆者註：旧規定三〇七条一項は、救助者の死につき、構成要件から除外していた）。なぜならば、立法者がもしここである類型的かつ帰属可能な危険実現をみているのであれば、このような場合が、一体なぜ、少くとも過失の全ての形式において結果的加重犯として取扱われないのかが理解できないからである。第四に、刑事政策上の根拠から救助事故の帰属は認められない。ある失火者が、消防士の死亡についてまで責任を問われることを計算に入れなければならないとしたら、この考量は彼をして、消防に出動依頼することを躊躇させるという望ましくない結果となる。ロクシンは、このような展開を法秩序が奨励しているはずがないという。

更に彼はこのような場合の最も難しく明確にしにくい事例として医師の治療ミスの場合を掲げる[79]。一般的な見解は、治療ミスが軽く且つ中程度である場合には、患者の死を最初の加害者に帰属させようとする：なぜならば、その程度のミスは予め想定していなければならないはずであるからである。それに対し、大きな医療ミスがあった場合には、最初の加害者の責任は免ぜられるとされている。この問題については諸説が掲げられているが、とりあえず、ロクシンの見解を述べることとする。

彼は、医師の挙動が行為者により創出された危険にとって代っているか、あるいはその危険の現実化を避けないでいるかどうかで区別すべきであると解している。その理由は、被害者が彼に加えられた傷害によってではなく、医療ミスにより付加された危険により死亡した場合には、医師は当初の傷害の危険を別のものにとり代えているのであり、そのものは彼の答責範囲の中にあるからであるとする。それは第一惹起者には決して帰せしめられないことであり、医師の過失の大小は問題ではないのであるという。ゆえに、以下のような場合には、事故の惹起者が過失致死罪の責を問われることはない。まず、手術中、出血死をもたらした誤った切開が行なわれた場合、あるいは、病状に逆作用し、それがもとで死を惹起してしまったある種の薬剤が投与された場合、あるいは、麻酔の失敗で不可逆的な心停止に至ったような場合などである。

ここで各々の帰属が阻却されるということは、個別の場合、さしたる害のない傷害ですら医師の治療ミスにより死に致りうるがゆえに、適正である。もし、それ自体決して致命的ではない健康毀損をした場合に医者がひょっとしたら命取りになる過誤を冒すかもしれないという理由だけで、帰属可能な死の危険の創出がみてとられるならば、医者の招致は原則として過失とみなされなければなるまいとロクシンは皮肉を述べている。

ロクシンは更に、医師が治療を施さなかったり、十分にしなかったりしたため、加えられた傷害で死亡したという場合にも言及し、ヤコブスやルドルフィ、シューネマン、フリッシュ達が当初の惹起者に帰属させるという見解をとっているのを批判している。ここではむしろ競合的見解をとり、医師の過失が大なる場合は第一惹起者への帰属を阻却させるというのである。更に医師の過失により、傷害が死に致る経過を止め損なったが、それは粗雑な治療といえるかどうかの限界線上のものであったとすれば、死が医師の答責範囲の中にのみ存在するということは出来ないという。なぜならば、ここにはいわば二個の同等な過失行為が集まっており、両者で結果を実現しているからであるとする。ゆえに、両者がそれぞれ過失致死罪とされるのが正当であるという。

それに対し、通常は簡単に治癒するはずの傷害を医師の大なる過失により死へと致らしめた場合には、医師の過誤は極めて大であるから、刑事政策的な要請に照しても、死という最終結果を出発点の犯罪の行為者にまで付加させて帰属せしめるべきではないとされる。そのことは特別予防の下でと同様に一般予防の下でも妥当し、この刑罰目的上の判断が決着をつけるものになるのであるというのである。

更にこのことは、被害者自身の非故意的な過まった挙動が彼の死や傷害の重篤を惹起した時、同様にあてはまるという。侵害の中では未だ生じていなかった結果（被害者がうっかり薬をとりちがえて死亡）が問題となる場合、それは専ら被害者の答責領域に属する。既に結果が目にみえている場合（死亡に致る傷害）は、これとは逆に、結果の発生が被害者の荒っぽく、なすべきでない挙動に起因した時にのみ上と同様となる。例えば、彼が危険な症候を示しているにもかかわらず、医師にかからなかったような場合である。被害者の乱暴な共働過失が他にも（例えば事故の発生の際に）あった場合、第一惹起者の過失処罰は必ずしも排除されるものではない。しかし、事故は突然の事態であるのに対し、事後の間違った挙動の際には充分考慮する可能性が存在しているのである。従って、被害者の非難さるべき軽率さを、それが結果として出た時、第一惹起者に負わせてしまうのは妥当ではないといわれる。

以上が、ロクシンが教科書の四版において述べている侵害犯における客観的帰属の理論の大要である。特に最後に論ぜられた危険な職域での帰属論はその職域に従事する人のいわゆる殉職が第一惹起者に帰属するものではないことは異論なく認められると考える。しかし、例えば、医療ミスが共働する結果の客観的帰属に関しては、第一惹起者及び医師のみならず、チーム医療をも考えなければならない現今にあっては、客観的帰属論固有の問題として当罰性を論ずることは難しいように思われる。

むしろ、単純に因果関係の問題と解していく方が、故意犯・過失犯の両方に適用可能と考えられる。職域内の事象についてではあっても、一般的に予測可能な事態も存在しうると考えられる。従って、一概に結果の帰属を一個に限定することには疑問が残る。更に今後の検討を要する論点であろう。

ロクシンの見解の特徴の一つは危険増加論である。トレーラー事例で説明されているが、増加の根拠は必ずしも判然としていないように思われる。特別法たる交通規則違反行為の無価値性が重視されているが、この場合、定められた一・五mの追い越し間隔をとっていたとしても結果は発生したかもしれないというのであるから、〇・七五mでの追い越しの危険性は事実上、結果に対して同等とみることもできる。つまり、事実的・因果的に同等とみられるにもかかわらず、違法連関としてみる場合に一方は許された危険を、他方は許されざる危険を帯有する行為を表しているのである。

もともとトレーラー事件（自転車走行者事件）は条件公式が機能しない場合を内容とするものである。故に、疑わしきはの原則が主張されもするのであるが、その場合の補充的理論と位置づけられるべきではなかったであろうか。前述、マイヴァルトの把握によれば、本来、異常な因果経過における可罰性を構成要件の段階で否定する理論から漸次危険増加論へ変質していった過程がみられるのであるが、危険の増加と結果の中での発現を重視するとすれば、ロクシンの意に反し、結果犯の危険犯化という傾向は危惧されざるを得ない。

グロップも指摘するように、客観的帰属論は行為のもつ許されざる危険性が刑法により禁じられた結果の中で実現されていない限り、その刑法的帰属は認められないとする帰属限定の理論として機能すべきものではないかと考える。以下、結びにおいて、検討を続けることとする。

三　結び

わが国においては、相当因果関係説が学界の通説である。しかしながら、相当説（以下、この用語による）にも、特にその相当性の巾に関し、必ずしも明確な基準があるとはいえず、その足らざるところを別の規準をもって補う必要がある。大方に倣い、構成要件論により構成要件該当性を論ずるならば、そこにひとつの基準を得ることができる。前構成要件段階で相当性をみる場合には、当該行為から当該結果が発生することに相当性があるかという相当性のみの判断となるのに対し、特定の構成要件該当性の枠内でそれが問われる場合には、例えば、故意の殺人罪と、傷害致死罪と、過失致死罪のそれぞれで、介入事情の寄与度等、評価の質に異なるところが出てくると思われるが、その部分は当該具体的構成要件要素が影響するものと考えられるからである。この構成要件の構成要素としての因果関係の相当性をメッガーは重要説と創唱した。当該具体的結果にとり重要な条件にあたると評価される行為に実行行為性を認めたのである。そこで問題は、いかなる場合に「重要性」が認められるべきかということになる。

因果関係は大半の文献において行為論で取扱われる。刑法上の行為とは、結果を含む広義のものが多数を占めるのであるから、そのことは当然の扱いであるといってよい。刑法が規定する結果と狭義の行為との間には原因―結果という惹起関係がなければならない。故に、その関係を論ずる因果関係論はその内容の如何を問わず（条件説としてであれ、相当説としてであれ）、まずは行為確定の場で論ぜられることになる。しかし、そのことはあくまで論理上の順序である。体系的に構成要件否認論であれば、そこでの因果関係論は実質を伴なう。それに対し、構成要件論をとる場合には、因果関係の本来の在所は構成要件の中である。構成要件論の立場で因果関係を実質的に論ずるとすれば、犯罪の主・客体その他の構成要件要素と同じく、構成要件の中で取扱われるべきものである。換言すれば、構成要件該当性を検討する場合、その構成要件は実行行為と因果関係で結ばれた構成要件的結果とでつくりあげられた型と事実との照合がなされるのである。因果関係は当然その型の中に包摂された存在でなければならない。そうであれば、当該因果関係はおのずからその結果を発生させるにふさわしい惹起関係を意味するものでなければならず、そういう性質をもつ狭義の行為もまた予め結果との相関性をもつものに限定されているはずなのである。つまり、狭義の行為は結果を発生させるにふさわしいものでなければならない。結果が殺人であったとすれば、狭義の行為はその殺人を生ぜしめる危険性を有するものであるはずなのである。すなわち、法益を侵害するにいたる現実的実質的危険性ある行為[80]でなければならず、この危険性が結果としての法益侵害として現実化していなければならないはずである。相当説はこのような危険性ある行為から当該結果が発生することに相当性があると考える理論である。このことから更に一歩進み、惹起関係の相当性とは立脚点を異にして、結果が有する実害の発生源たる危険行為を見出すべく、危険性の消長に照準をあわせて危険関係をみていくのが客観的帰属論であるといえる。

　故に、客観的帰属論とは構成要件該当性の理論に他ならない。曽根教授は、客観的帰属論を総論にとり入れることに消極的な姿勢を見せられ、当該理論の内容は実行行為論、因果関係論、違法論、過失論に応分に受容されるべきものと解される[81]。ロクシンの例と対応させながら、その主張されるところを概観する。例えばロクシンの危険減少による帰属の阻却は「行為の構成要件該当性の問題として法的評価を加えて考えた場合、結果の行為への帰属ないし因果関係の相当性を論ずる以前に、傷害行為としての危険性（実行行為性）が否定されることになろう。この場合は、行為者の行為がなければ生じたであろう仮定的結果（頭への傷害）と現実に生じた手足への傷害結果が対比され、そのような結果をもたらした行為自体の構成要件該当性が否定されることになる[82]」と論ぜられる。私見によれば、この場合、（軽いとはいえ）一定の結果が発生しており、同時にその発生経過に相当性が認められる限り、構成要件該当性は認めるべきであると考える。但し、危険減少の目的がある場合は違法性阻却事由の問題となり、違法性に欠けるが故に不可罰である。曽根教授は仮定的因果経過を想定し、法益侵害の比較衡量をされるのであるが、この思考操作は因果関係の範疇には属さないのではあるまいか。又、ロクシンの見解は構成要件該当性は真に違法なる行為のみを包摂する禁止構成要件となり、消極的構成要件要素の理論に等しいと思われる。

かりに、同一事案において、救おうと思って突き飛ばしたところ、打ち所が悪く、被害者が死亡してしまったとする。その場合、ロクシンであれば、危険増加の理論に移るのであろうか。問題は防衛目的あるいは避難目的の存在という主観的正当化要素にあるのであり、客観的条件の帰属だけで構成要件性阻却の是非は問えないのではないかと思う。

曽根教授は、危険創出の欠如も実行行為の問題とされる。私見も同旨である。荒天に原野に赴かせるというような行為は（落雷事件）、殺人に結びつくような危険性を有するものとはいえない。曽根教授が指摘される通り[83]、そのことは事実的把握において十分いえるのであり、価値規範的な危険創出の欠如（＝禁止規範違反の不存在）にまで達する思考を要しない。

更に、故意による自己危殆化に際しての共働も、曽根教授は各則の解釈問題とされる[84]（上述ロクシンの論述該当個所参照されたい）。ヘロイン事件の場合である。自己であれ、他者であれ、故意的な介入が認められる場合、彼等による因果経過の引き受けが認められ、第一惹起者には共犯が成立する場合を除けば結果の帰属は認められないと解する。遡及禁止の理論が適用されるべきである。介入者の行為の危険性が結果に発現したと解される限り、そこに一個の構成要件該当行為が認められる。

曽根教授はまた、危険実現の欠如による帰属の排除は因果関係の問題であるとされる[85]。この問題は相当説にいうところの狭義の相当性の範疇であるからである。用例は病院火災事例と橋げた事例である。私見によれば、両事例共に相当性からの逸脱の程度が問われるべき問題であると思われる。それはまた、行為が有する危険性が結果に発現したといえるかどうかの問題に帰一する。従って、ここでも最終的には構成要件該当性の問題である。

更に、他人の答責領域への帰属も因果関係で解き得るとされる。[86] ロクシンの説くこの専門領域での行為帰属の排他性も相当説による検討を加えるべきであると考える。曽根教授がいわれるように、介在事情が他人の答責領域内に属することであっても予見可能なものであるとすれば、相当因果関係の存在は認められるであろうからである。帰属の有無はあくまで結果と行為の危険関係でみるべきであろうから、専門職域の介在があるという事実だけで一律に帰属を否定すべき必然性はないであろう。

次に、違法論で解決すべきと主張される場合が、危険創出と仮定的因果関係の問題（山崩れによる電車転覆事例）、許された危険から法的に重要な危険を創出した場合、合意に基づく他者危殆化の場合である。前二者につき、危険の創出がある訳であるから、実行行為は存在するといわなければならないし、現に結果も相当性の範囲内で発生しているとすれば、その不可罰を構成要件にあたらずとして理論化することはできない。そこに客観的帰属論の機能すべき点がありそうである。曽根教授は両方の場合につき、構成要件の事実的・形式的判断を超える実質的・規範的違法判断を要すとされ、利益衡量論で検討すべきであるとされる。[87] 更に、合意による他者危殆化につき（メーメル河事例）、ロクシンはこれを構成要件の射程範囲として自己危殆化と同様に論ずるのであるが、曽根教授は発生した結果がなぜ構成要件の射程外にあるかといわれれば、被害者の合意により法による法益を保護する必要性が失われるからと答えざるを得ないとされる。[88] 不可罰の実質的根拠が自己決定の自由に求められるのであれば、この問題も違法論において扱われるべきだといわれるのである。ただし、これは被害者の承諾に関わる問題とされる限り、必ず違法性を阻却するというものではない。被害者の承諾の効力は限定的であるからである。故に教授はこの場合には行為の可罰性を肯定し、被害者による執拗な要請は量刑事情とすべきであると結論づけられる。[89]

構成要件の射程範囲という思考は当罰性の観点がとり入れられたものであると考える。構成要件自体には、合意に基づく他者危殆化をはずすという要素は含まれているのであろうか。しかも、ロクシンの場合、危殆化への合意であって、結果の引き受けとまではいえないのである。従って、私見はこの論点についての結論は留保したい。

最後に、曽根教授によると、過失犯として論証していくことが妥当であるとされる事例がある。山羊毛事例もその一つである。この事案は不作為犯として構成する場合は因果関係が否定される。しかし、作為犯として構成する場合には、行為は許されざる危険の創出であり、かつ、それが結果の中で実現されている。故に、客観面で行為者の罪責を否定することはできず、行為時に予見可能性がないことから過失を否定することによって不可罰の結論を得ることになるので、これは「客観的」帰属の名に値しないとされる(90)。私見によれば、過失は構成要件要素として、客観的注意義務違反、すなわち一般的予見可能性、結果回避可能性を問うものであればよく、その限りで、客観的構成要件要素である(91)。従って、曽根教授とは見解を異にする。この事例の場合は、ゆえに、過失犯の構成要件該当性が否定されることとなる。

次に掲げられるのが、注意規範の保護目的によりカヴァーされていない結果についての帰属の阻却である。無灯火自転車事件である。確かに行政規則違反と刑法規範の違反は質を異にするものであり、刑法ではその取扱いも別様である。ゆえに、行政規則の保護目的に覆われていない結果について、刑法上の責任が発生することはある。刑法上、あらためて構成要件に該当するか否かが問われなければならないのである。この事例についても曽根教授は行為者の予見可能性、したがって主観的過失（責任）が否定されるといわれる(92)。しかし、私見によれば、この場合もまずは過失犯の構成要件該当性で客観的注意義務違反たる構成要件的過失の不存在を問うことになるであろう。

いまひとつの例が適法な代替行為と危険増加論である。トレーラー事件がとりあげられる。曽根教授は本事案は作為犯で構成すべきであるとされ、行為者には結果の予見可能性があり、可罰性は否定できないといわれる(93)。強いて罪責を問わないとするのであれば、やはり過失がないとする他はないであろうといわれる。

思うに、ロクシンの危険増加理論がトレーラー事件で述べられるように、注意義務の根拠を行政規則遵守に求め、その違反について危険の増加をみている点、疑問である。許された危険の範疇を超える場合には全て危険の増加が認められるのであろうか。この点、本稿では明確な実態把握に到りえなかった。

客観的帰属論はロクシン自身も述べているように、純粋に構成要件該当性の理論である。その際の構成要件は違法構成要件である。その故をもって、様々な違法連関がとりこまれることとなる。

客観的帰属論という特別な範疇は不要ではないかと考えるが、この理論が個別に論ずる内容は、違法構成要件の実態を具体化するものとして有意義であると考える。問題は、グロップのような可罰性を制限する理論として捉えていくのか、ロクシンのようにそのような原則性からは脱却し、敢えて実証的な当罰性の妥当をはかるかという選択である。

私見は客観的帰属論に対し反対する立場にはない。むしろ、構成要件概念の実質化を目指す方法を探究したいと考えていることから、本稿で保留した問題も含め、更にこの理論を検討したいと考えている。

（1）　Vgl., Mezger, Moderne Wege, S. 122.
（2）　Mezger, a.a.O. (Anm. (1)), S. 123.
（3）　Mezger, a.a.O. (Anm. (1)), S. 124.
（4）　立石二六・刑法総論第2版七一頁参照。同種の思考傾向のように思われる。
（5）　平野龍一・刑法総論Ⅰ一四〇頁。
（6）　Vgl., Mezger, Strafrecht, 3Aufl, S. 122.
（7）　Vgl., Mezger, a.a.O. (Anm. (6)), S. 123.

（8）　Vgl., Mezger, a.a.O. (Anm. (6)), S. 124.
（9）　結果的加重犯に過失を要するとするドイツ刑法旧五六条の規定は一九五三年に追加されたが、メッガーの教科書は一九四九年の発刊である。
（10）　Vgl., Mezger, a. a. O. (Anm. (6)), S. 125
（11）　北九州市立大学法政論集第二八巻第二号二八頁。
（12）　前掲註（11）三五頁参照。
（13）　前掲註（11）二八頁。
（14）　前掲註（11）二八頁。
（15）　前掲註（11）三〇頁。
（16）　前掲註（11）三三頁参照。
（17）　Vgl., Roxin, Strafrecht, A. T., 4Aufl., S. 374.
（18）　Vgl., Roxin, a.a.O. (Anm. (17)) S. 375.
（19）　Vgl., Roxin, a.a.O. (Anm. (17)) S. 375.
（20）　Vgl., Roxin, a.a.O. (Anm. (17)) S. 375.
（21）　Vgl., Gropp, Strafrecht. A. T., 3Aufl., S. 156.
（22）　Vgl., Gropp, a.a.O. (Anm. (21)), S. 155.
（23）　グロップは因果関係論を存在論的には理解しない。彼によれば因果関係論は規範的帰属のための思考形式なのである。なぜならば、予見可能性がなかったことによる帰属の阻却は、因果性を脱落せしめるのではなく、予見不可能な因果性は刑法上の帰属可能性の基礎たるべきではないという、まさに評価の結果であるからである。
（24）　Vgl., Gropp, a.a.O. (Anm. (21)), S. 156ff.
（25）　Vgl., Gropp, a.a.O. (Anm. (21)), S. 156, Rn42.
（26）　Vgl., Gropp, a.a.O. (Anm. (21)), S. 157, Rn42.
（27）　Vgl., Gropp, a.a.O. (Anm. (21)), S. 157ff.
（28）　Vgl., Gropp, a.a.O. (Anm. (21)), S. 158 Anm. 69.

(29)　Z. B., Roxin, ATI § 11/76ff.
(30)　前掲註(10)参照。
(31)　Vgl., Gropp, a.a.O. (Anm. (21)), S. 160.
(32)　Mezger, a.a.O. (Anm. (6)), S. 121.
(33)　Mezger, a.a.O. (Anm. (6)), S. 122.
(34)　Vgl., Mezger, a.a.O. (Anm. (6)), S. 122.
(35)　Vgl., Mezger, a.a.O. (Anm. (6)), S. 123.
(36)　Mezger-Blei, Starfrecht I A. T., 14Aufl., S. 76～77.
(37)　Vgl., Roxin, Starfrecht AT. 4Aufl., S. 343ff.
(38)　Vgl., Roxin, a.a.O. (Anm. (17)) S. 372 (Rn. 47), 373 (Rn. 48).
(39)　Vgl., Roxin, a.a.O. (Anm. (17)) S. 373 (Rn. 49).
(40)　Vgl., Roxin, a.a.O. (Anm. (17)) S. 377 (Rn. 56)
(41)　曽根威彦・客観的帰属論の体系的考察（宮澤浩一先生古稀祝賀記念論文集）六五頁以下参照。特に六八頁～七〇頁。
(42)　Vgl., Roxin, a.a.O. (Anm. (17)) S. 295ff.
(43)　Welzel, Das Deutsche Strafrecht, 11Aufl., S. 56 (1969)
(44)　Vgl., Roxin, a.a.O. (Anm. (17)) S. 297ff.
(45)　Vgl., Roxin, a.a.O. (Anm. (17)) S. 298ff.
(46)　Vgl., Roxin, a.a.O. (Anm. (17)) S. 299.
(47)　立石・前掲註(4)九二頁に同旨である。
(48)　Vgl., Roxin, a.a.O. (Anm. (17)) S. 384 (Rn69)
(49)　Vgl., Spendel, „Zur Unterscheidung von Tun und Unterlassen", E. Schmidt-Festschrift. 1961.
(50)　Vgl., Roxin, a.a.O. (Anm. (17)) S. 391
(51)　Vgl., Roxin, a.a.O. (Anm. (17)) S. 391
(52)　Roxin, a.a.O. (Anm. (17)) S. 391 (Rn. 87)

(53) Roxin, a.a.O. (Anm. (17)) S. 391 (Rn. 87)
(54) 違法類型としての構成要件該当性判断においては、特に過失構成要件該当性で結果回避の客観的可能性が問われなければならないと解する。
(55) Vgl., Roxin, a.a.O. (Anm. (17)) S. 392 (Rn. 89).
(56) Roxin, a.a.O. (Anm. (17)) S. 393 (Rn. 90).
(57) Vgl., Roxin, a.a.O. (Anm. (17)) S. 393 (Rn. 90).
(58) Vgl., Roxin, a.a.O. (Anm. (17)) S. 395 (Rn. 93).
(59) Roxin, a.a.O. (Anm. (17)) S. 395 (Rn. 93).
(60) Vgl., Roxin, a.a.O. (Anm. (17)) S. 397 (Rn. 99)
(61) Vgl., Roxin, a.a.O. (Anm. (17)) S. 400 (Rn. 105).
(62) Vgl., Roxin, a.a.O. (Anm. (17)) S. 395 (Rn. 95) ff.
(63) Vgl., Roxin, a.a.O. (Anm. (17)) S. 396 (Rn. 96).
(64) Vgl., Roxin, a.a.O. (Anm. (17)) S. 400 (Rn. 105).
(65) Vgl., Roxin, a.a.O. (Anm. (17)) S. 401 (Rn. 105).
(66) Vgl., Roxin, a.a.O. (Anm. (17)) S. 402 (Rn. 107).
(67) Vgl., Schönke-Schröder Komm, 27Aufl. S. 1787 (Rn. 36).
(68) Vgl., Roxin, a.a.O. (Anm. (17)) S. 402 (Rn. 108).
(69) Vgl., Roxin, a.a.O. (Anm. (17)) S. 403 (Rn. 109).
(70) Vgl., Roxin, a.a.O. (Anm. (17)) S. 403 (Rn. 110).
(71) Vgl., Roxin, a.a.O. (Anm. (17)) S. 404 (Rn. 110).
(72) Vgl., Roxin, a.a.O. (Anm. (17)) S. 404 (Rn. 111).
(73) Vgl., Roxin, a.a.O. (Anm. (17)) S. 409 (Rn. 120).
(74) Vgl., Roxin, a.a.O. (Anm. (17)) S. 409 (Rn. 121).
(75) Vgl., Roxin, a.a.O. (Anm. (17)) S. 411 (Rn. 123).

(76) Vgl., Roxin, a.a.O. (Anm. (17)) S. 417 (Rn. 137).
(77) Vgl., Roxin, a.a.O. (Anm. (17)) S. 418 (Rn. 138).
(78) Vgl., Roxin, a.a.O. (Anm. (17)) S. 418 (Rn. 139).
(79) Vgl., Roxin, a.a.O. (Anm. (17)) S. 419 (Rn. 141).
(80) 立石・前掲註（4）一二二頁参照。
(81) 曽根・前掲註(41)参照。
(82) 曽根・前掲註(41)六九頁。
(83) 曽根・前掲註(41)七〇頁参照。
(84) 曽根・前掲註(41)七〇頁参照。
(85) 曽根・前掲註(41)七三頁参照。
(86) 曽根・前掲註(41)七五頁参照。
(87) 曽根・前掲註(41)七八頁参照。
(88) 曽根・前掲註(41)八一頁参照。
(89) 曽根・前掲註(41)八二頁参照。
(90) 曽根・前掲註(41)八四頁参照。
(91) 立石・前掲註（4）一三二頁参照。同旨である。
(92) 曽根・前掲註(41)八五頁参照。
(93) 曽根・前掲註(41)八七頁参照。

※客観的帰属論を論ずるにあたっては、本章で引用した文献の他に山中敬一教授の見解をはじめ多くの学者による貴重な研究がある。各々の研究に筆を及ぼしえなかったことをここにお詫び申しあげる。
※本書に先立ち、立石二六編著「刑法総論30講」（成文堂）が出版された。その第3講客観的帰属論（山本光英著）を参照されたい。簡潔且つ明瞭な解説がなされている。

第三章　原因において自由な行為
——実行行為時規範的考察説の主張——

一　はじめに

「原因において自由な行為」とは、飲酒・薬物使用等の行為により、自己を責任無能力（ないし限定責任能力）の状態に陥れ、その状態で犯罪行為を行うことをいい、その形態は、故意犯・過失犯、作為犯・不作為犯の別を問わない。三九条一項、二項の心神喪失あるいは心神耗弱状態は、本来、精神病的状態での生育を余儀なくされた者をはじめ、他に強度のアルコール摂取による中毒や、薬物使用の如く、多分に自己責任に依るといわざるをえないものまで広範に含み得る。前者につき、道義的非難を加ええないあるいは特定の減軽を考慮せざるをえないことは当然である。違法性の意識を期待しえないがゆえに、規範的非難の対象として扱うことが不可能か、部分的にしか可能でないからである。これに対し、後者については更に分類をしなければならない。けだし、よしんば自招性の無能力あるいは限定能力状態であっても、その状態を利用して犯罪を行い、無罪あるいは刑の減軽をえようとする意図とは無縁のまゝ、心神喪失あるいは心神耗弱の状態で行為を行ってしまったという場合も存在し得るからである。もっとも、このような場合であっても、過失犯としての責任は、三九条二項の限界から外される形で問われることも多いのではないかと推測される。とりわけ当該行為の直前の自招限定責任能力状態は、客観的注意義務違反に該たる（即ち、構成要件的過失が認められる）結果、[1] その自招性のゆえに、少くとも限定責任能力ある者と評価されることなきにしもあらずと思われる。

これに対し、原因において自由な行為の「法理」を、わが刑法でいえば、三九条一項、二項による宥恕事由をことさらに利用して処罰を免れる事を許さざるものと解する限り、原因において自由な行為とは、犯罪遂行の目的で、自己を責任無能力ないし限定責任能力の状態に陥れ、その状態を利用して犯罪を行う場合をその理論上の基本型・原則型とする。[2]

刑法における責任主義の原則は、行為主義と相俟って、当該行為につき責任を問いえない場合は罰することを禁ずる。この原則は揺るがないものであり、したがって、行為の時に責任無能力者であれば罪に問えないし、限定責任能力者であれば、その刑は減軽されなければならないのである。原因において自由な行為の法理はこの原則に対する例外的なものである。したがって、この例外は厳格な要件の下におかれるべきものであるが、例外的に導入される目的を没却させるものであってはならないし、他面、例外に視点を据えた解釈が拡大し、原則に及ぶことも避けるべきであろう。学説の大半はその可罰性を認め、判例もまた故意犯・過失犯につき原因において自由な行為の法理をとりいれていると考えられるが、その処罰根拠については現状でもなお議論の止まるところを知らない。独国の通説である「二重の故意」、あるいは「遡及禁止論」、またあるいは着手未遂と実行未遂の別により異なる扱いをする見解等が従来の議論に参入し学説は実に多彩な状況を呈している。

本章の結論は「行為・責任同時存在の原則」実質的把握説[3]を妥当とし、それに与するものである。その根拠をあらためて呈示すべく、特に他の見解でも近時主張されているもののいくつかを中心として検討することとする。

ただし、その前提として、まずは責任能力概念自体についての若干の検討をしておかなければならないであろう。三九条の文言にしたがい、心神喪失及び耗弱について一考する。

二　責任能力の問題

心神喪失及び心神耗弱の意味はいずれも、大判昭和六・一二・三刑集一〇巻六八二頁にしたがい、前者については精神の障礙により事物の理非善悪を弁識する能力（すなわちいわゆる是非善悪の判断能力と称されるもの）がない場合又はこの弁識にしたがって行動する能力（すなわちいわゆる行動制禦能力と称されるもの）がない場合であり、後者については上述の能力が著しく減退した状態をいうものと解するのが通説である。したがって、基本的にはまず「精神の障礙」という生物学上の概念が、主として精神医学的観点に基づいて整序され、これが鑑定の対象の中心となる。典型的なものが泥酔や薬物中毒の他、各種精神病罹患、生来的性格異常（パラノイア等）によるそれである。(4) かつては鑑定医により精神分裂病であったとされるとほゞ無条件に心神喪失が認められていた。例えば、比較的最近でも、周知の連続幼女誘拐殺害事件に関する東京地裁判決平成九・四・一四判時一六〇九号三頁において、この事件は、鑑定結果が割れたことでも注目を集めたのであるが、「被告人は、本件各犯行当時、性格の極端な偏り（人格障害）以外に反応性精神病、精神分裂病等を含む精神病様状態にはなく、したがって、事物の理非善悪を弁別する能力及びその弁別にしたがって行動する能力を有していたと認められる」とし、病理的なものの存在がないという点に責任能力を係らしめている。しかしながら、鑑定結果が即判決の内容となるものでないことは、鑑定が法的判断の資料であることに思いを致せば当然の理である。裁判においては、被告人の犯行当時の病状、犯行前の生活状態、犯行の動機や態様等を全体的に評価して心神喪失であったか、あるいは心神耗弱であったかを判断することになるのである。(5)

つまり、責任能力は右記の生物学的要素のみならず、規範に対応して自己の行動を制禦しうるか否かというわゆる心理学的要素の評価を経て決定されうるものである。そして、なかんづく、この心理学的要素については是非善悪の弁識能力及びその弁識にしたがって行動を制禦する能力と考えられているのであるが、これらのいわゆる心理学的要素については、前者の知的認識能力の判定、及び、後者の情意的制禦能力の判定の困難さが問題とされている。特に、行動を制禦する能力に関し、これを現実に行動を制禦する能力とまでみるべきであるのか、そこまでの要求はせず、意思決定能力であると解することで足るとすべきものか、議論が分かれるところである。

規範への反対動機に非難可能性を問うとすれば、意思決定能力の存在で足ると考えられるが、実行行為という視点を重視するのであれば、行動制禦能力の存否を問わざるを得ないであろう。これは、事前コントロールと同時コントロールの問題に繋がっていく問題である。責任能力の本質を意思決定能力とみるが故に、事前コントロールで足りるとする見解に対し、同時的コントロールでなければ責任能力の欠如をカヴァーできないと批判しても平行線のまゝであるといわなければなるまい。(6)

確かに、行為・責任同時存在の原則はまさしく同時コントロールの意を体するものと解するのが素直な解釈である。しかし、行為、すなわち、実行行為の時に責任能力が不存在あるいは部分的存在という状態であるがゆえにこそ、その打解策として、事前コントロールということをいわざるを得ないということなのであろう。

しかしながら、立脚点を移してみるならば、そもそも、意思決定能力と行動制禦能力とを区別して論ずべきなのかどうか疑問なしとしない。けだし、行動制禦能力は犯罪行為の制禦能力を内容とするものでなくてはならず、その際、その行動の時点で意思の存在は当然不可欠であろうからである。意思決定能力と行動制禦能力が別個のものであり、それぞれ独立に意味をもつものであることはもとより否定出来ない。そして、時間的に前者が先行する概念であることも事実である。したがって、事前の意思決定能力に基づく意思決定があり、その後にその意思決定を具体化する行為の実行につき、そこに行動制禦能力があるかないかが問われるのであるから、時間的には先行する意思決定能力であっても、それによって生ぜしめられた意思は行動制禦の時点で、その意思による行動を制禦しうるか否かと問われなければならないのではないだろうか。換言すれば、行動制禦能力と言い条、一般的なそれではなく、事前の意思により決定された行動の制禦能力と解すべきであると思われる。それゆえ、意思決定能力と行動制禦能力のいずれを重視すべきかという議論は、両者を切り離して把握できないと考えられるため（すなわち、行動制禦能力は意思決定能力の存在を必然の前提とせざるをえないため）、論理的に意思決定能力を責任能力の中心におかざるをえないという結論となる。

責任能力の主要部分を意思決定能力にみるとすると、是非善悪の弁識に基づいて以降の行動を規範に照してみる時が責任能力の問われるべき時であると考えられる。したがって、故意犯の場合には、当該犯罪の故意が外部に顕現した時といわざるを得ないのではないかと思う（この表現は主観的刑法理論における犯意徴表説に似るが、筆者の意図するところはそれではない。結果に直近する実行行為概念を墨守し、当該故意がその時点にも存在すると認定されることが必要である）。当該故意は構成要件該当行為に結び付くものでなければならず、結果の認識を要するものと考える。

他方、過失犯の場合には結果発生をまち、事後に当該結果発生についての予見義務及び結果回避義務を総合的に判断すべきものであるところから(7)、それを「責任過失」の領域で論ずる場合、分けて二としなければならない。一つは認識なき過失の場合であり、この場合には自己を責任無能力（ないし限定責任能力）の状態に陥れたことについての無分別はあるにせよ、そのような状態での犯行であるがゆえに認識不能であったとすれば、原因において自由な行為の法理が介入する余地はなく、三九条の適用となるであろう。二は、例えば飲酒過多となれば自ら粗暴となることを経験している者がそうと知りながら心神喪失（あるいは耗弱）の状態を自招したという場合である。飲酒前からその認容があるとすれば、むしろ未必の故意に移行する場合もあろうかと考えられる。しかし、飲酒前にはその性癖は自覚されず、途中からその性癖が顕現したような場合には「責任過失」を問う前提となる予見可能性及び結果回避の可能性の有無を問うこととなり、原則たる過失犯成否の理論構造が前面に出ると考えられる。ゆえに、過失犯の場合も行動制禦能力に先立つ意思決定能力時をもって責任能力の存否を問うことは可能であると考える。(8)

この認識を前提として、以下原因において自由な行為という法理をどのように把握していくべきか、検討を試みることとする。

原因において自由な行為は、責任主義の範囲内で論ぜられなければならない。けだし、責任主義は現存の刑罰論の根幹をなすものであり、罪刑法定主義を責任論において支え、構成要件論の中核たる「実行行為概念」論をおのずから鮮明化させる大前提であるからである。このことをより具体的にいえば、「行為・責任同時存在の原則」こそが責任主義の内容であるのか、また、あるいは、ここにいう行為とは厳密な意味での実行行為であり、かつ、また、その実行行為の着手時を従来の学説通りに把握するのか否かという、場合によっては思考の変動をもたらす問題領域であるということである。

現に学説は従来、「同時存在の原則」の要請を受容しつゝ、原因において自由な行為という例外型に対処しようとする通説的思考と、「同時存在の原則」から離れた形での責任主義を追求する思考に二分されてきている。

前者に属するのは①間接正犯（類似）説であり、責任能力のない自己をあたかも他人を道具として使用する場合と同様に利用するものであり、よって、間接正犯論におけると同様に原因設定行為（間接正犯であれば利用行為）に実行行為性を認めることにより、同時存在の原則を充足することが出来ると考える。例えば団藤博士はこの見解をとられるにつき、いわゆる定型説の立場から論ぜられる。[9] ゆえに、原因行為が実行行為性をもつ必要があるとされ、そのためにはまず自己を全く弁別能力のない状態にし、その状態を道具として利用する行為自体が構成要件的定型性を具備することとされる。道具理論を前提とする場合には論理必然的な理論であると考えられる。しかし、定型性を形式的に適用するとすれば、心身耗弱状態に止まった場合の処理に難渋せざるをえないこと、又、故意の作為犯（飲酒、泥酔して殺害しようとした場合）につき、利用行為自体に構成要件該当性を認めることが困難に近い（大塚説の如く、例外的に認められる場合はあるであろう[10]）ところから、団藤説はむしろ、立法的解決の方に視線を向けられているようである。

後者は佐伯博士により主張されてきた見解である。[11]「行為・責任同時存在の原則」不要説と呼ぶことができる。前者の主張からも窺知せられる通り、原因設定行為に実行行為性を認める事の無理を説かれ、重要なのはまさに発生結果なのであるから、その事実から目をそらすことなく、無意識または無能力の状態において結果行為を行ったのであるが、本人はそれについて予め払うべき注意を怠った（もしくは故意にその状態を利用しようとした）点について責任があり非難せらるべきである（責任の根拠は行為の前にある）と考えられるのである。つまり、行為・責任同時存在の原則は行為者に対する非難可能性をみる場合の通常の前提とは云えても、絶対必要条件ではあるまいという考え方である。しかし、行為・責任同時存在の原則は、前述のごとく、責任主義の実質を支える原則である。

行為の時の責任を問わずして行為主義の刑法理論は成り立ちにくい。この原則の中で、可能な限り理論構成をすべきであろうと考える。以上、典型的な見解を二説、前提においた。次の、学説の検討を中心とする個所では、まずは、「原因において自由な行為」不処罰説を採り上げ、その後に改めて処罰説のうち、近時主張されているものの、いくつかの論証に検討の目を向けることとする。

三　近時の学説検討

1　不処罰説

(1)　厳格説（平川説）

平川教授は、処罰否定説の発生から処罰肯定説の再興という理論の変遷から筆を起こされ、まずは、道具理論の応用がもたらす問題点、すなわち、この理論によれば、「共犯について制限従属形式をとり、責任無能力者に対する教唆犯を認める立場からは、原因行為を実行行為とすることは矛盾である」といわれ、さらに、「実行の着手に関する客観説の立場からは、いかにしても原因行為の開始を実行の着手とすることは困難であり、もし原因行為も構成要件に該当するとしたときには、構成要件の客観的明確性・厳格性は失われてしまう」と指摘される。[12]いわゆる定型説（団藤説）はこのような批判を避けるべく原因行為が構成要件的定型を具備している場合に限定されるのであるが、原因行為自体に構成要件的定型を認めることが出来るような場合は極めて限られている。団藤博士によれば、前述の如く、第一に、自己を全く弁別能力のない状態に陥れて、自己を単純な道具と化すこと、[13]第二に自己の弁別能力のない状態を道具として利用する行為そのものが、構成要件的定型性を具備しなければならないとされ、したがって、過失犯や不作為犯については原因行為に実行行為としての定型性を認めるのは比較的容易であるが、故意の作為犯についてはその困難な場合が多い、と自認され、解釈論としては、可罰性を認めることの出来ない場合が多いといわれるのである。[14] この定型性に関わる問題点は、大塚博士により、具体的限定が加えられ補塡されることになるのであるが、極めて稀有な場合が想定されていることは否めず、したがって、この点に関する平川教授の批判は正鵠を射るものである。

このように考えてみると、「同時存在の原則および構成要件の厳格性の原則を維持することと、原因において自由な行為を個々の構成要件の罪として広く処罰を認めることとの間には矛盾があり、両者は両立しないということを物語るように思われる」[15] ということになる。解決は同時存在の原則と構成要件厳格適用の原則のいずれか一方を犠牲として処罰を認めるか、あるいは、両原則を遵守して不処罰とするかの二者択一となるであろうということにもなるのである。[16] しかし、平川教授は前者の方法を否定される。後述、処罰説の各見解、すなわち、同時存在の原則を否定、あるいは、拡大する見解の各々を批判され、また、構成要件の修正、あるいは拡大する見解の各々を逐一問題ありとされて、あくまで原則を維持する立場を「厳格説」と称し、これを主張される。しかしながら、厳格説はその理論的厳格性のゆえに、社会的要請に適合しない部分が生ずる。これらの点については教授もそれを認められ、例えば、飲酒すると異常酩酊に陥って犯罪をくり返す習癖のある者が過度に飲酒して犯行に及んだ場合などは、飲酒自体を過失犯の実行行為とすることが可能であるし、普通酩酊が過度となって犯罪に出た場合などは「許された危険」として不処罰で差し支えないであろうといわれる（ただし、この場合も業務上過失犯については別論とし、処罰の要ありとして、構成要件の新設を主張される[17]）。

さらに、重大かつ例の多い強姦や強制猥褻などについての過失犯は処罰の要を認められる。

また、故意犯については、当罰的な故意の原因において自由な行為は少くないとされる。

しかしながら、いずれの場合もその飲酒行為（あるいは薬物の施用等）自体を故意の実行行為とすること自体は無理であるとされ、それぞれに適切な構成要件の新設をもって対処すべしといわれるのである。この構成要件は原因行為を結果行為に対する一つの関与形式として捉え、結果行為の構成要件を基本構成要件とする修正構成要件として、故意犯の場合には、未遂、共犯と並ぶ一般総則規定とすべく、過失犯の場合は、特に必要なものに限り各則に規定すべし、とされる。(18)

以上が平川説の概略であるが、この見解は新構成要件の定立をいわれるものであるのでその限りにおいては他説と対応を異にせざるをえない。原因において自由な行為につき現実に展開されている理論をもってしては、いずれにしても、行為・責任同時存在の原則か、構成要件概念の弛緩が生ずるとされ、両者を厳格に適用すべきであるという主張は、他説を受容し難いものであろうからである。

処罰を要する原因において自由な行為が存在することは認められるので、それらに対しては新構成要件の定立を待つべきであるというのも一つの立場であるといわなければならないであろう。後述の如く、概念を規範的に把握する私見の立場からは、結果行為をもって実行の着手を認め、責任は、自ら、そのような犯罪を行う意思を抱いた時点にこれを求め、全体を規範的に合一して把握することが、両原則に破綻を生ぜしめるものとは考えられないのであるが、より基本的なところからの見解の相違といわざるをえないと考える。当罰性を否定しえないとすれば、新構成要件の定立という立法的解決が直ちに可能でない限りは、解釈論による解決を図るのも学説の必然の責務であろうと考える。(19)その際、原理・原則を無視することがあってはならないという事は当然の条件となる。

(2) 浅田説

この見解も原理原則を遵守し、曰く、「『行為と責任能力の同時存在の原則』は、責任主義の要請であり、その行為をまさに処罰の対象とされている『実行行為』と解することは、罪刑法定主義の要請であって、責任主義と罪刑法定主義を厳格に維持するかぎり、処罰を断念するほかはない（否定説）」と。そして、この見解をとる場合に看過されえないであろう処罰の重大な間隙については、まず①故意の作為犯の場合には自己が無能力の状態になってしまう以上原因において自由な行為の中で設定されたことを実行することはおおよそ不可能であり、②故意の不作為犯についてはこの法理を用いなくても一定の範囲で処罰可能であり、③過失犯は、本来、例外的な処罰に止めるべきであり、④例えば普通酩酊は完全責任能力者とされているのであり、⑤問題となる麻薬・覚醒剤については自己使用・所持で処罰可能であること等、主張され、何よりも刑法の基本原則を処罰拡大の方向で緩めることに疑問を呈される。[20]

この警鐘も確かに聴くべきものである。しかし、他の諸説もそれらの原則からいかにして逸脱することなく事態を打解するかという努力の所産であることは否定できない。刑法の適用対象はおよそ予想不可能な形態での法益侵害に及ぶ可能性をもつのであるから、合理的な実質的把握は原理・原則の範囲内に許されるべきことであるといわざるをえない。

例えば前出②の故意の不作為犯の場合、当初より殺害の故意で飲酒・泥酔し、そのまゝ眠り込むことを計算に入れて、定時服用させなければ致命的となる薬剤あるいは注射を施さなかったため、病人が死亡したというような場合、服用させるべき時間、あるいは注射すべき時間には明らかに心神喪失状態であるとすれば、浅田説ではどのように解されることになるのであろうか。同時的コントロールの要請から、実行行為開始後に心神喪失・耗弱に陥った場合、結果を発生させた当の行為が心神喪失・耗弱状態で行われたのであれば、その行為と結果発生までを一個の行為として無罪ないし減刑とし、それ以前の行為は別罪（未遂犯など）とすべきではないかとされる。[21]この思考の基には、実行行為と実行の着手を別途区別して取扱うという考え方が存在する。この思考を実に奇異に感ずるのである。実行の着手とはまさに実行行為の開始を意味するに他ならず、したがって、両者は切り離されえない。

浅田説は離隔犯を例にとられ、実質的・形式的客観説の立場から「未遂犯は、実行行為の開始があり、かつ、結果発生の実質的危険がある場合にのみ成立することになる」として、実行行為の開始という、「着手」とは別の事実概念を用いられる。[22]実行行為の開始（発送行為）があり、それが相手方への到達を経て、実際に被害者が例えば飲食等をしようとする時点で結果発生の実質的危険ありとして「実行の着手」を認められるのである。「通常は、実行行為の開始があれば同時に結果発生の実質的危険が認められるが、離隔犯のような場合には、両者にズレが生ずる」[23]とされ、また、不作為犯についても同様のズレを指摘される。[24]そして、責任能力は実行行為開始の時に存在すれば足り、実行の着手時にはそれを要求されない。その思考で「原因において自由な行為」の場合には実行行為時の責任無能力状態の有無が問われ、これは離隔犯ではないのであるから、まさに例えば心神喪失状態での殺傷行為が結果発生の実質的危険を示す行為として実行行為に重なることとなる。かくして、「『行為と責任能力の同時存在の原則』は、責任主義の要請であり、その行為をまさに処罰の対象とされている『実行行為』と解することは、罪刑法定主義の要請であって、責任主義と罪刑法定主義を厳格に維持するかぎり、処罰を断念するほかはない（否定説）[25]」といわれる。

しかし、当初から、酔った勢いで殺傷に及ぶべく飲酒や薬剤の使用をする場合、実行行為の開始はその時点に認められるのであろう。けだし、厳格責任説を採られ、そのような故意・過失が実行行為について要求される場合、それを担う責任能力も実行行為の時に必要とされるのが同時的コントロールの内実であるという訳であるから[26]、故意ある飲酒時あるいは薬剤使用時に実行行為の開始を認めることとなるはずである。

そこで、問題は、「結果を発生させた当の行為が心神耗弱・喪失状態で行われたのであれば、その行為と結果発生までを一個の行為として減刑ないし無罪とし、それ以前の行為は別罪とすべきであるということに尽きる[27]」と言い切られる点である。それ以前の行為を別罪とするとは、例えば、殺意のある場合には殺人未遂が認められるのであろうが、浅田説によれば未遂犯が成立するには、「実行行為の開始があり、かつ、結果発生の実質的危険がある場合にのみ成立することになる[28]」のである。果して、上述の場合、すなわち、事後的実行の着手（心神喪失あるいは耗弱時での）と切り離された事前の状態に結果発生の実質的危険性が存在しうるのであろうか[29]。この点、疑問を解消しえない。

実行行為とは構成要件に該当する行為である。そして、実行行為にとりかかることが実行の着手である。確かに実行の着手があれば未遂犯としての処罰が認められるのであるから、その意味ではいわば未遂犯としての結果の発現ではある。しかし、実行の着手をそのような視点からみる必要性はない。従来通り予備との限界を劃するものとして実行行為そのものの開始と同義に解すべきである[30]。離隔犯あるいは間接正犯において両者の区別が必要であるというのは、利用者基準説に依るからである。間接正犯は道具を用いて自己の犯罪を実現するのであるから、実行行為すなわち構成要件該当行為は当然被利用者の行為に認められるべきである。そのことは間接正犯の正犯性を危うくするものではありえない。けだし、利用者は自己の故意に基づいて被利用者に構成要件該当行為を行わせて自己の犯罪を実現するのであり、まさしく立石教授が主張される「重要な役割[31]」は利用者が果しているからである。

間接正犯において被利用者の行為に構成要件該当性を認める立場からすれば、実行行為と実行の着手を区別し、後者より先に実行行為の存在が認められるということはない。すなわち、利用者による実行行為の開始があり、その後に、被利用者による実行の着手があるという難解な把握は無用となる。

不処罰説は原理的には極めて明快である。すなわち、行為・責任同時存在の原則と実行行為の明確な存在を要求するとすれば、両者は同時に存在しえないのであるから、必然的に原因において自由な行為の法理否定説とならざるをえないのである。しかし、原因において自由な行為の事例群に不処罰の結論を一概にあてはめていくことは当該法理発生の必然性を捨象するものであり、とりわけ、覚醒剤等の濫用による犯罪誘発という時代相の中での社会的法感情にとっては異論のあるところとなるであろう。法理論は体系的整合性を乱すものであっては理論たり得ないであろうが、しかし、そもそも体系は法適用の妥当性に確実な支柱を与えるという機能を担うものであると解すれば、整合のために硬直化するものであってはならないといえる。極論すれば、純理よりも目的適合性に向かわざるをえないであろう。ゆえに、原因において自由な行為の事例群を不処罰とする見解には賛同し難い。ただし、当該法理が適用されるべき事案はおのずから限定されることになるであろう(32)。

2　処罰説

(1)　事後的実行行為時責任説（山中説(33)）

この見解は、前提となる実行行為概念を「危険創出による事前的な潜在的実行行為が具体的危険の発生した事後の時点で実行行為と評価されるものである」とされ、この見地から原因において自由な行為を解析される。曰く、「行為者の『本来的な』潜在的実行行為は、最終的な危険創出行為である『結果行為』の開始に求められる。（中略―筆者）この潜在的実行行為は、原因行為の時から『支配可能』な行為に連続するものである。原因行為時からみると、この潜在的実行行為は、責任無能力状態にあるのですでに規範的障害を生じえない因果の流れに委ねられた因果的事象である。（中略―筆者）潜在的実行行為は、原因行為に支配されうるその因果的結果であるといってもよい。のみならず、原因行為時の故意・過失により、主観的にも『支配可能』な行為である。原因行為時の故意・過失は、その後、責任無能力状態に陥ることによって、規範的障害によって阻止されえないたんなる結果の表象と予見可能性にまで低下し、規範的コントロールの効かない行為に転化している。これによって、原因行為は潜在的実行行為と連続し、その一部に組み込まれることになる。潜在的実行行為の資格をえた原因行為は、事後的に結果行為が行われた時点以降、『実行行為』（正犯行為）となるのである」と。

この見解は原因行為時支配可能性説（中説）の流れを汲むものという事ができる。[34] 中説によれば、無能力時の実行行為が能力時の表象又はその可能性によって支配され又は支配可能であったという点に責任の根拠がおかれる。

山中教授は原因行為時に、責任無能力状態における結果行為が「支配可能」であったことによってなぜ行為者の責任を問えるのかが明らかにされていないと考えられ、その間の理論化を「危険創出」という教授独自の概念を用いつゝ実証されているものと解される。

理論上は確かに原因行為と結果行為は実行行為概念で一体化した。しかし、そのために用いられる「事前的な潜在的実行行為」及び「本来的な潜在的実行行為」の区別は判りにくい。潜在的な実行行為は、潜在的であるがゆえに、現実には存在しない概念事象である。結果行為が原因行為のもつ危険創出性を現実化したものであるか否かを問うことでは不十分なのであろうか。原因行為と結果行為をあえて一つの実行行為に統合させるべきであるのか、また、事前の潜在的実行行為という概念が採用されることにより、「実行行為」概念の不明瞭化が生ずるのではないかとの危惧もあり、私見はこの見解に与しえない。

(2)　相当原因行為時責任説[35]（山口説[36]）

この見解は同時存在の原則を維持しつゝ、構成要件該当事実を原因行為時にまで遡及させる、構成要件モデルの考え方にたつものである。したがって、いかなる根拠から構成要件該当事実の遡及を認め、いかなる要件で完全な責任を問うか、ということが問題となる。

場合を分けて論ぜられる。(i)故意の原因において自由な行為。この内、心神喪失状態下で結果行為が行われた場合には、以下の要件が必要であるとされる。すなわち、a.原因行為と構成要件的結果との間の条件関係の存在。b.更に両者の間に相当因果関係の存在。c.結果行為による遡及禁止原理が働かず、原因行為にまで結果が遡及し得ること（つまり、結果と原因行為との間に独立した故意行為が介在していると、そこから遡及禁止の要請が出るのである。介在行為が心神喪失状態での行為であれば、遡及は可能とされる。けだし、責任を問いえない故意行為については結果の引受けが認められず、遡及禁止が妥当しないからである）。d.原因行為がそれ自体として未遂犯の成立を肯定し得るものであることは不要である。未遂犯はここでは既遂の具体的危険の発生を要件とするいわば結果犯として認識されている。したがって、構成要件該当行為それ自体が（その段階で）未遂犯として処罰しうるものであることが要求されている訳ではないので、原因行為時に既遂の具体的危険が生じていないことは、原因行為の構成要件的結果との間の構成要件該当性を肯定することの妨げにはならないといわれる。

さて、aからcまでの立論は極めて正論であり、これを否定することは出来ないと考える。問題はdの解釈論である。このような思考方法の嚆矢は平野説にあると考えられるのであるが[37]、未遂犯の規定にいう「実行の着手」という概念と構成要件該当行為に着手するということを別義に把握することが果して妥当であろうか。この方法論を進めると、必然的に予備と未遂の区別はなくなり、予備は「結果犯」としての未遂犯の実行の着手になってしまうという事態を生ぜしめる。実行の着手は実行行為という類型性あるものの着手であるという認識こそ体系上の機能をよく果たしうるものと考えたい。その点において、まずは疑義を唱えるものである。

山口説は以上の四要件の充足により、原因行為と構成要件的結果との間の構成要件該当性を認められ、次いで、原因行為時に故意が認められるかを検討されることになる。この点は上記a、b、cの認識・予見の問題である。そこで特に重要なことは、原因行為によって結果が遡及することの認識であるとされる。通常は、故意行為を留保している行為者には故意が認められないから、ここで故意を認める為には、結果惹起の予見のみならず、結果行為を心神喪失状態下で行なうことについての予見が必要であり、これを「二重の故意」の要件と呼ぶとされている。しかし、これを特に「二重の故意」として要件化する必要はないと考える。本来、原因において自由な行為の可罰性は、そうした状態下で犯罪を行おうとする場合を示すものといえるからである。あえて「二重の故意」と称するまでもなく、もともと、そのような方法での犯行を認容するという意味で、通常の故意の内容に止まるといえるのではないであろうか。

次に心神耗弱状態下で結果行為が行われた場合である。前者と異なる点は、心神耗弱であるが故に、故意責任が減弱ながら存在しており、したがって遡及禁止の原理が働かないのではないかという問題がある点である。理論上は遡及禁止とはならず、原因行為にまで遡る法理の適用は否定されるはずである。すなわち、ここは山口説の致命的部分かとも云えるのである。止むなく、心神耗弱状態下で構成要件該当結果を惹起した（限定された）責任とそうした状態で構成要件該当事実を生じさせたことに対する（一種の共犯的な関与）責任を併せて完全な責任を問うとされ、これは、原則的な考え方を若干緩和するものであるが、同一の行為者の内部における責任の併合として、辛うじて実質的に正当化し得ると主張される。しかし、この論拠には疑問がある。耗弱下の行為には法理は適用されず三九条二項の適用となる。それに対し一種の共犯的関与を認めるということは二律背反ともいえる。立石教授の指摘されたところは正鵠を射るものと考える。[40]

(3) **実行行為時規範的考察説**[41]（下村・立石説）

この見解は、行為・責任同時存在の原則を実質的に把握しつゝ、実行行為概念の明確さも保持しようとするものである。

下村博士によれば、原因において自由な行為に特別の理論構成は不要であり、刑法の規範的（価値的ないし価値関係的）考察方法、したがって、刑法における行為の規範的把握による限り、一般の犯罪行為の場合と同じく、実行の着手時点を定めればよいだけのことであるといわれる。[42] そのような思考方法が一般にとられている例として、強盗殺人の目的でまず被害者を殺し、次いでその所持品を奪ったという場合、殺害後は占有離脱物であるというような思考にはならないのと同様であるといわれる。

立石教授はこの見解を是とされ継承される。曰く、「自己を責任無能力ないし限定責任能力に陥れて犯罪行為を行う者については、全体が一つの故意に担われた一つの行為である以上、自然主義的にみれば実行行為の時には完全な責任能力は存在していないけれども、そのような状態にたち至った自己を利用する場合には、刑法的評価の次元では責任能力があると考えて妨げな」く、「この立場に立つならば、実行行為は現実に犯罪行為に出た時に認められるのであって、原因設定行為はせいぜい予備行為と観られるに止まる」[43]と発展させられた。このように、実行行為の結果惹起力を揺るがせにすることもなく、行為・責任同時存在の原則を保持し得る学説であるがゆえに、他の見解に比し、無理のない論理構成であると考えられる。私見もこれに従いたい。かつて宮本英脩博士は、一個のサイコロに六面あるが如しと例えられて、法律上の行為の評価は、「規範関係又は法律上の行為の相対性[44]」により異なった様相を呈するといわれ、そこから、原因において自由な行為（博士はこれを不適当な名称であるといわれる）も相対性理論の一適用に他ならないとされている点[45]、基本的な立脚点を異にする学派からとはいえ、聴くべきものがある。

この見解に対置する考え方として西原説がある。西原説の特徴は「責任能力のあるときの原因設定行為と、それの失われたときの現実の違法行為とは、一つの意思決定に貫かれた一つの行為と考えることができるであろう[46]」とされるところにある。そして、その行為のうち、通常の犯罪の場合における実行の着手時期に関する標準にしたがい実行の着手とされる時点以降のものが実行行為とされることになる。それゆえ、通常、原因設定行為は単なる予備行為であり、現実に結果を発生させた行為が実行行為である。この見解においても実行行為の明確性は保たれる。この点で両者には類似性があるといえるが、下村・立石説は原因行為と結果行為を規範的観点から一個の行為性を有するものと把握されるのに対し、西原説は両者を事実的に一個の行為として取扱われる点で異なる。一つの意思決定に貫かれているとしても、そのことをもって、事実的にも一個の行為とみる必然性はないように思う。縦し、それ在らんか、一般の予備－未遂－既遂形態も全て一個の行為である。それを設定した上で、改めて実行行為に分析することは論理的に迂遠であろう。刑法上の事実は確かに自然主義的な事実を基体とするものではあるが、それをそのまま捉えるのではなく、規範的に、すなわち、刑法的事実として構成すべきではないであろうか。そのような観点からすれば、全体的にみて一個の行為性を認めるに足る状況が存在していると考えられる。(3)説をもって最も妥当な見解であると解する。

四　結び

原因において自由な行為という問題領域は「行為・責任同時存在の原則」との相克の中にあるといわれる。すなわち、行為の問題でもあり、責任の問題でもあり、はたまた、両者の関係の問題でもあるという、いわば三重の視野で捉えられなければならないということなのである。行為の問題では、実行行為性が問われるが、むしろ、正犯性の問題であるという見方が重要ではあるまいか。すなわち、実行行為の問題は、正犯行為の客観面の一つとして不可欠のものであるが正犯行為を充当するものではない。それゆえ、まずは実行行為の有無を決する必要はあるが、それは構成要件該当性の判断であるがゆえに、結果惹起行為あるいは結果惹起の客観的・実質的危険性のある行為すなわち結果行為の存在で足りる。しかし、その確定せられた行為の時に責任無能力者あるいは限定責任能力者であるとすれば、少くともその時点では三九条一・二項の適用内の行為者となるため、自ら意図的にその利益を享受すべく心神喪失あるいは耗弱を招来せしめた者に対しての特別な取扱いが必要となってくるのである。すなわち、そのような意図的な責任免脱が三九条の想定せざるものであることは、あたかも、正当防衛に藉口せる侵害行為の許されざるが如しである。そこに、その者をして正犯としてこれを処罰し得るか否かの考量が生ぜしめられる。

正犯は発生せしめた結果に対し有責であると非難せられる者でなければならない。実行行為の時には責任要件に充たざるところがあるが、全体として行為者の挙動を把握した場合、三九条を利用しようとした意図がある部分、通常の故意行為よりもなお一層非難すべき余地があるといえる。実行行為時（すなわち結果行為時）に立脚して事前の状況を規範的に観察すれば無視し得ない非難可能性の実体が存するのである。ではなにゆえにその事前行為（すなわち原因行為）を実行行為とみないのか。実行行為の類型性を緩めない事の方を優先するからである。正犯につき「重要な役割説」[47]をいう場合、核心となる実行行為の特定は不可欠の要件となる。それに照して重要な役割が決せられるからである。この「重要な役割説」に関し、立石教授は概略以下のごとくまとめられている。すなわち、正犯概念については旧来、さまざまな見解が主張されたのであるが、特に限縮的正犯概念から実行行為性説への流れに注目され、両者の相違は、前者が正犯を構成要件に該当する実行行為を「自ら」行う者に限定するのに対し、後者が「規範的評価」によって構成要件に該当する実行行為を行う者を正犯とする点にあり、正犯概念の明確性をという観点からは前者に長所があるが、その柔軟性という意味では後者に長所がある。しかしながら、問題はそこで説かれる規範的評価の実体であるといわれ、この立場で規範的評価が強調されることになると、本来のこの見解の立脚点である、基本的構成要件に該当する行為を行う者を正犯とするという考え方に背馳するという疑義を呈される。さらに、行為支配説に対しては、教唆犯、従犯にも行為支配があると考える事が可能であるから、正犯を理由づける理論としては妥当でない、とされて、いわゆる「重要な役割説」に至るといわれるのである。今日の複雑な理論状況下にある正犯概念の確定にあたっては、実質的な考慮を持ち込まざるを得ないのが現状であるという認識から、「重要な役割」は規範的要素であるとされ、裁判官の価値判断の介入が不可避であると考えられるのである。

責任能力は自らこれを除去した場合は有ると解してよい。それが規範的な、すなわち、まさになすべき解釈であると考える。ちなみに、原因行為が過失である場合は過失の程度が問われざるを得ないと考える。既述の如く、むしろ通常の過失犯の理論構造があてはめられる場合の方が多い。その際、心神喪失にまで至った場合は、予見可能性、回避可能性という事実面で否定的な判断をすべきではないかと思料せられるが、しかし、判例は「心神喪失の状態において他人に犯罪の害悪を及ぼす危険ある素質を有する者は居常右心神喪失の原因となる飲酒を抑止又は制限する等前示危険の発生を未然に防止するよう注意する義務あるものといわねばならない。しからば、たとえ原判決認定のように、本件殺人の所為は被告人の心神喪失時の所為であったとしても（イ）被告人にして既に前示のような己れの素質を自覚していたものであり且つ（ロ）本件事前の飲酒につき前示注意義務を怠ったがためであるとするならば、被告人は過失致死の罪責を免れ得ないものといわなければならない」として、三九条の適用を排した。[48] 原因行為に実行行為性を認める所以である。

故意的に三九条適用を企図し原因行為を行ったが、結果行為が、本人の意に反し、過失行為として現れた場合（例えば、人を殺す積りで興奮剤を注射し、その状態で車を運転中、歩行者をはねて負傷をさせてしまったような場合）、当該過失犯に関しては、これを独立して取扱い、過失構造論の中で処理すべきであろう。この場合、予見可能性も回避可能性も、その有無は事実的に判断せられ、有るとされたならば、予見義務・回避義務が客観的構成要件該当性のレヴェルで論ぜられ、おそらくは、通常人の注意能力（あるいは「社会生活上必要な注意」[49]）が標準となる結果、肯定されることになると思われる。それに次いで、責任過失の存在は規範的に認められる。けだし、興奮剤を注射して車の運転をするというようなことは社会生活上許されざることであるといえるからである。よって、このような場合は殺人罪の予備と過失犯の二罪が問題となるのではないかと思われる。

責任の本質はやはり非難可能性とみるべきである。自己の行為が違法であることを認識しつゝ、あえて当該行為に出る場合に、その意思に対し非難が可能である（ただし、準故意説の意味においてである）。[50] ゆえに、それを基本型とする限り、「原因において自由な行為の法理」は変則であるといえる。変則たるの所以は、原因行為を実行行為とする通説・判例の考え方にある。それにともない、実行行為と実行の着手の逆転や、実行の着手を未遂犯におけるいわば「結果」とみるというような考え方と接するにいたる。これらの考え方については既に上で思うところを述べた。ただし、さらに深く学ぶべきところは多く残されていると思う。しかし、本稿は、実行行為概念を動かすことなく、また、「行為・責任同時存在の原則」も踏まえた考え方として、実行行為時規範的考察説をあらためて妥当なる見解とし、それを結論として呈示し一応の了とするものである。

了。

(1)　立石二六・刑法総論〔第2版〕二四五頁参照。
(2)　平野博士によれば、我国で従来、原因において自由な行為として論じられているのは、博士のいわれる「不連続型」すなわち例えば飲酒をした結果、その酩酊状態が原因となって殺傷意思が生じる場合である。つまり、故意が当初の飲酒と連続していないという意味で不連続である。しかし、博士もいわれるように、このような故意をあらためて生ぜしめるという場合は現実には起りにくい。判例は過失犯として、たとえば、心神喪失の原因となるような飲酒を抑止又は制限する等、危険の発生を未然に防止するよう注意する義務があったというように判示する（最判昭二六・一・一七刑集五巻二〇頁）。平野龍一・刑法総論Ⅱ三〇三頁参照。
(3)　立石・前掲註(1)一九一頁。
(4)　立石・前掲註(1)一八一頁参照。
(5)　最3小昭五九・七・三刑集三八巻八号二七八三頁参照。
(6)　平川宗信・現代刑事法講座二巻二八四頁参照。
(7)　立石・前掲註(1)二四四頁以下参照。
(8)　この場合が前出註(2)の内容に重なる。
(9)　団藤重光・刑法綱要総論第三版一六一頁～一六二頁参照。
(10)　大塚仁・刑法概説（総論）第三版一七〇頁参照。博士によれば、泥酔状態に陥って人を傷つけるつもりで飲酒する場合には、その飲酒行為自体に実行行為性を認めることは無理であるが、例外的に、経験上、酩酊すれば常に狂暴となり他人に暴力を働く性癖がある者が、そうなることを承知の上で飲酒したような場合には、その飲酒行為に犯罪実現への現実的危険性を認めることが出来るので、飲酒の開始時に傷害あるいは暴行の実行の着手が認められてもよいことになるのである。

(11) 佐伯千仭・刑法講義（総論）（四訂版・昭五九）二三五頁以下参照。
(12) 平川・前掲註(6)二七九頁参照。平川説については現代刑事法二〇〇〇年一二巻三六頁「原因において自由な行為——否定説と立法的解決の提案」も参照。
(13) 故に、心神耗弱や軽度の心神喪失の場合は除外されることになる。
(14) 団藤・前掲註(9)。
(15) 平川・前掲註(6)二八〇頁。
(16) 平川・前掲註(6)二八〇頁参照。
(17) 平川・前掲註(6)二九〇頁参照。
(18) 平川・前掲註(6)二九一頁参照。
(19) 立石・前掲註(1)一九一頁。同旨。
(20) 浅田和茂・刑法総論二九三頁。
(21) 浅田「原因において自由な行為」現代刑事法二〇〇〇年一二巻四七頁参照。
(22) 浅田「未遂犯の処罰根拠—実質的・形式的客観説の立場から」現代刑事法二〇〇〇年九巻四〇頁参照。
(23) 浅田・前掲註(22)四〇頁。
(24) 浅田・前掲註(20)二九四頁参照。
(25) 浅田・前掲註(20)二九三頁。
(26) 浅田・「実行行為開始後の心神喪失・耗弱について」宮澤浩一先生古稀祝賀論文集第2巻三八九頁参照。
(27) 浅田・前掲註(26)三八九頁。
(28) 浅田・前掲註(22)四〇頁。
(29) 浅田・前掲註(21)四五頁参照。「単なる飲酒行為に通常の作為犯における実行行為と同様の危険性が認められるとはいえない」との記述がある。
(30) 浅田・前掲註(22)四一頁参照。
(31) 立石・前掲註(1)二八八頁。

(32)　上述の如く、私見によれば、意図的に三九条の適用を目論での犯行を基本型とする。このような場合にこそ原因において自由な行為の法理が適用されなければならない。原因行為途上における斯様な意思の発現にも適用されるべきである。しかし、心神喪失あるいは耗弱状態に陥ったことにつき咎められるべき事由がない場合には適用されない。縦し、過失責任が問われる場合であれば、三九条二項の問題となってくると思われる。原因行為時の故意内容と結果行為で行われた犯罪が異なったものになった場合をどう取扱うべきかは熟考を要すると思う（井田良・刑法総論の理論構造三三二頁参照）。単純に錯誤論が適用されるべきなのか、心神喪失状態で発現したあらたな犯罪には三九条一項が適用されるのか、その問題領域も含め、原因において自由な行為の法理という例外論の枠付けは未だ議論の余地を残すものである。更なる検討をしなければならない。

(33)　山中敬一・刑法総論Ⅱ五八一頁以下参照。引用部分も同頁であるので、個別の註は省略する。

(34)　山中・前掲註(33)五七六頁参照。

(35)　この学説名は山中教授の前掲註(33)五七八頁に依るものである。

(36)　山口厚・刑法総論二二一頁以下参照。

(37)　平野・前掲註(2)三〇〇頁以下参照されたい。原因行為と結果行為の間の関係を、連続型と不連続型に区別して論ぜられる。実行行為概念も特殊であるが、この平野説が山口説の基点となっているものと解される。

(38)　山口・前掲註(36)二二四頁。

(39)　故意の内容の中には方法・手段も入るはずである。

(40)　立石・前掲註(1)一八九頁及び特に一九二頁参照されたい。

(41)　この学説名はその前の山中教授による命名法に若干倣ったものである。全面的に平仄を合わせれば、実行行為時規範的責任説とすべきところであるが、責任を規範的に考察あるいは把握するというところに本説の力点があると考えられるので、いささかの変調となった。より適切な名称を考えたいと思っている。

(42)　下村康正・刑法総論の現代的諸問題一〇五頁参照。立石・前掲註(1)一八五頁以下参照。

(43)　立石・前掲註(1)一九一頁～一九二頁。

(44)　宮本英脩・大綱五五頁。

(45)　宮本・前掲註(44)五八頁参照。

(46)　西原春夫・刑法総論改訂準備版（下巻）四六三頁。西原説を山中教授の学説名称に合わせるとすれば、例えば、最終的意思決定責任説といえると考えるが、山中教授は「意思決定行為時責任説」と名付けておられる（五七六頁）。

(47) 立石・前掲註(1)二八八頁。

(48) 最大判昭二六・一・一七刑集五巻一号二〇頁。

(49) 立石・前掲註(1)二四五頁。

(50) 立石・前掲註(1)一九五頁及び一九九頁以下参照。

第四章　併発事実と法定的符合説

一　はじめに

この問題をとり上げるにあたり、予め明記しておくべき前提がある。法定的符合説とはあらためていうまでもなく、事実に関する錯誤の理論である。具体的符合説、抽象的符合説がそれに並ぶ。更に、又、それぞれの学説の中で区々の見解が主張されていることも周知の事実である。(1) 私見はその中でも草野説をもって妥当と解しているのであるが、この草野説は通常、抽象的符合説に属する見解であると解されている。私見はこれをもって法定的符合説を補充する見解としてそこに整序さるべきものと考える。

確かに草野教授自ら牧野・宮本両説の結論には賛成であるといわれるのであるが、(2) 軽い事実についての故意説を認めることには断固疑義を呈されている。今、問題は錯誤論であり、故意を認めるべきか否かの議論である。軽い罪の故意は重い罪の故意に含まれるとして軽い罪についての故意の既遂を認める見解と、その事を認めない草野説との間には質的相違があると思料する。よしんば、四四条の技巧的解釈という批判が否定され得ないものであるとしても、「其の可罰上の責任は乙事実に対する故意説の限度に止るも、其の罪は、何処までも甲罪の未遂を以て考ふべきものと解するのである」[3]という主張の基本思想は、故意の抽象化を許すものとは異質である。このことは、草野説に精通されている立石教授からも指摘されていることである。[4]あらためて、私見は草野説の主張の下に法定的符合説に依拠するものであることを明記したい。そのような経緯をもって、ここに法定的符合説の問題点の一つをとりあげる。以下、具体的に論ずるにあたり、予め典型的用例を提示しておくこととする。

事例①　Aを殺害し、Bも殺害した場合。
事例②　Aを殺害し、Bを傷害した場合。
事例③　Aには当らず、Bのみ殺害した場合。
事例④　Aには当らず、B、C、D等を殺害した場合。
事例⑤　Aを傷害し、Bを殺害した場合。
事例⑥　Aを傷害し、Bも傷害した場合。

以上の事例を使用して論述の便を図りたいと考える。

いわゆる打撃の錯誤に関連して論ぜられるものに「併発事実と錯誤」といわれる問題がある。例えば、甲はAを殺害しようとして発砲したところ、Aを殺害し、更に予期しなかったBも殺害してしまった（事例①）、あるいはBには傷害を負わせてしまった（事例②）というような場合が併発事実の典型であるが、このような場合、甲の殺人の故意は予期されなかったB侵害の事実にも認められるのかという点に錯誤論が関係してくる。そこで、翻って錯誤論をみるならば、その打撃の錯誤において論ぜられるべきことは、いわゆる認識事実と発生事実の間に客体の不一致がある場合、実現しなかった認識事実に関する故意を発生事実に転用することが許されるかということである。

すなわち、前例に即していうとするなら、甲はA殺害を意図して発砲したところAには当らずBを殺害してしまった（事例③）という場合、A殺害の故意をもってB殺害の故意とすることが許されるか否かが論ぜられる。これら①、②、③例に共通する点は、甲によっては認識されていない客体Bが存在しており、この客体が現実に侵害されているということである。従って、この客体侵害に対する故意の成否が問題であるが、この点が前面に押し出されることにより、併発事実の取扱いは通常錯誤論に位置づけられることになる。そして、特に法定的符合説を採る論者がこの併発事実の取扱いをめぐって相互に見解を異にしているところから、ひいては法定的符合説そのものに対する批判もこの点を中心として論ぜられるという様相を呈しているのである。

併発事実は何故錯誤論で取り扱われるのであろうか。併発事実とはどのような場合を指すのであろうか。併発事実の取扱いをめぐる見解の相違は法定的符合説という一理論の域を越える、より基本的なところでの考え方の相違に帰因するのではないか、という疑問を出発点とし、併発事実と錯誤の問題及びそこから派生する問題について若干の検討を加えることとする。

二　併発事実

(1) 併発事実の意味

まず、併発事実とはどのような場合をいうのであろうか。併発事実という用語に着目してみたい。一般的には、同時に惹起された二個以上の事実のことを広く併発事実というが、刑法においては、一個の行為から数個の結果事実が発生した場合のことをいうと解してよい(5)。従って、一で掲げた、「併発事実と錯誤」に関する典型例以外にも、例えば、甲はAを殺すことはできなかったが、予期せぬB、C、D等を連鎖的に殺害してしまった（事例④）というような場合にもそれ等の事実は併発事実に他ならない。ここにいう事実とは刑法上の結果という事実である。そして、それらは現に一個の行為から発生したものであるということを前提として論ぜられる。何故ならば、一個の行為には一個の意思が存在するものであるところ、この一個の意思の内容以外の結果を併発してしまったことに対し、一個の意思への複数結果の帰属ということが問題となるからである。

ともかく、この、一個の行為から発生したものであるという事実から刑法的な意味をとり出してみるとするならば、それぞれの併発結果が行為者のその行為と因果関係をもつということであるといえるのであるから、因果関係の段階でみる限り、相互に全く対等なものであるということがひき出されてくる。併発事実とはそのことを示す概念であるといってよい。

因果関係の段階では行為者の認識内容はまだ問題とはならない。例えば、認識事実が実現し、あわせて他の結果も生じたといえる場合（前出①、②例）であれ、認識事実に合致しない諸結果が発生した場合（前出④例）であれ、生じた結果を因果的にみれば、いずれも同一の行為から惹起された結果として等価値である。さらに例を掲げるとすれば、甲はAについては負傷させるに止まったが、Bを殺害してしまったという場合（事例⑤）、及びBも負傷させたという場合（事例⑥）も考えられる。これら併発事実として考えられる場合にはすべて同様のことがあてはまる。このことを明確にした上ではじめて主観面への検討が可能となるのである。ちなみに、AにもBにも当たらなかったという場合には、結果たる事実が生じていないのであるから、併発事実にはなり得ない。実害の発生ということが必要なのである。

ところが、⑤例については③例と同一構造のものとして把握される傾向がある。つまり、第一義的に錯誤の事案であるとして捉え、客体Bに生じた事実に故意犯を認める見解がそれである。しかし、このような考え方は故意論の先取りである。まず、Aが受けた傷害自体が一つの事実として認められて構造の中に位置づけられなければならないはずである。Aの傷害とBの殺害は二個の併発事実である。つまり、⑤例ではよしんば認識事実とは一致しない結果であれ、とにかく実害が生じている以上、その構造は③例に類似するものとしてではなく、むしろ①、②例に等しいものとして考えられるべきである。

この点については学説が分かれている。多数説は③例に準ずるところの錯誤の一種であるとする。行為者としては意図した結果たるAの殺害を実現しておらず、しかも、当初意図していなかった客体について結果を発生させているからである。ただ、当初意図した客体についても意図したのとは異なった犯罪結果を惹起している点で典型的錯誤とはいえず、錯誤の一変種であるといわれる(6)。つまり、この点で見解によってはAについての未遂が別個に問われることとなる。

これに対し、少数であると思われるが、反対説がある。例えば下村博士によれば、「Aに何らかの現実的侵害結果が発生していない場合はとにかく、傷害という事実が発生してしまった以上、そこに故意犯の成立を認めることが妥当であり、したがって、併発事実については過失犯成立の余地しかないのであって、問題は、もはや錯誤の範囲に属さないものである、と考えるべきではあるまいか」と主張される(7)。そして、その理由として、「錯誤というのは、一個の故意と一個の結果事実との間の斜線的乃至技巧的結びつきの場面であり、したがって、その間に直接的な現実的結果の発生があってはならないのであって、もし、直線的・本来的に現実的な結果の発生があれば、刑の権衡論よりも、まず故意の本質論に立ちもどって問題を解決するよう努力しなければならないのではないか」といわれる。本稿も併発事実を上述の如く理解することに基づき、この見解と結論を同じくするものである。事例⑤

の場合は錯誤であるとする思考を先行させるべきではない。事例⑥も同様である。本来の故意論を用いた解決がはかられなければならないのである。何よりもまず法益侵害事実が発生したという点に着目し、これを出発点とすべきであろう。

ところで、錯誤に関する問題を論ずる場合、予め明らかにしておかなければならないことは、錯誤論あるいは錯誤理論という言葉の用い方である。まず一般的には、錯誤が存在する問題領域であればそれを広く錯誤論とし、その意味で総称的に用いられる場合もある。同様に、通常、錯誤論あるいは錯誤理論として分類される具体的符合説、法定的符合説、抽象的符合説自体を指すものとして用いられることも多い。

すなわち、理論が用いられる場そのものが錯誤論と称される場合もあれば、文字通り、理論を指す場合もあるのである。さらに、「事実の錯誤論の実質は、『どの程度の食い違いがあれば、客観的事実が該当する犯罪類型の故意を否定するのか』という点にあった(8)」といわれるように、故意阻却論という意味での用法も基本的なものである。

これを要するに、事実の錯誤といわれる事例にあたるか否かを論ずる場合も錯誤論といい得るであろうし、あるとしてそれをいかに取り扱うべきかに関する理論も錯誤（理）論であるし、何故錯誤が問題となるのか、錯誤を論ずる目的を問うて故意阻却に至る理論も錯誤（理）論といわれるのである。本稿においてもそのように多義な意味で錯誤論という言葉を用いることになると思われる。なお、錯誤という概念そのものについてはとりたててこのような問題は生じない。認識事実と発生事実の不一致をいうものとする。

以上のことを前提として、次では特に⑤例の解決を念頭におきつつ、学説に注目することとする。個々の学説を逐一とりあげるという形ではなく、従来、併発事実と錯誤の事例とされている①、②例及び上で併発事実として論ずべきであるとした⑤例をとりあげ、各々についての学説をパターン化した形でまとめた上で論ずることとする。

(2) 法定的符合説と併発事実

①及び②例の場合には甲の認識事実たるAの殺害が実現しているため錯誤の問題ではないとするにせよ、[9] Bに対する関係では一種の錯誤であるとみるにせよ、[10] いずれにしてもAに対して殺人既遂罪が認められる。①例についての考え方を類型化するなら、㋑Aに対する殺人既遂罪とBに対する殺人既遂罪の観念的競合、㋺Aに対する殺人既遂罪とBに対する過失致死罪の観念的競合、[11] ㋩A、B両名に対する殺人一罪、[12] となる。

同様に、②例についての解決型としては、㋑Aに対する殺人既遂罪とBに対する殺人未遂罪の観念的競合、㋺Aに対する殺人既遂罪とBに対する過失致傷罪の観念的競合、㋩Aに対する殺人既遂罪にBに対する殺人未遂罪を吸収させる（という形が考えられるであろう）となるはずである。これらの場合、問題はいずれにせよBに対する侵害の取扱いにある。①、②例に共通して、㋑説がBに対しても錯誤があてはまるとして故意犯の成立を認めていることは間違いない。㋺説の中には錯誤の事例であるとする見解が併存している。Bに対しては錯誤の事例であるとする見解は、別個の、故意の数という観点から二つの故意犯の成立を否定する結果、結論上はBには過失犯の成立しか認めない。㋩説は吸収の前提としてBについての未遂犯を認めるとすれば、当然錯誤という考え方をしているというとが出来る。なお、過失犯を認める見解の場合、故意は一個しか評価できないのであるから、不本意ながら過失犯とせざるを得ないのだとはいえないはずである。当然のことながら、ここでは過失の要件の存在が積極的に検討されなければならない。それが充たされなければ、過失犯の存在も否定されることとなる（どの事例でも同様）。

次いで⑤例の場合である。この場合には、Aの殺害は実現していない。しかしながら、負傷結果が生じているところから、この点をも別個に問い、㋑Aに対する殺人未遂罪とBに対する殺人既遂罪の観念的競合、[13] ㋺Aに対する過失致傷罪とBに対する殺人既遂罪の観念的競合、㋩Bに対する殺人既遂一罪、となる。しかし、この場合を錯誤論が適用されるべき事例ではないと考えれば、㊁Aに対する殺人未遂罪とBに対する過失致死罪との観念的競合であるとする結論が出てくる。(14)

問題はとりあえず二点に絞られる。まず第一点は、①、②例の場合、Aの殺害という認識通りの事実が発生しているにもかかわらず、Bについてこれをさらに錯誤の場合にあたるとして論ぜられるのはなぜであろうかということである。第二点は⑤例を③例に準じて取り扱うことが妥当であろうかということである。

まず、問題点の一から論ずることとする。錯誤論は本来認識事実が実現しなかったということを前提とする。したがって、それが実現された場合であれば、そこにはもはや錯誤という観点はもちこまれないはずであるにもかかわらず、Bについてあらためて錯誤論を適用する必然性はどこにみられるのであろうか。思うに、それは、このような考え方をとる論者は行為に直接目を向けるのではなく、まずはそれに対する構成要件該当性を問い、その枠内に入る部分をあらためて爾後の評価の対象とするという方法論をとることによる。例えば二個の結果のうちの一個は他の一個と同一の行為線上に生じたものであるとしても、そこで認められる同一行為とは単に事実的なものでしかないと考えられる。一個の行為が数個の構成要件に該当するという事実は構成要件論にとっては奇異なことではない。その際、主観的な構成要件要素たる故意が「およそ人を殺す意思」というような包摂的な故意概念で足るのであれば、Bの死もそこに含まれうる。したがって、Aの死は認識通りの実現結果として明らかに故意犯で捉えられるし、それとは全く別の評価対象たるBの死も故意犯の構成要件に該当するのである。後は、罪数論に至ってはじめて、両罪は一個の行為に帰するものであったという科刑論の問題となる。㋑説はまさしくこの考え方を採るものであるといえる。しかし、複数の故意犯の成立を認める考え方に対しては批判が多い。大塚説のように、Bについては錯誤であるとされつつ、結論は㋺説というものもある。(15)

しかし、いずれにしても、結局、構成要件論によれば、具体的な事実においてずれがある場合であっても、それに対して抽象的な客体概念をあてはめるのであるから、[16]それにあてはまる限り、ずれの有無は問題とならない。したがって、このような思考の下では錯誤の事例に対しこれを例外視する考え方が生まれる余地はないのである。このことが、併発事実の場合にもその併発結果を錯誤の場合にあたるとみることの原因であると思われる。

しかし、故意概念にとって錯誤の場合は例外であるという認識がやはり必要である。けだし、まず、形式的にいえば、認識とは異なる客体の上に結果が発生した場合という錯誤についての表現はそれ自体、認識した客体の上に結果が発生するというパターンを前提とするものであるからである。又、実質的にいえば、具体的符合説を主張しないまでも、故意とは特定のある人を殺そうとして殺したという生の心理的事実すなわち認識作用（より正確を期すれば表象・認容作用である）そのものの存在を前提とするものであるといいうるが、その認識作用にとって客体部分は不可欠である。

何を認識したのかという評価が第三者によって加えられる場合にも、それは現実の具体的な認識活動をその対象として行われるのである。その際、認識の客体は構成要件上の人たる概念ではない。つまり、およそ人を殺すことの認識があったという形で把握される故意概念は評価者の手元にある故意である。その故意概念を、現に具体的な人を一人殺す意思でいでた行為にあてはめていくのである。その結果、あてはまるということがある段階で確立されたなら、あてはめの作業はそこで終了しなければならない。けだし、その確定により、一人の人間を殺すという意思は刑法上の評価を受けたことになるからである。

判例[17]でかつて認められた、深層心理に於ける殺意ということも、とにかく殺意が、深層であれ、意識の領域に存在するものでなければならないということを示している。このように殺意という用語に依れば、これが客体と不可分であることは一層鮮明となる。客体と行為者の間に心理的なつながりが認められるということが原則であろう。そもそも、団藤博士も「その人を殺すつもりであったことが、まさしく、その行為についての非難を行為者に帰する条件となる」と述べられる。[18] その人を殺すつもりであったという心理的事実に向けられる非難であることが、行為者に対しても直接働きかけ感応させる力をもつといわなければならない。そのように考えるならば、規範的にはともかく、事実的には行為者の心理に反映されていない、認識外の客体をとりこむこととなる錯誤論は、やはり例外的な場合にのみ適用されるべきものであるというべきである。すなわち、錯誤論を用いなくても済む場合まで、錯誤の事例であるとする必要はない。①、②例のように、認識通りの事実が実現しているのであれば、他の併発事実は附随結果である。次に問題点二に移ることとする。

問題点二は、結局、錯誤の場合とは一体どのような場合をいうのであろうかとの問いにほかならない。多くの学説が、①、②例と⑤例を区別して取り扱う理由はそこにあると考えられるからである。錯誤とは、認識事実と発生事実の不一致をいう。しかしこれは包括的な定義であるから（例えば、未遂も結果的加重犯もこの意味の錯誤に含まれる）、ここでは錯誤の中でも打撃の錯誤の場合であるという限定を加えて考える必要がある。

打撃の錯誤とは打撃の結果が行為者が意図したのとは違う客体に生じた場合をいう。[19] そこで⑤例をみるに、打撃の結果は認識された客体の上に生じているのではないか。この結果は既遂の形で生じなければならないというものではない。なぜならば、未遂に止まったとしてもその事実は故意を担うからである。客体の上に結果が生じていさえすれば、いいかえると、打撃があたっていさえすれば足りるということは、次の事実からも証明され得る。例えば②例の場合、㋑説はBに生じた傷害に対しこれを錯誤により生じた結果であるとするが、それゆえ故意を認めるにあたり、傷害という結果は行為者の当初の表象・認容とは一致していないということを問題とすることもなく、これに殺人罪の未遂を認めることになるのである。客体Bについて許される思考方法は客体Aについても許されるはずである。故に、⑤例の場合、認識された客体に生じた結果が既遂を認めるに足るものでなかったということを理由として③例に準ずる構造のものとして取り扱われなければならないというようなものではない。⑤例は①、②例と同様に併発事実の事案として論ぜられることができる。その結果、Aの傷害につき殺人罪の未遂という形で故意犯が成立する。それに伴い、Bの死亡事実は附随結果となり、当初の故意はもはやそこへは及ばないものであるということができる。

さて、これまでの考察は主として㋑、㋺両説をとりあげて論じたものであった。ここで、㋩説について若干の検討を加えてみたい。㋩説の特徴は一罪の成立しか認めないところにある。これまでは①、②、⑤例に共通するパターンとして捉えてきたことであったが、実際には、①、②例は錯誤の場合でないとして、㋩説のパターンを採られない論者もあるので[20]、ここでは③例と同構造をもつと考えられている⑤例によりつつ㋩説をとりあげることとする。

まず、植松説によれば、「AかBかという具体的事実を論ずることなく、抽象的に観察し、人を殺そうとして人を死亡させたという事実に対して罪責を論ずるのである。したがって、そこには一人の人に対する殺人罪が成立するだけで、Aという具体的な人に対する殺人未遂も、Bという具体的な人間に対する過失致死も、犯罪として論ずる余地がない」とされる[21]。

さらに正田説によれば、A、B各別の犯罪の成立を考えるべきではなく、一個の故意の実現として行為連関が認められ、それが表象した犯罪と同一もしくは同質の構成要件に該当し、かつ表象内容と同等もしくはより重い犯罪結果が実現した以上、もはや未遂の問題はおこらず表象内容に従った一個の既遂犯が成立する、ということとなる。[22]この思考は因果関係の錯誤に関する処理を想起させるものであるが、論者によれば、果たせるかな、因果関係の錯誤と方法の錯誤は外部的行為過程に縁由する錯誤に分類されるものとして軌を一にするものである、と述べられている。[23]外観上、因果関係の錯誤は同一客体に関するものであるし、方法の錯誤は異なる客体に関するものであるが、前者においては客体が二度とりあげられるところから縦の関係では二個存在するといえるし、後者においては横に並んで二個存在するのである。それぞれ最終的には二個が一個に抽象化されうる、ということなのであろう。いずれにせよ、⑤例については、一個の故意の実現としての一個の行為連関があるということになるのである。

A、B各別に犯罪の成立を考えるべきではないという主張は、もし錯誤論を行為者の認識事実と現実の発生事実との間の不一致を一致したものとしてみる為の理論であるという面で捉えるとすれば、極めて純粋な主張であるといわなければならない。何故ならば、両者を一致させることによって、相互に欠如している部分が補われ、そこに構成要件に該当する一個の観念上の実体が成立せしめられると解されるからである。それゆえ、「甲（本稿ではA－筆者）との関係でいったん成立した殺人未遂が、乙（本稿ではB－筆者）の死の上に生じた殺人既遂罪に吸収されるというよりは、むしろ乙の死の結果の発生によって、甲に対する殺人未遂の事実が法律上殺人既遂罪と評価されると解する方が妥当である」[24]ということになるのである。

また、よしんば、Aが受けた傷害は行為者の失策によるとして、過失的要素が認められても、その事実はBの死亡の上になり立つ一個の殺人既遂罪の成立過程に過ぎず、錯誤の当然の結果であるとされ、これについては独立の責任原由とすべきではないということになる。[25]

しかし、ここでもう一度①あるいは②あるいは④例をとりあげて、これと比較してみるとどうであろうか。正田説によれば、①及び②例の場合には甲の認識事実は実現しており、錯誤の場合ではないからBの死あるいは負傷は過剰結果であるとされ、観念的競合関係にたたない別個の過失犯の成否が問われるものとされる。(26)④例の場合も同様であろう。Bの殺害につき一個の既遂犯が認められるとすれば、C、Dへの併発事実は過剰結果としてそれぞれ過失犯となる。

さらに、例えばこの④例の場合と⑤例の場合の合併類型を考えてみると、Aに傷害を与え、B、C、Dらを殺害したということになるが、この場合正田説をとるとAの傷害はBに発生した結果と一体となって殺人既遂罪を形成し、C、Dらについては別個の過失致死罪が成立することになる。

一連の行為連関の中でAが受けた傷害のみ不問に付されることにはやはり問題があるといえるであろうし、それと同時に、もともと一個の意思に基づいて出た行為であっても、構成要件該当性の評価にあたっては現に外部に発生した結果が基準とされなければならないから、結果が一個の場合であればともかく結果自体が二個あるとすればそのまま二個の評価がなされるべきである。ここで、認識事実と実現事実から一個の殺人既遂罪の構成要件該当行為を作り出すというのであれば、論理的には殺人既遂の構成要件が事実より先行しているといわなければならない。事実すなわち結果を前提としてそれに対する構成要件該当性が問わなければならないが故に、結果そのものは現実に発生した形のままで捉えられることが必要であろう。Aに実害が発生していない場合に限り、認識事実と実現結果が一個の行為連関に結合し得るのである。⑤例に関する㋑説、㋺説は共にAの傷害結果を別個の責任原由としてとりあげている。これらの見解も加えてさらに検討を続けることとする。

さて、㋑、㋺、㋩説は同じように⑤例を錯誤の事案であるとし、法定的符合説に依拠して解決しようとするものでありながら、その具体的結論はAに関して異なるのである。この相違はどこから生ずるのであろうか。法定的符合説の主張そのものを追うなら、おのずからいずれか一説に帰着することになるものなのであろうか。この点についても考えてみなければならない。

法定的符合説とは、認識事実と実現事実との間に具体的な不一致がある場合であっても、それらが法定的に符合するものであれば故意は阻却されない。しかし、法定的に符合しえない場合には故意は阻却されるという主張である。前段は具体的符合説に接する部分であり、後段は抽象的符合説に接する部分である。そして、前段は故意を認める公式であり、後段は故意を阻却させる公式である。すなわち、法定的符合説の主張内容は、故意論と阻却論としての錯誤論の双方から成るものであるといってよい。法定的符合説は錯誤に関する理論であるが、今ここで問題としている諸事例は同一構成要件に係わる錯誤であるところから、法定的符合説の主張の故意論の部分に焦点が絞られるのだということがあらためて認識される必要がある。

法定的符合説の基礎となっている構成要件論によれば、故意の原型そのものが、構成要件事実これをいいかえれば定型という形象に抽象化された事実であるのだが、それの表象・認容である。客体のA、Bを問わず、およそ人を殺すという表象・認容があると認められれば、殺人の故意ありとされるはずのものである。そのことは認識事実と実現事実が不一致をきたした（すなわち、錯誤）場合に限って妥当する故意概念なのではなく、きわめて一般的な原則的な故意概念の内容として把握されるものである。したがって、同一構成要件内の錯誤が問題となる限りでは、法定的符合説は錯誤論たる特殊性を表わしてこないということができる。結局このことが、併発事実に対する法定的符合説の多様性を容易ならしめているのだということは前述した通りである。

さて、少し視点を変えて、法定的符合という概念について考えてみる。この概念は認識事実と実現事実の間の関係を表わす概念である。そこで、発生事実が二個以上認められるような場合、その中のどれと認識事実との間でこの関係の有無が問われることになるのか、その対象及び対象の数の選択までは果たし得ないものであるといわなければならない。例えば、行為者によって認識されている犯罪事実は一個であるから一個の発生事実との間でのみ法定的符合を問うべきであるという思考はあくまで認識を基準とする立場からのものであろう。これに対し、発生した結果を基準とする立場をとるなら、発生した結果ごとにそれを問うという方法論も、必然でないにせよ、可能である。したがって、数個の故意犯を成立させ得る㋑説、一個の故意犯のみ認める㋺説、結果のみそれと同じ㋩説のいずれが妥当であるのかという判断は法定的符合説自体から出てくるものではないといわなければならない。

先に、法定的符合説は故意論であると述べたことであったが、そこでいう故意論とは認識の範囲という面からみたそれであった。ここでさらに基本的なところにたちかえり、認識作用そのものについて考えるべきではないだろうか。つまり、錯誤の場合であれ、併発事実の場合であれ、行為者の事実上の認識作用は一個しか存在しないのである。故意の数はまさにこの心理的事実の数に関係づけられる。現実の認識作用における客体は数の上でも具体的なものである。一個の客体しか認識されていないのであれば故意は一個であるというべく、仮に錯誤とみて、これを他の客体に転用するのであれば当初の客体はそれとひきかえに思考から除外されなければならない。現実の認識作用は一個であるのに数個の故意犯が認められる場合というのはそれによって数個の客体が認識されている場合である。結果に対する故意責任を問うには行為者が実際にそれを表象・認容しているということが原点となるのであるが、ここで甲が表象・認容している事実を刑法上評すれば、Aを殺すということであるから一個の殺人の故意が認められるということになる。したがって、故意という形式での非難は一度きりである。このように考えてみるならば、㋑説には問題があるといわなければならない。ちなみに、前田教授は、A、Bの中間を弾丸が通過したような場合には両者に対する殺人未遂罪を認めざるを得ないとされる。(27) ㋑説からは当然の結論であるといわざるを得ないであろう。

一個の既遂犯が成立するとすれば、残りの発生結果については過失犯しか問い得ないとする見解は妥当である。もっとも、複数の結果のうちどの結果に故意犯を認めるのかという点については、前述のように、錯誤あるいは併発事実の捉え方の相違によって、見解は区々である。又、併発事実の場合は知らず、少なくとも錯誤の場合には過失犯を認める余地なし、とする見解についても既にその問題点を検討した。法律学はその性質上現実的な要請との妥協を図らざるをえない。刑法学でいえば、その一つが被害者側からの視点であろうか。科刑に影響しないものであるとしても、その点を学理的に抽象化してしまう見解は純粋に過ぎると思われてならない。

(3) 相当因果関係による規制

さて、法定的符合説をめぐるもう一点の問題がある。それはこれまで論ぜられた故意の問題とは異なるもので、法定的符合説を適用する為のいわば客観的前提論とでも称されるべきものである。すなわち、法定的符合説を外部から規制するものとして、相当因果関係の範囲内に生じた結果に対してでなければ法定的符合説を適用すべきではないという主張がこれである。当然の主張であるともいえるのであるが、多少の問題を提起すると思われるのでここにとりあげる。例えば、滝川（春）元判事は次のようにいわれる。すなわち、「認識と事実とが構成要件の概念の範囲内において一致するからといって、その間に関係を殊さらに問題とするまでもなく、直ちに故意既遂を認めてよいというのであれば問題である。そうであるならば、たとえばAを殺そうとして発砲したところ全く突然Bが飛びこんできたためBにあたった、というような相当因果関係の範囲を超えた不可抗力と考えられる場合にも、故意犯の成立を認めることになる。しかもここで認められた故意とはいかなるものか、未必の故意・認識ある過失にはいずれも結果発生の蓋然性に関する認識は存在するし、過失でも客観的予見可能性の範囲を超えてまでは成立しない。法定的符合説には、少なくとも相当因果関係の範囲内でという制限が施されなければ、発生した結果に対して認められた故意は故意・過失の理論体系を超えてしまう」(28)と主張される。

この見解は、第一に、錯誤論においてもまず因果関係の問題が前提に置かれなければならないといういわば当然の理をあらためて確認するものである。確かに、判例のように被告人にとっていささかも認識しなかった客体の上に結果が生じた場合であれ構成要件的一致が認められるという立場をとるとすれば、条件説あるいは少なくともそれに近い客観的相当因果関係説との結びつきにより、因果関係さえ存在すれば充分であるとする結論となり、構成要件論から逸脱する。(29)したがって、相当因果関係による絞りをかけるべきであるとする主張は判例のような結論を否とし、これに対し具体的な是正を提案するものとして意味をもっている。

片や学説についてみるならば、いやしくも法定的符合説により、法定的いいかえれば構成要件的という枠を基準とする学説である以上は、錯誤論に先立ち、客観的構成要件の段階でおのずから相当因果関係の範囲内での発生事実だけをとりあげているはずでなければならない。そのことがむしろ前提とされている故をもって、錯誤論の個所においてはそのような記述が省かれるのだといわなければなるまい。

もっともここで次のように考えることもあるいは可能であろう。すなわち、あくまで、錯誤論の観点からみていこうとするものになると思われるが、相当因果関係が要求されるとして、そこで要求されるべき相当因果関係は行為者が着手した実行行為と、認識されてはいたものの実現しなかった事実との間に観念上存在すると認められれば足る、とする考え方である。その認識事実に関し認められる故意を発生事実に転用する為に必要な条件は客体の構成要件的同質性ということだけであるとすれば、発生事実にまで相当因果関係を要求する必要性はないともいえる。

もともと、例えば、人を殺そうとして実行に着手し、現に人を殺害した以上、認識客体と侵害客体が具体的に符合していなくても故意犯の成立を認めてよいとする考え方は、「錯誤は故意を阻却する」という原則を原則としては認容しつつ、しかしその錯誤に広範な例外を設けることにより、実質的には処罰拡張に通ずる理論である。背後に刑の権衡論という実利面からの要請もある。法定的符合説を具体的符合説からの発展理論であるという見方をするのであれば、処罰拡張論の線上にあることは否定できないから、偶然とび出してきた人間に結果が発生したような場合、すなわち、相当因果関係が認められないような場合にも例外として故意犯の成立を認めるということが考えられるのである。

しかし、よし、例外的に用いられるにせよ、このような考え方は法定的符合説の基本である構成要件論からの逸脱である。(30) 発生した結果を基準とし、それと行為との間に相当因果関係で結ばれる定型性が必要であるとされるべきであろう。もっとも、相当因果関係の存在を前提とするならば、その関係が認められる発生結果につき未必の故意が認められる可能性も事実上高くなるといわなければならない。(31) 主観面、客観面の相違はあるにせよ、未必の故意のように心理的事実において不確定といえるような、したがって、判断上多分に一層の厳密さが要求されざるを得ないものについては、これを客観面から立証していかざるを得ないということができるからである。発生事実について未必の故意が認められる場合にはその故意が先行するのであるから錯誤の問題は生じない。したがって、法定的符合説による故意の転用が認められる場合というのは、発生事実に関し相当因果関係が認められ、なお、かつ、その結果が表象・認容されていない場合であるということができる。

三　結び

一において提示した疑問を中心として、法定的符合説の考え方及び特に併発事実の場合のその展開を検討してきた。考え至った結果についてはその都度明らかにしたはずであるので重複を免れないと思われるが、ここでごく概略的なまとめをして本稿の結びとする。法定的符合説は併発事実の事案においても説がわかれるのであるが、そのことは法定的符合説自体を批判する根拠にはならないというべきである。その結論の相違は法定的符合説の内部から発するものではなく、むしろ、この説の用い方及び故意の本質についての考え方の相違に由来すると考えられるからである。したがって、現に、それらの観点をもとり入れて考えてみるならば、併発事実については、これを錯誤の場合として捉えるべきではない。法定的符合説が論ぜられる余地はないのである。あわせて、⑤例の場合、未遂であっても認識客体に結果が発生している場合、併存する他の発生事実はこれを一つの併発事実とみるべきであるから、この事例についても法定的符合説は用いられるべきではない。錯誤の存在しない通常の故意犯の事例とみるべきである。したがって、結論としては、Aに対する殺人未遂罪とBに対する過失致死罪が成立する。故意の本質は行為者が現に表象・認容したという認識作用の実在に求められなければならない。その存在を基準としてはじめて、評価上の転用に規制を加えることができるのである。一個の故意行為から数個の結果が併発したとしても故意は一個であり、したがって、一個の故意犯の成立を許すのみである。

論ずべくして残された問題も多いと思う。特に、刑の権衡性、罪数論は検討されなければならない。今後の課題としたい。

(1) 詳細は立石二六・刑法総論〔第2版〕二一〇頁以下参照。なお、井田良・刑法総論の理論構造九二頁以下、修正された具体的符合説を主張。
(2) 草野豹一郎・刑法改正上の重要問題一五三頁参照。
(3) 草野・前掲註(2)一五四頁。
(4) 立石・前掲註(1)二一五頁。構成要件的符合説の修正説であるとされる。
(5) 典型例からもわかるように、認識どおりの事実を発生させた上に他の結果も生ぜしめた場合のこの過剰結果についてのみ併発事実という場合が多いが、語の意義からは本文のように解すべきであると考える。
(6) 西原春夫他編・判例刑法研究3責任一二七頁参照。
(7) 下村康正・刑法総論の現代的諸問題一三〇頁。同旨、立石・前掲註(1)二二一頁。
(8) 前田雅英・刑法総論講義〔第4版〕二四二頁。
(9) 正田満三郎・刑法体系総論（良書普及会、昭五四年）二七〇頁、福田平・刑法総論（有斐閣、昭五三年）九一頁、植松正・再訂刑法概論Ⅰ（勁草書房、昭五五年）二七五頁等参照。
(10) 大塚仁・注解刑法二四九頁参照。
(11) 但し、正田・前掲註(9)二七〇頁によれば、両罪は観念的競合とはならない。乙の死は過剰結果であるから別個の過失致死罪として成立するものである。この事は②例の㋺説にもあてはまることである。
(12) 団藤重光編・注釈刑法(2)のII三三六頁参照。
(13) ここでAに対する殺人未遂罪を問うのであれば、③例についても同様としなければならないはずであるが、③例についてはBに対する故意犯を認められるのみであるから法定的符合説は首尾一貫しないという批判、及びそれに対する反論の詳細は団藤編・前掲註(12)三三六頁参照。
(14) 下村・前掲註(7)一二二頁参照。
(15) 大塚・前掲註(10)二四九頁参照。
(16) 例えば、団藤編・前掲註(12)三一五頁参照。
(17) 高松高判昭三一・一〇・一六判特三巻二〇号九八四頁。
(18) 団藤・刑法綱要第三版二九三頁。

(19) 団藤編・前掲註(12)三三三頁参照。

(20) 例えば、植松・前掲註(9)二七五頁、正田・前掲註(9)二七〇頁参照。

(21) 植松・前掲註(9)二七二頁。

(22) 正田・前掲註(9)参照。

(23) 正田・前掲註(9)二九一頁参照。

(24) 正田・前掲註(9)二九五頁注(8)。

(25) 正田・前掲註(9)二七一頁参照。

(26) 前出註(11)を参照。

(27) 前田・前掲註(8)二四九頁参照。

(28) 「刑法判例百選I総論」一二〇頁。同旨、荘子邦雄・刑法総論〔第三版〕三四六頁、藤木英雄・刑法講義総論一五四頁、等。

(29) 但し、高松高判昭三一・二・二一判特三巻一九号八九七頁のように、相当因果関係の存在を要件とするものもある。

(30) 責任主義の観点からも問題となる。いきなり飛び出してきたBが、Aを狙って撃った流れ弾にあたって死亡したというような場合、錯誤の問題でなければ過失すら認められないかもしれないような場合にも故意が認められることになるからである。

(31) 荘子・前掲註(28)三四六頁参照。同旨である。

第五章　共謀共同正犯論

一　はじめに

刑法は一一章において、単独形態で行なわれ得る犯罪に複数人が加功する場合を共犯として規定している。そこでの議論は教唆犯、幇助犯という狭義の共犯を中心に展開されがちである。六〇条の共同正犯を「正犯」とみることがその一因となっている。六〇条が共犯規定であるのか、正犯規定であるのかは論争されて既に久しいのであるが、昨今、実務において、当規定が根拠となるいわゆる「共謀共同正犯」を認める判例が目立ってきている。当規定は共犯規定であると解すべきであり、また、それに伴ない、共謀による共同正犯概念が認められるべきであることも大方に承認されているところであると思われるのであるが、最近の実務にあっては、極めて広範な共謀概念が用いられるようになってきている。

六〇条の規定は、共謀共同正犯を明示している訳ではない。その上、共謀共同正犯論自体、判例により認められてきた実態が後に理論化されるに至ったものである。(1) 理論化されたのは当時大審院判事であられ、後に中央大学で講義をもたれた草野豹一郎教授であった。この共謀共同正犯論は学界にあっては長く少数説であったが、実務上不動の理論であったため、比較的近年に至ってから学界も徐々にこれを受け入れ（ただし、これを肯定するにあたっての根拠となる理由づけには区々たるものがある）、多数説となって今日を迎えている。

しかし、この理論は純粋に理論的産物であるが故に、確たる限界性を有しないという弱点をもっている。現に判例主導型で形成されてきているという実態が然らしむるところもその因として大である。

共謀を認めるにあたっての現今の司法判断には明らかな行き過ぎがあるように思われる。例えば、後出の「スワット事件」の判旨はその適例であるといってよい。立石教授は近年「刑法総論」の第2版をまとめられ、昨春上梓された。その中で、右のような判例の動向に多大の危惧感を表明され、判例のあり方を批判されている。(2)教授は、草野学説を継承され、共同意思主体説の下で共謀共同正犯論を主張される立場である。そこから批判が出されたのである。また、奇しくも、ほぼ時を同じくして、西原博士が同種事件を対象に、判例に対し痛烈な論調で、その共謀概念の行き過ぎを難じられた。(3)西原博士も共謀共同正犯論については草野説の早大系列を担われる大なる一翼である。いずれも、かつて、共謀共同正犯論が少数説であった頃から、その理論を学ばれ、あるいは、支持され、理論的強化に努力を惜しまれなかった学究が、異口同音に判例批判をされる状況は深刻であるといえるのではあるまいか。両説は後に個々にとりあげて比較検討する。私見も、草野説を学んだ者として、同様の問題意識を有するに至っている。ここにあらためて共謀共同正犯論を検討し、そのあるべき姿を確認してみたいと思う。

二　問題状況

まずは、六〇条の一般的な問題性を端緒とする。一で既に触れたところであるが、六〇条は共同正犯に関する規定であることから、これが果して共犯を内容とするものであるのか、それとも、正犯を内容とするものであるのか、規定の文言は不分明である。「犯罪を実行した者」が正犯であるということを明言したものとも解せるのであるし、二人以上共同して実行すれば（実行に出ない者も）すべて正犯とするの意とも解せるのである。

しかし、いずれにしても、正犯概念を問題とせざるをえないのであるが、私見は、単独正犯の場合と共同正犯の場合とでは、「正犯」を等しく論じえないのではないかと考える。けだし、後者の場合、単独でも犯し得る犯罪を複数人がまさに共同して、すなわち、より詳述すれば、一個の実行行為を核とし、それを含んでいる一連の、あるいは一帯の行為を分担して行なう場合、また、純然たる実行行為を分担して行なう場合はなおさらであるが、そこに単独犯の正犯概念をあてはめるとすれば、六〇条の存在意義は霧散するといってよい。各自が実行行為を行った場合であれば、六〇条の規定をまつまでもなく各自が単独で正犯であるし、部分実行までは要するというのであれば、むしろ逆に、なにゆえに部分実行で足りるのかが問われなければならない。単独犯原理とは異なるものが要求されているのであるが故に、「共犯」の章に位置づけられていると考えるべきである。「単独」犯原理は「共同」概念とは相容れないものである。共同で行なわれた現象に単独犯原理をあてはめなければならない必然性はどこに認められるのであろうか。

このような思考にとって、共謀による共同正犯の是認は容易である。二人以上の者が一定の犯罪を行うべく謀議をなし、その内のある者がその共謀に基づいて当該犯罪を実行した場合、実行行為に出なかった他の共謀者も、実行された犯罪が共謀の成果である以上実行者と同様の責を負い共同正犯という名称の共犯となるのである。それゆえ、共謀共同正犯論において最も重要な概念は「共謀」である。共謀の存在は、その中の実行担当者による実行の着手を俟って、他の共謀者を実行正犯と同様の「重要な役割」(4)者とする。共謀概念は極めて実質的に厳密に把握されなければならない。それはまさに、実行行為の構成要件該当性の検証と同一の思考・認定作業であるといってよい。

共謀は現に存在し、その存在が他者から把握できるものであることを要すると考える。然るに昨今の司法判断においては、共謀概念の拡大・稀薄化傾向が看取されるのではあるまいか。

近年、特に学界で問題視されるまでに至っている判例にいわゆる「スワット事件」がある。これは、暴力団組長がボディーガードらの拳銃不法所持につき、直接、所持の指示を下さなくても共謀共同正犯の罪責を負うとされた事例である（立石二六・刑法総論2版三〇七頁）。最決平一五・五・一刑集五七巻五号五〇七頁によれば、「被告人は、スワットらに対してけん銃を携行して警護するように直接指示を下さなくても、スワットらが自発的に被告人を警護するために本件けん銃を所持していることを確定的に認識しながら、それを当然のこととして受け入れて認容していたものであり、そのことをスワットらも承知していた」のであるから、「被告人とスワットらの間にけん銃等の所持につき黙示的に意思の連絡があったといえる」とし、スワットを指揮・命令し、警護させるという被告人の地位・立場を考えあわせれば、「実質的には、正に被告人がスワットらに本件けん銃を所持させていたと評し得る」として、被告人とスワット五名との間に共謀共同正犯を成立させた第一審判決、及び、それを維持した原審判決の判断は正当なるものとされた。過去の判例では暗黙の意思連絡でもよいとする（最判昭二四・二・八刑集三巻二号一一三頁）。しかし、「共謀」とは少くとも当該犯行についての事実的な共同実行の認識を要するものである。単にスワットが拳銃を所持しているであろうことを認識・認容しているだけで「共謀」があったとはいえない。この場合、黙示的な意思の存在だけでは相互の連絡性に欠けるのである。

共謀による共同正犯は判例理論ではあるが、それを理論的に学問化されたのは一、で述べた如く、草野豹一郎大審院判事であった。この草野説は昭和三〇年代頃まで少数説であったが、「共謀共同正犯」を是認する学説は今や大勢を占めるに至っている。その中で、草野説は、一方で下村博士―立石教授という中央大学系列、他方、斉藤金作博士―西原博士という早稲田大学系列に分岐して現在を迎えている。それぞれ、そのいわば正統派の代表論者であられる西原博士と立石教授が相前後して、判例のあり方に警鐘を鳴らされた。このことの意味は大なるものであるといわなければならない。西原博士は「憂慮すべき最近の共謀共同正犯実務」(刑事法ジャーナル二〇〇六年三巻)と題された論説を出された。立石教授は近年の実務による共謀概念内容の空虚化傾向を危惧され、一、でもふれた「刑法総論」第2版の処々でその点に言及され、従来からのその懸念を明確に文章化された。いずれも共謀概念の拡大化を実務にみられての危機感に発するものである。ここで、共謀共同正犯論の生粋の二見解が、スワット事件を対象として、どのように論じられているのかを明らかにしておきたい。

西原博士は、共謀概念を客観化される。(5) これに対し、立石教授は「共謀」の本質は主観的なものであると解される(6)(この点が、草野説分岐の所以である)。西原説によれば、共謀の客観的要件として何らかの客観的態度が必要であるとされ、その客観的態度が当スワット事件では辛うじて採り上げられている(例えば、スワットの恒常的日常活動実態につき、被告人がそれを知らなかったとは到底いえないと明確に認定された。銃刀法の保護法益侵害又は危害を、被告人はスワットと一体となって実現したと判断できるとされた)といわれ、この実態が主観的要件の不備も補っている、とおそらく考えられて、当判決を支持されている(前掲論説五八頁)。

これに対し、立石教授は判旨不相当といわれる。(7) 曰く、「スワットらが自発的に被告人を警護するためにけん銃を所持していることを確定的に認識認容していたことと、被告人とスワットらとの間にけん銃を所持して警護するという共謀が存在していたこととは、本質的に異なる。被告人は単にそのような警護を黙認していただけで、そこに『共謀』があったとみることはできない。共謀が黙示的意思連絡で足りるとするのは不十分である」[8]と。冒頭でも述べたごとく、私見は立石説に与する。黙示的意思が、よしんば、他の事情と相俟って共謀たり得るとするなら、そこには少くとも、それ以前の予備的明示の意思連絡の存在のごとく、相当な相互の連絡性が要求されるものと考える。本件では、暴力団という組織への意識が先行しているように思われる。それを前提とするならば、不法所持された凶器を用いての組織がらみの殺傷、恐喝等、考えられる限りの抗争が、上部との共謀によるものとなる可能性がある。暴力団対策の必要性は別として、このような場合への「共謀」概念の適用は妥当ではない。共謀共同正犯にとっての基本判例ともいうべき練馬事件判決はいわゆる「謀議参加」を要請している[9]。この事件においては、その点も欠けるものというべきである。共謀は実行の認識を要するものである。単に、スワットが拳銃を所持しているであろうことを表象・認容しているだけで「共謀」があったとはいえない。この場合、黙示的な意思はあっても、その連絡には明らかに欠けるのである。事実的・実体的共同意思をもって謀議に参加することが必要である。

西原博士の憂慮の対象はこのスワット事件ではない。これに極めて類似するS事件（博士の表現による）である。S事件（最判平成一七年一一月二九日判例集未登載）はこのスワット事件の判旨を踏襲して、やはり組長に拳銃不法所持罪の共謀共同正犯を認めた。博士によれば、二つの事案は異なる扱いをされなければならないはずなのである。すなわち、博士が危惧されることの焦点は、スワット判決を先例として、類似事件の個別的認定が厳格さを失い、例えば、両事案では、組織における客観的な警護構造（このような事実が責任の基礎となる外部的態度を示すはずであると解される）が異なるにもかかわらず、それが考慮されていない点が一例であるように、事実認定及び証明度の弛緩と、そのことのさらなる類似事件への波及性ということなのである。詳細な論説であるので、抄述は控えなければばならないが、結論を極めて抽象化することが許されるならば、それは右記の如きではないかと思われる。「共謀」概念について、立石教授の前掲書三〇四頁以下を参照されたい[10]。行為者間の対等関係における意思連絡という主観面での把握が明記されている。

この事から読みとるなら、等しく、実務による「共謀」概念の弛緩を危惧するといわれながら両説のその内容には質的相違があると考えられる。西原説はあくまで、共謀概念を可能な限り客観的に実態化させたいと考えられるところから、実務が事件ごとの個別の認定を緩めた結果、客観面で補強されない共謀が認められることへの危惧である。これに対し、立石説は、下村博士により忠実に継承された草野説の系列にあり、対等関係における意思連絡という観点が実務で稀薄化していることを憂慮されているのである。その懸念はスワット事件に関して明らかにされているのみならず、いわゆる「早すぎた構成要件実現」の事案としてとりあげられる最決平成一六・三・二二刑集五八巻三号一八七頁（ジュリスト・平成一六年度重要判例解説一五七頁登載）の事件についても、被告人たる妻に共謀共同正犯が認められた点を批判され、Aがいかなる「共謀」を行ったのか疑義があるといわれる（前掲書二七三頁参照）[11]。いずれにせよ、共謀共同正犯論の本流から、有力な実務批判が二説相次いで提示されていることを、実務は等閑視してはならないと考える。

共謀共同正犯は共犯である。共謀という文言が条文に存在しないだけに、問題は全て理論に委ねられるのであるが、結局、その理論は共犯とは何かという問題に帰着するものであるということができる。

三　共犯学説

1　共犯とは何か

さて、共犯とは何かを問う場合、そこでいわれる共犯はあくまでも刑法典一一章に規定されている「共犯」の意味が問われているのだということが確認されなければならないであろう。刑法はどのような内実をもつ概念として「共犯」をいうのであるか、共犯の実体はいかに把握されうるのであろうか。

共犯とは何かという問題に関する学説を共犯学説という。三種のものが挙げられるが鼎立関係にはない。行為共同説、犯罪共同説、共同意思主体説がそれである(12)。いずれも「共同」という概念を含んでいるが、これは共犯とは数人が何かを共同して行なうものであるという共通認識からくるものである。それを前提として、一体何を共同しているのかという点で三説は相互に対立をみせる。単純に鼎立するものではないとした意味は以下の通りである。まず一つには、狭義の共犯の処罰根拠をめぐっては、行為共同説対犯罪共同説・共同意思主体説という構図になる。行為共同説は加担犯すなわち狭義の共犯の処罰根拠を共犯者自身の犯罪性にみるいわゆる共犯独立性説を背景とする見解であるのに対し、犯罪共同説・共同意思主体説は加担犯はまさに正犯に従属してその処罰根拠を得るとするところの共犯従属性説を背景とする理論なのである。

しかし、共犯規定を如何に理解すべきかという規定原理の把握に関しては、行為共同説・犯罪共同説対共同意思主体説という対立構図となる。行為共同説・犯罪共同説は共に個人犯原理に依り、共同意思主体説は団体犯原理に依るからである。

個人犯原理、団体犯原理とはそれぞれ何を意味するものであろうか。犯罪は単独で行われ得るものと、単独では行われえず、常に複数人とりわけある程度の団体でしか行われ得ないものとがある。前者の典型は殺人罪であり、後者の典型は内乱罪である。団体犯といわれる犯罪はその性質上、構成員の内部的役割を重視し、これに違法性の程度を結び付けていく。内乱罪を例にとれば、首魁は最も重く罰せられ、謀議参与者又は群衆指揮者は次に重く、諸般の職務従事者がそれに続き、附和随行者のような関与者はそれ等に比し軽く罰せられる。その根拠は組織内における各行為の重要度により刑責に相違が生ずるということに帰する。

このような一定の団体的構造をもって犯罪が行なわれた場合には、それが本来単独で行われることを想定されているものであるとしても、その複合性に着目し、犯罪現象の実態を損なわずして把握するべきであるとする考え方が団体的共犯論である。本来、単独実行が予定され、その形で規定されている犯罪に人数の多寡を問わず複数人が共同加功していく場合、その集団性に鑑み、団体犯で認められる役割の重要性という解釈原理をあてはめていくのである。そこでは参加者の共同行為の存在が前提とされ、その集団的あるいは群衆的心理の特質に着目し、各人の加功の態様、程度が全体から評価される。共同意思主体説はそのような団体原理で一一章の規定、特に六〇条を解釈していこうとするものなのである。

これに対し、個人犯原理に基づいて共犯を理解していこうとする見解は一一章の共犯が任意的共犯に関するものであるという点を重視するものであり、法実証主義的な色彩の強い考え方である。すなわち、任意的共犯において基本になるのは、単独でも行ないうる各則上の実行行為概念であり、この概念を内実とする正犯概念をまず基軸とする。そして、この実行行為そのものを①共同で実行した者は共同正犯であり、②それを教唆した者は教唆犯であり、③それを幇助した者は従犯であるとする。けだし、六〇条、六一条、六二条の文言は、そのことを明記し、その分析的解釈を要請すると考えるからである。正犯とはまさに実行行為を行う者でなければならないのである。各人の行為は六〇条、六一条、六二条の各条文に照し、個別に切り離されて評価される。

以上のように三学説は二つの観点から交叉する対立を見せているのであるが、「共謀共同正犯」の是非を巡る問題性は個人的共犯論か、団体的共犯論かというところで最も顕著に生ずるはずである。個人的共犯論に依るとすれば、正犯概念は形式的且つ明確に実行行為の概念から創出されるのに対し、団体的共犯論は、実行行為の概念はこれを厳格に解しつゝ、ただし団体で行われる場合には、実行行為者たる正犯と同様あるいはそれ以上の重要な役割を果たした者については正犯と考えるべきであると解するからである。

さて、以上のように考えると、個人的共犯論に拠つ学説にとり、共謀による共同正犯という概念は否定せざるをえないものであるというべきであろう。事実、近年まで学説の大半はこの概念を否定し、実務と明確な対立を見せていたことであったが、現在ではこの立場からも共謀共同正犯を認めるべく、その理由づけの努力がなされ、多くの否定説が肯定説に転換を果たしてきている。そこで次項においては有力な学説のいくつかをとりあげ、その論述を具体的に見ていくこととする。

2　共謀共同正犯に関する学説

(1)　まず、個人的共犯論の立場から、かつ、先に述べた犯罪共同説の立場から、現在でもなお否定説を主張されるのは大塚博士である。曰く、「単なる共謀者にとどまっている限り、『共同して犯罪を実行した者』と解することはできない。それは、明らかに刑法六〇条の文理に反するのである。刑法の解釈としては、実行行為に出ることのない単なる共謀者には、その共謀の性質に応じて、教唆犯または従犯としての責任を問うのほかないであろう。そして、刑法六一条が、教唆者には、『正犯の刑を科する』と規定している以上、教唆者である共謀者は、正犯と同様に処罰しうるのであるから、その取扱いに格別の不都合は来さないと思う。こうして、わたくしは、共謀共同正犯の観念を認める立場には賛成することができないのである[13]」と。ただ、博士は、共謀共同正犯を認める立場が、背後にひそむ大物的存在に着眼し、これに対し正犯者としての可罰性を与えようとする趣旨は適当であるとされ、「社会観念上、実行担当者に対して圧倒的な優越的地位に立ち、実行担当者に強い心理的拘束を与えて実行にいたらせている場合には、規範的観点から共同実行があるといいうるのであり、共同正犯を認めることができるとおもう。しかし、これは、『共謀』共同正犯ではなく、むしろ、優越支配共同正犯とでも呼ばれるべき別個の観念である[14]」といわれる。

この考え方は実行行為概念の弛緩を嫌う構成要件論によく適合するものであり、理論性を追えばかくあるべきこと、併発事実と錯誤の問題において博士が主張される見解のあり方とまさに一貫性をもつものである。しかし、この考え方では、従来、共謀共同正犯が認められてきているいわゆる「対等型」の共同正犯は否定されることになるのであるから、例えば、教唆犯たり得ない（すなわち、造意者とはいえない）共謀者は脱落することとなる。また、逆に、相互発意的な共謀者はどのように扱われることになるのであろうか。教唆犯ではないから従犯とするというのであれば、この場合のみ刑が減軽されることの疑義、また、何よりも、教唆犯と従犯のそれぞれの概念の混在化が逆に生ずることを恐れなければならないはずである。実際には共同実行の意思をもち共謀している者に対し、換言すれば、共同正犯の意思をもって共同意思主体を形成している者に対し、これを共同正犯にもあたらず、教唆犯にもあたらずと評価しなければならない場合が残されている理論であるということになる。

共謀共同正犯は、過去問題となった宗教団体による犯罪や、あるいは上述スワット事件のような、特定の組織体における支配・被支配の下でのみ生ずるとは限らないのである。むしろ、スワット事件のように、支配・被支配という組織関係の存在自体により、現実には認められるべきではない「共謀性」が存在すると根拠づけられてしまう虞れがある。よって、論点の中心は優越的支配関係に求められるべきではなく、あくまで「共謀」という心理的実体的な概念におかれるべきである。

後に肯定説の個所で、団藤博士の見解にもふれることになるが、博士は行為支配の理論を応用され、判例による概念拡大にむしろ歯止めをかけるべき理論を立てたいといわれる。[15] そして、大塚説を評価され、「私見も、結局、同趣旨である」[16]とされることを、ここで一応付記することとする。

(2)　曽根教授も以下の如く述べられて否認論に立たれる。曰く、「法益侵害の直接性の観点からすると、少なくとも実行行為を行わなかった者は、重要な役割を演じなかった者としてこれを正犯（共同正犯）と解すべきではないであろう。責任主義の一面である個人責任の原理を徹底し、また、理論上共犯（特に従犯）たるべき者が実務上正犯（共同正犯）として扱われる可能性を排除するためには、共謀共同正犯の理論を否定することになお実践的、政策的意義が認められると思われる」と（刑法総論（第三版）二八三頁）。ここに教授は「重要な役割」という概念を用いられる。重要な役割を実行行為の実行に限定するのであれば、この概念は無用の長物である。まさに、実行行為が犯罪にとり重要な役割を果すことを前提とし、その上で、事を実質的に把握する場合、実行行為に匹敵する重要な役割（共謀もそれである）を果たしている行為があると思考する場でこそ機能化する概念であると思料する。立石教授は同じ「重要な役割説」をもって正犯概念を構築される（前掲書二八八頁）。「重要な役割」は規範的要素であるが、実態に即した理論を求めるとすれば、法益侵害にとり実質的、現実的危険をもたらす者を正犯と評価することが妥当であると思う。曽根説は限縮に過ぎると解する。なお、この見解は共同意思主体説からのものである点、関心を惹く。[17] 意思的結合より、実行行為の担うべき役割を重要視されるのである。

(3)　中山博士は刑法総論・四六六頁で、「共謀共同正犯は、実行行為の分担者とはいえないとして排除される者についても、なお共同正犯をみとめようとするものであって、実行行為の範囲の問題とは区別して論ぜられるべきものと思われる」といわれ、続く全体の論調から明らかに否定説に立たれる。浅田教授は「行為共同説からの否定説は、個人責任の原則に基づくものであり、本書（筆者註。浅田・刑法総論）も、この立場に立つ」（同、四一八頁）とされて、中山教授に同旨といわれる。ただし、両説には方法論上若干の相違があると考えられる。けだし、中山説は実行行為の問題ではないとされるのに対し、浅田説は共同正犯の正犯性を根拠づけるものは実行行為をおいて他にはないといわれるところから、実行行為の範囲を前提とされざるをえないのではないかと思うからである。

山中教授も否定説の立場から、正犯原理としての共同行為支配を必要とされる。ロースクール講義刑法総論三九七頁によれば、「共同正犯は、実行行為の一部を分担する必要があるという形式的原則が守られるべきである」とされ、浅田説と同旨である。しかし、教授の場合、共同正犯の正犯性と単純正犯の正犯性はこれを別義とされ、前者には「機能的共同支配」を主張される。同時的に実行犯の行動を支配しているといえる場合には現場にいなくても共同正犯である。この点に関する事案として、最決平一三・一〇・二五刑集五五巻六号五一九頁を挙げられ（母親が一二歳一〇ヶ月の息子を使って強盗を行わせた事案であり、裁判所は母親に共謀共同正犯を認めた）、息子には規範的障害が肯定されるが故に母親に間接正犯を認める訳にはいかないが、同時的支配を欠くとみられるので、共同正犯ではなく、教唆犯とすべきであるとされる。立石教授もこの母親につき共謀共同正犯を認めるべきではないとされる。[18] この事案については、結論同旨である。

(4)　米田弁護士も明快な否定説を展開される。[19] 根本的には罪刑法定主義の要請であり、否定し続けることこそが学説の使命であるとして、特に現状における共謀共同正犯論の実務上の取扱に強く警鐘を鳴らし続けておられるのである。氏が指摘されるように、この共謀共同正犯をめぐる論争は実務と学説の非妥協的な対立構図を示すものであり、その間にあって、共同意思主体説が生まれたが、共謀共同正犯を理論づける学説としては唯一のものであった。それゆえ、現在多くの学説が共謀共同正犯を肯定するようになってきていることについての氏の態度には厳しいものがある。曰く、「いくら学説が反対しても判例実務の共謀共同正犯が消滅することはないから、むしろ、その不当な拡大適用を制限するために一定の基準を設けて承認するべきだという反応も現われた。それには、学説の強い批判に耳を傾けようともしない実務慣行のかたくなな態度に対する諦観や絶望もあろうが、それ以上に、実務における共謀共同正犯の弛緩に対する危機感が強く影響してる。本質的には否定論と共通の基盤にたつものといえるが、結果的には一定限度で実務と妥協しようとするものに外ならない(20)」と断ぜられ、(1)六〇条の文理解釈上共謀による共同正犯は認められないこと、(2)刑法が前提としている個人責任の原則から逸脱し、団体責任処罰になるということ、(3)共謀共同正犯を六〇条の中にとりこむことにより、実行行為概念が輪郭を失ってしまい、結局、正犯と共犯の区別がつきにくくなってしまうこと、(4)行為支配説による根拠づけも共犯との区別基準が不明確であるという点で共謀者の正犯性を基礎づけ得ないものであること、(5)共謀共同正犯の実質的根拠は不存在であり、従来の共犯規定で十分対応し得るということ、(6)黒幕重罰論はむしろ無形的共同正犯論で対応さるべきものではないか。やはり、実行行為という要件につないでいくことが不可欠であり、「どのような抽象論を重ね、漠然とした実務的感覚を振りまわしても、客観的に従犯行為しか確定できない共謀者（単なる知情では従犯にさえならない）について、それがただ、組織的犯罪集団の首領あるいは暴力団の親分であるとか、背後の黒幕だなどという理由で、正犯として処罰するというのは、その人物の存在そのものを処罰するというのと同じである。それは、首領や黒幕の行状、性格、心情を捉える心情刑法的な処罰である」[21]と、様々な点からの反対論を展開される。

特に共謀共同正犯に対する実務の実態について批判されるところは確かに傾聴に値すると考える。[22]解釈論は実践の理論でなければならないが故に、拡大・縮小の限度も同時に認識すべきであるということも学説の社会的責任の一つとして自覚されなければならないであろう。しかし、まさしく氏自身、理論と実践とを分けて考察される如く、両者は論理的に位相を異にするものであるから、学説にとって、まずは条文が許す客観的な解釈の限界まで検討することは自然のことであるように思われる。学説が実務の実態に反作用的に影響されすぎることも新たな危険性につながるといえるであろう。理論を実務が拡散していく傾向があるのであれば、それは実務そのものによって自戒されるべく、手続面からの規制（ここでは共謀内容の厳格な特定等）をもって対処することの方が先決ではないだろうか。理論面についての(1)から(6)までに挙げられた論旨に対してはここで個別に検討することはしない。本稿のまとめの個所で関連づけて論ずることとする。

次に、共謀共同正犯の肯定論を記す。個人的共犯論の立場にある限り、共謀による共同正犯はなかなか認めにくいものである。否定説の論者達はまさしくその立場から論理一貫してこれを否定されるのである。共謀共同正犯を認める為の理論的根拠は共同意思主体説でない限り無理であるといわれてきたことであった。しかし、練馬判決[23]において最高裁が「直接実行行為に関与しない者でも、他人の行為をいわば自己の手段として犯罪を行った」というような表現を用いていることから、あたかも、間接正犯的構成をとることにより、従来からの基礎理論であった共同意思主体説からの転換をはかったかのような反響を呼び、藤木教授による「間接正犯類似の理論」が提唱され[24]、それをいわば契機として、個人的共犯論の立場からの共謀共同正犯論が輩出されるに至った。ただし、それらに主として共通することはやはり判例の無制限の拡大を限定する方向に働く理論であるということである。

(5)　藤木教授は間接正犯類似の理論を主張された。教授は共謀概念の内容から説かれ、犯罪の「合意」という言葉を用いられるのであるが、曰く「ここでわたくしが問題としている合意とは、単なる犯罪遂行の下相談ではなく、参加者の間に、犯罪を遂行すべき、確定的な意思の合致が成立した場合である。実行担当者は、この合致した意思に基づいて、自己の意思で犯罪を遂行するものではあるが、その意思決定の内容は他の合意者との約束に基づいて形成されたもので、爾後の行動は合意により拘束され、実行担当者は、実行するかしないかを自由意思であらためて決定する事はできず、自己の一存で、実行の意思を放棄することは許されないのである。すなわち実行担当者はその意味で、他の共犯者の道具としての役割を果たすのである。かくしてかれは、一方においては、自由な意思に基き合意に参画し且つそれを実行したという意味において自己の意思に基いて事態を方向づけ、支配したということで正犯性を認められるが、同時に、合意によりみづからの犯罪意思を確定させたが、他の合意者との関係で、もはや自己の独断ではその意思を翻し得ないものとなるという意味で、他の共犯者に拘束・支配されるのである。これを、みずから実行を担当しない他の共犯者の側からみるならば、合意の一員となることによって、実行行為担当者の将来の行動を方向づけ支配することを通じ、結局実行行為担当者を介して実行したものと認め得るものと言わねばならぬ。要するに共謀者の間に、犯罪遂行に関する合意が成立しているときは、換言すれば、共謀の内容を前述のように解する限り、共謀者の犯罪関与の形態は、教唆とは異なり、その実体はむしろ間接正犯における利用行為と質的に同じであるということが肯定できるであろう[25]」と。

間接正犯類似理論に依るとすれば、問題は間接正犯をどのようなものとして捉えるかということが関わってくると思われる。間接正犯とは「自己の犯罪意思を実現するためにみずから事態のなりゆきを操作した者[26]」であるとし、介在者が情を知っているか否かは問われないというのであるが、そもそも、間接正犯は単独犯の一態様であり、しかも、本来、直接正犯を前提として生ずべき概念である。上の定義に曰く、事実のなりゆきを操作したといわれうるかどうかは専ら直接正犯の行為支配性と同視できるか否かで判断されざるを得ないと思う。それゆえ、現象的に数人が関わっているとしても、間接正犯の可罰性は単独に認められるべきものであり、共犯関係で捉えられる行為の可罰性とは異質のものであるというべきではないだろうか。加えて、介在者自身が規範的障害に面しているか否かにより背後者の間接正犯性の有無が左右されるということは、介在者が正犯であれば背後者は教唆犯となるということに他ならず、これと背後者たる共謀者に正犯性を認めようとする共謀共同正犯論とは類似性をもつものではない。

他面、藤木説の主眼はむしろ「共謀概念」の精密化の方に置かれている。共謀を限定化することにより、それに加わった者の正犯性が必然的に基礎づけられるべく考えられている。この点において藤木説は特に評価されるべきであると考える。

ただ、そこで教授は共同意思主体説に対してその共謀概念が事前の打合わせである点において共謀者間の犯罪遂行意思が未確定たるを批判されるのであるが、共同意思主体説をとっても共謀に実行の着手を認めるものではなく、実行者が現に実行行為に着手した時点をもって、そこから遡り、共謀の存在を論ずるのであるから、事前性自体が共犯性を否定する根拠にはならないであろうということは指摘しておきたい。

(6)　かつて共謀共同正犯否定論の中核であられた団藤博士は最高裁の実務に携わられた結果、肯定論をとられるに至った。いわゆる行為支配説である。最決昭五七・七・一六刑集三六巻六号六九五頁で特に意見を表明、刑法六〇条の解釈では一定の限度で共謀共同正犯を認める余地が十分にあるとされ、その理由として、六〇条にいう正犯とは基本的構成要件該当事実の実行者のみならず、それについて支配をもった者も含まれるからであるとされた。

すなわち、実行行為自体を行っていなくても、共同者に実行行為をさせるについて自己の思うように行動させ、みずからが犯罪実現の主体となったものといえるような場合には基本的構成要件該当事実の共同実現者であるとして共謀者の正犯性を認められた。

しかし、この行為支配説は、共同正犯につき単独犯と同様の行為支配を認められる点に問題があるのではなかろうか。単独犯の場合の行為支配はまさに事実的なもので足りる。しかし、共同関係においては他者の意思を考慮しなければならないが故に、事実的支配の有無を知ることはなかなか難しいといわなければならない。この概念を用いるとするなら、行為支配の基準をより明確に示される必要があるであろう。いずれにせよ、単独正犯の場合と共同正犯の場合を同一の行為支配で論じていくことには若干の無理があると考える。むしろ、次に掲げる見解のように別様に扱われる方が実際的である。

(7)　前田教授によれば、共同正犯の場合の実行行為概念は別義である。六〇条の文言そのものから共同意思に基づいて実行がなされていればよいのであり、全員が必ず実行分担をしなければならないと読む必然性はないとされる。[27] 共謀共同正犯は「共謀」という強い心理的因果性の存在があり、それが形式的共同実行の要件を不要化するものであるといわれる限りにおいて、教授自身も指摘されているように、共同意思主体説に近似の考え方であるといえる。[28]

(8)　西田教授は、共同正犯は共犯であるとされ、その処罰根拠を犯罪結果との物理的、心理的因果性に求めるといわれ、そこから二つの帰結を提示される。[29] 第一は、共犯と解するには必然的に可罰的共犯の範囲内にある行為か否かを問うことが先決とされる。第二は、共犯の一種とすれば、単独正犯と同一の正犯原理は妥当しないといわれる。

本稿にとり、特に関心を呼ぶのはこの後者である。この限りでは見解を等しくするものということができるからである。この思考をとるならば、実行行為（の一部分担）の要件性が必然のものにならないのであるから、教授は形式的実行共同正犯論を、共犯処罰の具体的妥当性という点で不十分であると否認される。[30]しかし、同時に共同意思主体説に対しても、依然として、共同意思主体という超個人的団体を犯罪の実行主体としつつ、その構成員に刑事責任を帰属させることは団体責任を認めるものであるという旧態の批判をされて、これを否定される。[31]

この批判は共同意思主体説に対する常套句となっているにすぎない。共同意思主体は共犯を表わす観念形象概念であると考えるべきものであるにもかかわらず、右のような批判が絶えないのは、正確な把握の上での批判であるとは考えられず遺憾に思う。

さらに、「共謀概念のいかんにもよるが、その内容を単なる意思の連絡でたりるとすれば、すべての共犯者を共同正犯とする主観的統一的正犯理論に到達することになる[32]」といわれる。共謀概念のいかんによると条件付けられる通り、共同意思主体説の共謀共同正犯における共謀は単なる意思の連絡では足りないのである。草野教授によれば、先ず、共同犯行の認識につき説かれて曰く、「共同犯行の認識ありて互に他の一方の行為を利用し全員協力して犯罪事実を実現せんとする意思[33]」である。これ、すなわち、立石教授によれば、「『共同犯行の認識』は、本来、各自の実行行為とあいまって共同正犯を成立させる、共同正犯成立のための主観的要件としての意思連絡である[34]」が、「共謀がある場合には共同犯行の認識が存在するといえるが、共同犯行の認識があれば共謀があるとはいえない。共謀には共同犯行の認識以上のものがなければならない[35]」ということになる。これは単なる意思連絡をもって共謀と解する立場ではない。

また、西田教授によれば、現在の共同意思主体説はその構成員内部において、その役割の重要性に応じて共同正犯と教唆犯、幇助犯を区別するが、このように「修正された共同意思主体説は[36]」と評される。共同意思主体説においては本来その内部での役割の重要性が考慮されてきたはずであり、これを修正されたと評されることには疑問を覚える。要は、単なる意思連絡ではなく、相互に犯罪の実行に重要な役割を一体となって行なおうという行為者間の対等関係における意思連絡が共謀であるということなのである。[37]

西田教授は、共謀者が実行者に強い心理的影響力、心理的支配力を及ぼすことにより、実行に準ずるような重要な役割を果した場合に共謀者の共同正犯性を肯定することを妥当と考えられ、それを準実行共同正犯論[38]とされる。そして、その準実行正犯の類型化は①暴力団その他の組織的犯罪の場合には共謀者と実行者との主従関係、②犯罪計画の立案、実行方法や役割分担の指示、謀議の主宰や指導者等共謀者が謀議において果した役割の重要性、③犯罪の準備段階、実行段階において共謀者が分担した役割の重要性等の下位基準によりなされうるとされる。[39]これら、謀議への関与形態は、重要な役割を判断するにあたり、当然その判断資料になるべきものであると考えられるが、そもそも、共謀そのものは、前述の如く、犯罪の実行に重要な役割を一体となって行なおうという、行為者間の対等関係における意思連絡という心理的事実であると解する立場からは、上述の分類は、文字通り、共謀の下位概念として位置づけられる類別であると考える。然るがゆえに、これ等の要素を考慮に入れることはいわば当然のことであろう。

西田教授によれば、単なる共謀参加をこえて実行に準ずる重要な役割を果した事実が必要であるとされるのに対し、[40]私見は、共謀への参加ということ自体が実行に準ずるものと解するのである。けだし、共謀を前述の意味で捉える限り、結論はそのようなものとなるのである。

他面、西田説は黙示の共謀を認められる。[41]その場合でもその他の関与行為を総合して重要な役割を果たしたと評価されれば共謀共同正犯を肯定してよいとされる。従って、前述のスワット事件につき、判旨妥当といわれる。種々の客観化要素を考慮されての結論は西原説と同質とみてよい。

しかし、私見はこの判旨には反対である。(42) 黙示の共謀は認められない。上述の意味での意思連絡は顕現していなければならないと考える。

付記しておかなければならないことは、対等関係にいう対等の意味である。これは組織体等の主従関係を除外するの意と解されてはならない。あくまで、実行に向っての共謀性における対等をいうのであり、組長であれ、部下であれ、例えば、拳銃不法所持という事実からみて、それについての共謀の対等性をみてとられるべきなのである。しかし、スワット事件においては、組長はただ、あえていえば、容認していた程度であり、積極的にその時点での不法所持を指示したものでもなければ、合意を明示したものでもないと思われる。よって、共謀自体が存在しえず、対等性を問うべくもないと思料する。

最後にしめくくりとして、草野説を今一度明記しておきたい。

前述の如く、この見解は長く大方の支持を得られず、教授自ら、知己を後学の士に待つといわれたことであった。その基本的な考え方は、共謀共同正犯が学説上広く是認されていく過程で、それらの諸学説に影響を与えつつ、なお、最も正統な共謀共同正犯論であると評価されている。この見解の団体的共犯論たる所以は草野教授の以下の祖述にみることが出来る。(43) すなわち「凡そ社会現象は、個人の単独なる行為に因って生ずるばかりでなく又数人の共同なる行為に因っても生ずるものである。此の共同現象は経済学に於ては分業又は合同の関係として研究せられ、民法商法に於ては邦人又は組合の制度として規定せられて居る。而して此の現象を刑法上より観察するときは、共犯なる観念が生ずるのである。けだし、二人以上の者が共同目的に向って合一する所に特殊の社会心理的現象を生ずるからである。例えば、一人にては深夜厠に行き得ない臆病な少年でも二人とならば之を敢行し得るが如きは之を証して余あるものである。されば二人以上共同して罪を犯す場合は、単独で犯す場合に比して危険性が多大で、怖るべきものがあると謂わねばならぬ」とされて、まず共犯現象は単独犯とは異なる認識を要することに着目された。そして「惟ふに、二人以上共同して罪を犯したりと云わんには、先ず一定の犯罪を実現せんとする共同目的が存在し、而して其の目的の下に二人以上が同心一体と為りたる上（共同意思主体）、少なくとも其の中の一人が犯罪の実行に着手したことを要する。何となれば、共同目的の存せざる所に共同と云ふことは存し得ないのみならず、共同目的の下に一体となった丈では、未だ以て共同意思主体の活動があったと云ふことを得ないからである」とされて、共犯にいう共同とは、異心別体たる二人以上の者が一定の目的の下で同心一体となり、もって共同目的を形成し、その実現行為を行うことをいうとして、一種団体犯的な把握をされたのであった。

この共同意思主体の中の個々の行為は全体から切り離された単独のものとしては捉えられず、常に共同意思主体そのものの部分行為として意味づけられる。そしてその全体の中で占める役割の重要性は犯罪事実という目的に照して決定され、評価されるということになる。何故ならば、共同意思主体は専ら犯罪の実現に向かってのみ形成された一時的観念形象であるからである。それに照らしてみるならば、「共謀」は共同正犯という犯罪現象の中では極めて重要な役割をもつ行為であると考えられるが故に、この共謀に加わった者は実行行為を分担していなくとも共同正犯たりうるのである。共謀概念はもともとこのようなものとして定義づけられなければならない。

下村博士はこれを「共同犯（実）行の認識」であるといわれる。[44] 相互に犯罪の実行に重要な役割を一体となって行おうという、行為者間の対等関係における内容ある意思連絡のことである。立石説、これに従われる。西原博士は「共同犯行の意識の形成」という客観的事実として捉えるとされている。[45] 両説を比較してみると、前者は意識という主観的作用を念頭に置かれ、後者は形成という客観的事実の積重ねを強調されているようにみえる。しかし、共同犯行の認識とは、実行担当者が実行行為に出た時にはじめて、すなわち、実行行為が共同犯行の認識に基づいて具体化されたものであるか否かを検証する過程で明確化するものである。単なる主観的認識作用を超えるものと解すべきである。(46)

3　共同意思主体説について

刑法典総則一一章共犯の規定を法的根拠とするいわゆる共犯現象の理解については、主観主義と客観主義の対立が根本に存することに加え、さらに、個人的共犯論と団体的共犯論の対立が見られるところから、現在もなお多くの問題状況が認められる。その中でも、いささか不可解に感じられることは、共謀共同正犯という概念が学説上一般的に是認せられるようになってから既に相当の年数が経っているにもかかわらず、その概念の理論上の揺籃ともいえる共同意思主体説に関する関心が必ずしも大ならずということである。

各則の規定様式が原則として単純犯を基準とするものである為、まさに各則を母胎とする「定型説」が共犯学説においても活きていることは否定出来ない。定型説すなわち犯罪共同説としてあらわれる見解は確かに終始一貫した理論体系をもち、そのことは学問的に極めて大きな意義をもつものであるといえる。しかし、その長所が反面において実態の把握に十分な適応をなしえないでいるという短所にも転ずるのである。その最も顕著な例が共謀共同正犯論の理由づけという作業領域でみられるということになる。そこで余儀なくされた正犯概念の拡張は定型の不定型化という自己否定的な流れに向うことにより初めて事態に適合しえたのである。

共犯は単独犯原理とは異なる原理で理解されなければならないとする団体的共犯論のあり方は、共犯現象の構造的把握から出発しているものであって、上のような矛盾を含まない。

共犯を論ずるにあたってまず基本で捉えられなければならないことは複数人で行なわれたという実態であると考える。これを換言すれば、数人が意思連絡をもって一定の犯罪実現の下に一体となるということであり、これがすなわち、共同意思主体が形成されるという表現で示されることである。複数人による団体を一つのものとして認識・把握する為にはそれを示す観念が名称化されなければならない。それが共同意思主体である。したがって、また、この共同意思主体は共犯現象の全てに妥当するものであり、単に六〇条共同正犯だけのものではない。正犯・教唆犯、正犯・幇助犯それぞれの関係にも該当する。共同意思主体説はこの意味において固有の共犯学説である。このことは、特に狭義の共犯について、従属性を極端従属形式で捉えることにつながったのであるが[47]、それは、しかし、故意を主観的違法要素と解することにより、制限従属形式への移行を可能にすると思われる[48]。

刑法は社会的事実に対する評価基準であるから、対象を出来る限り事実に則して認識することが望ましい。共犯の諸規定は確かに単独犯以外でも犯罪は行われうるということを認めているのであるから、それはその現象のままで評価さるべきである。例えば、現に集団による組織的な犯行があり、各人がその組織の一構成単位として犯行に加わっている場合、その単一的部分行為はそれだけでは意味をもたない。全体の組織の中でこそ真の評価が可能である。これをもし、実行行為者のみ正犯、他は、あるいは教唆犯、あるいは従犯として分解していくなら、組織化された犯罪のその「組織性」に対する適正な評価は脱落する恐れがある。集団あるいは組織体自体の活動を共犯現象で捉えていく必要があるのである。共同意思主体説はその要請に最も良く適合する見解であると考える。

共同意思主体説に対し終始提示される批判は、既述の如く、共同意思主体を犯罪主体とすることは団体責任を認めるものであり、個人責任を問う刑法の理念に反するというものである。この批判に問題があることも既に述べたことであるが、ここで重ねて反論するとすれば、個人責任という場合、そこでは何が考えられるべきかということである。刑法上の責任は確かに個人が負うべきものとして構成されているが、何についての責任を問われるのかを考えた場合、純粋に自己が行なった直接的行為についてのみであるということはできない。むしろ、行なわれたことに対して、それをどこまで行為者の責に帰することが出来るのか、という意味で問われるのが個人責任であるといえる。

共犯の場合には、まさに他人の行なった行為と自己の行為との関係性の中で適正な個人責任が問われるのであり、そのことを認める為に共犯規定が存在していると考えるべきなのである。その関係性を実質的に捉える事が真の意味の個人責任である。そのような思考は既に間接正犯論においてもとられていることであるし、各則が規定する団体犯中の個別的処罰においてもこれをみることができる。いわゆる首謀者の重罰規定につき、これが団体責任であるとは云われないであろう。その団体を構成した者を一律に罰する場合に初めて団体責任であるといわれるはずである。団体を団体として認め、その中で犯罪実現に照して重要な役割を果たしているか否かを問う団体犯原理は団体責任とは異なるものなのである。

4　共同正犯の正犯性（共犯原理下の正犯性）

さて、共同意思主体説は共犯理論である。それ故、今、共謀共同正犯論を基礎づけるにこの理論をもってするのであるとすれば、共同正犯はその名称上一見「正犯」の一種であるように思えるにもかかわらず「共犯」であることを明らかにしておく必要がある。

従来、総則の共犯規定は狭義の共犯を中心にそれが刑罰縮少原由であるのか、拡張原由であるのかという問題を出発点として展開、論じられてきたように思われる。すなわち、共犯論の中心は正犯行為への加功形態である教唆犯、幇助犯を規定する六一条、六二条に置かれてきた。それに対し、六〇条は「……者はすべて正犯とする」というものであるところから、この規定は正犯規定であり、正犯とは犯罪を実行する者をいうと定義づけているものであると解された。

犯罪を実行した者が正犯であるということはもとより否定さるべくもないことである。しかし、六〇条が単にそれだけのことを明示する規定であると解することは妥当ではない。六〇条は「共犯」の章の冒頭規定である。その位置づけからして、共犯の基本形式が規定されているものと解すべきである。数人が共同して犯罪を行うという最も一般的な共犯現象が共同正犯という形で規定されているとみるべく、共同正犯は共犯原理で考えられなければならないのである。

「共犯」の章に置かれた六〇条から単に正犯の定義をとり出すことは矛盾である。それはむしろ各則に明示されていることである。各則の規定は本来的な集団犯等を除き、単独犯の行為態様であらわされていると考えられる。けだし、各則規定の第一義的な意義は犯罪類型の呈示であり、それが行為規範として直接、事実的に作用していく相手は個々人であろうからである。しかし反面において各則はそれらの犯罪が複数人によっても行われ得るという書かれざる条文を包摂しているはずである。それらのものが抽象化されて総則の共犯規定にまとめあげられているといわなければならない。その意味において共犯は犯罪の現象形式であるというべく、単に単独犯の修正形式とみるべきではない。各則を基本として犯罪主体の単独性が原則化される必然性はないのである。単独正犯の正犯性と共同正犯の正犯性は異なるのである。前者は正犯であるが後者は共犯であるからである。

個人的共犯論の立場から共同正犯を認めるには一部行為全体責任ということがいわれるが、なにゆえ、一部行為が全体責任につながるかと問われた場合、共同性があるからである、として共犯性を前面に出さざるをえないのである。本来単独でも実行されうる行為に数人が共同介入するとすれば、実行行為それ自体が分業されることは極めて容易に理解できる。それどころか、通常は、数人が少量ずつ同種行為をすることよりも、異種の行為を分担するという場合の方が多いのではないだろうか。共同行為はその必要性があるからこそ成立するのである。そのような場合、そこに共同性が認められるならば全員が共同正犯たりうる。

5　共同の意味

では、共同とは何をもってそれを判断すべきであろうか。確かに、主観面のみならず、それを外面化するという意味での客観面からの補強は必要と思われる。共謀共同正犯否定論の論者の多くは「共謀」を単なる主観的作用としてしか認めていないようである。客観要件たる行為が存在しないのであるから、共謀による共同正犯は認められないとする。しかし、これはやはり適切な批判ではない。二においても触れたように、共謀は単なる主観的認識作用ではない。共謀は共同正犯としての共同意思主体の確立であり、その時点から実行行為は当該共同意思主体の行為となるのである。共謀は実行行為を拘束する意味では客観的要件である。共謀内容はそのようなものとして各構成員の主観に投影されていなければならない。この点に関し、藤木教授が「共謀共同正犯の刑事責任は、犯罪遂行の合意に達し、それにより、各人が犯罪の共同遂行の意思を確立させ、その意思の実現として実行行為がなされたことにより根拠づけられるのである」[49]と主張されることは全く適切であると考える。数人で（あるいは集団で）犯罪が行なわれる場合、意思の合致という意味で共同意思主体が形成され、そこに右の意味での共謀の存在が認められるなら、それは二人以上共同して犯罪を実行する一場合といえるのである。

四　結び

このように考えてみると、共謀という概念は、その存在の認定に関し、主観・客観両面からみられなければならない。したがって、これが「罪となるべき事実」そのものとしての取扱いを受けるのであるから、謀議の行なわれた日時・場所、また、その内容の詳細（役割の分担、実行の方法など）は具体的に把握されていることを要する。それらは実行行為が当該共謀に因って行なわれたものであることを証明するのに不可欠の事項であるからである。

共謀共同正犯を認めないとすると、よしんば、犯行の全般にわたり、立案・指揮する者であっても共同正犯たり得ない。組織的な犯行の中枢にある者と社会が断ずる場合であっても刑法はそれを背後者とみなければならないことになるのである。しかし、刑法はそのようには考えないはずである。なぜならば、刑法は現に共犯規定を借りて、背後者（＝教唆犯）は背後者であるが故に、中心となった者（＝正犯）を前提として両概念に対する社会的法感情の違いをとり入れているからである。(50)

刑法の領域では常に処罰の要請と刑罰権濫用への危惧がせめぎあっているといってよい。したがって、刑法上の概念はいづれにせよ両刀の剣である。共謀共同正犯も例外ではない。しかし、やはり社会的な納得をうるために必要な概念であり、適正に適用されることによって真の個人責任を問うことができるものであると考える。

この意味からも、本稿二、で特記した、昨今の実務のあり方に対する有力な批判説は充分に尊重されて然るべきであると思う。現状では適正な個人責任が問われているとはいい難い。まず、共謀という対等な相互認識作用があるか否か、それが存在するという事実を前提として、その客観的な立証が厳格な形で行なわれなければならない。

本稿の主旨もそこにあるということを重ねて明示し、結びとする。

（1）旧刑法下において既に論じられている。大判明二四・四・二七刑録二四年四～九月分四五頁は窃盗に関し実行行為を要する旨を判示、正犯性を否定する。大判明二三・一一・二八刑録五巻一〇号六三頁は詐欺罪に関し部分実行では足りないとする。いずれも共謀共同正犯を否定した事案である。これに対し、大判明二九・三・三刑録二巻三号一〇頁は共謀共同正犯を初めて認め「共ニ謀リテ事ヲ行フ以上ハ何人カソノ局ニ当ルモ其行為ハ共謀者一躰ノ行為ニ他ナラス」とした。以来、知能犯的な犯罪から次第に実力犯への拡張して認められるようになってきた経緯は、下村康正・共謀共同正犯と共犯理論（学陽書房、昭和五〇年）四八頁以下に分析・詳論されている。共謀共同正犯論については基本書である。

（2）立石二六・刑法総論〔第2版〕（成文堂、平成一八年）三〇八頁参照。

（3）西原春夫・憂慮すべき最近の共謀共同正犯実務（刑事法ジャーナル二〇〇六3巻）五四頁。

（4）立石・前掲註(2)三〇四頁参照。

（5）西原・前掲註(3)五五頁参照。

（6）立石・前掲註(2)三〇五頁参照。

（7）立石・前掲註(2)三〇八頁参照。

（8）立石・前掲註(2)三〇八頁。

（9）最大判昭三三・五・二刑集一二巻八号一七一八頁。

（10）立石・共謀共同正犯（刑事法学の現代的展開上巻八木国之先生古稀祝賀記念論文集〔法学書院、一九九二年〕二六〇頁以下、同・「共謀共同正犯」論の現在（現代刑事法、二〇〇一年八巻）五三頁以下も参照されたい。なお、拙稿・共謀共同正犯（立石二六編著・刑法総論27講、成文堂、二〇〇四年）二二一頁参照。

（11）Aは被害者の妻であるが、被告人Bに夫の殺害を依頼した後も、情報を与えて実行の便を図ったりはしているものの、それらの行為は、もし、それがなければ、現実の実行行為実現が危ぶまれるといえるようなものではなく、全体の実行行為に影響を与える程のものではないと考えられるので、現実に生じた全実行行為に対し、行為面でも重要な役割を果しているとはいい難い。全体的にみて教唆犯としての処罰が妥当であると思料する。

（12）西原・刑法総論改訂準備版下巻（成文堂、平成一〇年）三七五頁によれば、共同意思主体説は犯罪共同説の中の一見解ととらえられている。個人的共犯論と団体的共犯論という両者の基体の相違を無視することは出来ないと思う。両説は明確に区別されるべきである。

(13) 大塚仁・刑法概説（総論）（有斐閣、第三版増補版、二〇〇五年）二九〇頁〜二九一頁。
(14) 大塚・前掲註(13)二九一頁。
(15) 団藤重光・刑法綱要総論第三版（創文社、平成二年）三九七頁参照。
(16) 団藤・前掲註(15)四〇一頁註（32）
(17) 曽根威彦・刑法の重要問題〔総論〕第二版（成文堂、二〇〇五年）三四六頁参照。
(18) 立石・前掲註(2)三〇九頁参照。
(19) 米田泰邦・論争刑法（中義勝編、世界思想社、一九七八年）二三八頁以下参照。
(20) 米田・前掲註(19)二三九頁。
(21) 米田・前掲註(19)二四九頁。
(22) 米田・前掲註(19)二四九頁以下参照。
(23) 最大判昭三三・五・二刑集一二巻八号一七一八頁。
(24) 藤木英雄・可罰的違法性の理論（有信堂、一九七五年）、特に三三六頁以下参照。
(25) 藤木・前掲註(24)三三六頁。
(26) 藤木・刑法講義総論（弘文堂、昭和五二年）二七六頁。
(27) 前田雅英・刑法総論講義〔第四版〕（東大出版会、二〇〇六年）四一一頁参照。
(28) 前田・前掲註(27)四三七頁、四一〇頁参照。
(29) 西田典之・共謀共同正犯について（平野龍一先生古稀祝賀論文集上巻、有斐閣）三六七頁参照。
(30) 西田・前掲註(29)三七一頁参照。
(31) 西田・前掲註(29)三七二頁。同・刑法総論（弘文堂、平成一八年）三三六頁参照。
(32) 西田・総論三二六頁。
(33) 草野豹一郎・刑法要論（有斐閣、昭三二年）一二三頁。
(34) 立石・前掲註(2)三〇四頁。
(35) 立石・前掲註(2)三〇四頁。

(36) 西田・前掲註(32)三二六頁。
(37) 立石・前掲註(2)三〇五頁参照。
(38) 西田・前掲註(29)三七五頁参照。
(39) 西田・前掲註(29)三七六頁参照。
(40) 西田・前掲註(29)三七八頁参照。
(41) 西田・前掲註(32)三三〇頁参照。
(42) 立石説に同旨である。
(43) 以下の引用部分も含めて、草野・前掲註（33）一一七頁以下参照。
(44) 下村・前掲註(1)一三九頁。
(45) 西原・前掲註(12)三四〇頁参照。
(46) 立石・前掲註(2)三〇四頁参照。同旨である。
(47) 斉藤金作・刑法総論改訂版（有斐閣、昭四四年）二四四頁参照。
(48) 立石・前掲註(2)二九二頁参照。
(49) 藤木・前掲註(24)三四三頁。
(50) このような社会的納得が違法につながるということを論証するものとして曲田統・行為無価値論と結果無価値論のありかた（法学新報一一〇・九／十・九五頁以下）参照。

第六章　予備罪考

一　はじめに――問題提起

予備罪は犯罪体系上いわば枝葉部分に属するものであるという一般的認識により、従来、あまり正面から採りあげて論ぜられることはなかったように思われる。「予備罪の従犯」というような論点の登場も比較的近年のことである。それ以前には専ら、予備行為と未遂行為即ち実行行為の着手の限界づけという面から取り扱われるのが通常であったといいうる。なぜならば、刑法は実行の着手をもって犯罪性の出発点とするということを基本にしているところから、未だ予備行為の段階であるという評価をうけることは処罰の対象になり得ないことを意味するが、未遂行為に達したという評価をうけることは処罰の対象たり得ることを意味するものとして、両者の区別は理論及び実際上重大な意味をもつことになるからである。

ところで、このような一般的帰結は、そもそも結果発生を最終目的とする一連の犯罪成立行程を観念し、予備行為→実行の着手→結果発生という段階的把握を前提として成り立つものである。確かに社会的事象としてみる場合にはこのような一連の行程の存在は否定できないものである。特に行為者の主観面に着目して構成するとすれば、個々の行為は最終目標の達成へと目的論的に構築された部分要素であるということができる。しかし、この構造が直ちに理論的な定礎たりうるかという問題については改めて検討する必要があると思われる。そのことは必然的に、予備罪という概念がもつ問題性に通ずることになる。

従来、予備罪は、例外的に可罰性を認められるべき予備行為を規定化したものとして捉えられてきているのであるが、果して、この、予備行為の原則的不処罰－例外的処罰という、原則－例外構造に問題はないであろうか。また、予備罪に該る行為がそれぞれ予備行為としての性質をもつということは、事実上、その目的従属性に照らしてのみいえることに過ぎないのであるまいか。従って、そのことは個々の予備罪の処罰根拠に一律の影響を及ぼすものではないのではないか。そうであるとすれば、予備罪という一般的概念の刑法上の位置づけも問題となる。

すなわち、従来、予備罪は実質的には各則に位置するものでありながら、そしてまた事実そのようなものとして認識されながらも、体系上は総則問題として総論で取り扱われてきている。特に未遂と予備という形で対比的に論ぜられるのが常である。そこで必然的に「予備罪」という一般的概念が定立され、その下で予備罪の処罰根拠如何とか、あるいは予備罪に共犯が可能かとか、中止犯規定の準用が許されるべきかというような問題が一般化された形で提示されることになる。しかもその際、予備罪の規定の形式によって独立予備と非独立予備が区別され、明らかに構成要件論の思考に基づいて解決がはかられる。

予備罪は果してこのように取扱われるべきものであろうか。理論上の正しい位置は各論の中に認められなければならないのではあるまいか。そのことは同時に理論上どのような帰結をもつことになるのか、それらのことがまさに問題の核心である。

そこで、本稿においては、若干のドイツ刑法理論も参照しつつ、以上の点について、検討・考察していくこととする。なお、論者が前提としている考察方法は総則思考と各則思考の区別ということである。従って、本稿は本書第七章「刑法総則と各則の関係論」を部分的に発展させたものであるといえる。

本文で使用される用語について予め何点かの断り書きを示しておきたい。まず条文について、文脈上ドイツ刑法がとりあげられていることが明白である場合には単に条文のみを提示するに止める（わが国の刑法についても同様である）。両者を同時に採りあげる場合は、どちらかに国名を付すものとする。また、条文に「第」は付さないものとする。本稿で論ぜられる分野においては、例えば、予備罪と予備犯[1]、基本犯と既遂犯[2]、の使い分け、とか、予備罪に該当すべき行為を実行行為という語で表現することが許されるかというような用語上の問題が至るところで生じてくる。特に厳格に区別すべき場合には慎重に処するはずであるが、同義に使用することが許されると判断できる時には、用語の重複を避ける為、併用する場合がある。しかし、最終的には、自己の依って拠つ体系思考から用語の選択がなされているものである。

二　ドイツ刑法における予備罪

1　予備罪についての基本論

まず、ドイツ刑法においては予備行為及び予備罪はどのように論ぜられているのであろうかという点を、若干の基本的体系書に基づいて検討することとする。ドイツ刑法典は予備罪に関してもわが刑法典に比して複雑である。例えば、わが刑法典には予備罪に関係する総則規定は不存在であるが、ドイツ刑法典には総則に予備的共犯の規定がある（三〇条）。当該規定の法的性質については、後述の如く、むしろ各則に準ずるものであるとする見解もあるが、いずれにせよ、わが刑法に比すれば、予備罪として捉えられる規定の様相もおおむね多様である（例えば、二六五条は保険金詐取目的で、保険に付された物件に火を放つ行為等を規定しているが、これは二六三条詐欺罪の予備であると解されているが如しである(3)）。

以下、予備行為の定義を出発点として、漸次、予備行為及び予備罪について伝統的な学説が論じてきた点を概観することとする。ついで、**2**において、総則と各則の原理上の異質性を重視する立場から、伝統的見解にみられる両者の混同に批判の目を向けるフィンケの見解を採りあげながら、ここで、**1**で述べられる点について検討を加えていく。

予備行為とは、ある犯罪が意図された場合、それに先立って行われる準備行為のことをいう。従って、それは少なくとも単に計画をしているというだけでは足りないものであるし、反面、構成要件的に重要な形での何らかの着手行為に出るところまで要求されるものではない。

予備行為は原則として処罰されない。その理由は、ひとつには立証が困難であるという点に、更には、刑事政策的な配慮という点に見出される(4)。予備行為をその部分だけ取りだしてみるならば、それは刑法が関心を持たないような行為態様であることが多い。例えば、農薬の購入がなされたとしても、それが殺人の用に供されるものであるという結論に直ちに結びつくものではないのである。したがって、このような行為に基づいて犯罪目的を証明することは容易ではない。また、刑事政策的な配慮という点からみるなら、まず、客観的には、いわゆる段階説に立って、既遂処罰を原則とすれば、予備はそこから二段階先行するものであるから、結果発生の危険性を有し得ないものであるとして、処罰の必要性が否定され得る(5)。また、主観的に捉えるなら、法は人間の分別とそれに基づく改心というものを当てにしているのであるが、そのことにも然るべき根拠があるといってよいのである。けだし、いわゆる「唇とグラスの縁」の間にはなお多数の困難や妨害が横たわっているのであり、それ故、真剣に手掛けられた予備行為であっても、事後の改心からであれ、外部的な妨害からであれ、結局、本犯の実行の着手にまで到達しないものが多いといえるのである。(6)

この点を更に理論的に述べているのはシュトゥラーテンヴェルトである。(7) 彼によれば、予備行為の原則的不処罰は何よりも形式的な根拠に依るものである。すなわち、例えば、法が殺人行為を刑罰で威嚇しようとする場合、禁じられているのはまさにその殺人行為そのものであって、その為の準備行為ではないのである。予備とは犯罪の実行行為に時間的にも事実的にも（sachlich）先行する行為であると定義づけられる。したがって、予備とは概念上可罰的行為に先行する不可罰行為なのである。

ところで、このような予備概念がより重大な意味を有してくるのは、予備がその実体上、保護されるべき社会秩序の侵害であるとして、それ自体犯罪として規定される場合である。ここでは、例えばドイツ刑法一四九条一項（通貨及び金額券の偽造の予備）のように、予備行為を内容とする構成要件がうちたてられる。しかし、このような規定の存在はやはり例外でなければならない。なぜならば、そのように実質的に理解された予備行為は、外部に現われた形でみる限り、社会秩序と完全に調和していることが多いからである（例えば、強盗の際に被害者の顔面にかけるつもりで大量の胡椒を買ったとしても、その購入行為自体は社会的に何ら問題のない行為なのである）。そのような行為を処罰するとすれば、結局この予備段階では未だいかようにも変化しうる単なる計画を罰するということにならざるをえない。そこで、予備行為に対して刑罰をもって威嚇することが許される場合とは、当該行為がそれによって目標とされるはずの主たる犯罪を例外的にはっきりと指し示していること、及び、犯罪の性質上、それに対する刑法的介入が早ければ早い程、刑事政策上の成果があるといえる場合であるという限定が可能となるとされる。

このような予備行為の本質を踏まえて考察するならば、予備行為が処罰される場合、すなわち、予備罪の成立が認められる場合とは、次のような前提要件が考慮に入れられる場合であるということができる。例えば、マウラッハによればまず第一に、当該予備行為によって、間接的にではあるが、脅威にさらされることになる法益の価値が考慮されなければならない。第二に、当該予備行為そのものの危険性が考慮されなければならない。第三に、予備行為者の人間的危険性が考慮されなければならない。これらの点を考慮した場合、当該予備行為はそれ自体で法的平和を現実に脅やかすものであるといいうる場合が生じてくるとされる(8)。その場合には、それらの予備行為はまさに可罰的なものとして予備罪という犯罪現象形態に移行することになる。しかし、あくまで原則に対する例外であるが故に、その成立は厳格に、すなわち、そこから更に拡張されていくことは許されないという枠の中で認められるのである。これにはどのような場合があるのか、具体的にこの「例外的場合」とされるものをみていくこととする。

ドイツ刑法典の予備の取扱いは未遂のそれに比して顕著に異なる。未遂罪については、二三条により、一二条の意味での重罪の未遂は一般条項の形で常に処罰され、軽罪についての未遂は、法律が明文で規定している場合に限って処罰されるとなっているのに対し、予備罪については、原則的に不処罰であるという思想に基づいて総則上に固有の規定を有してはいない。加えて、処罰すべき例外的な場合についての規定の仕方自体も一様ではない。それらは通常三種に類別される。まず(イ)構成要件の拡張形式としてのそれ、(ロ)独立犯罪としてのそれ、(ハ)可罰的事前共犯行為としてのそれである(9)。これら三種の分類にしたがって、具体例を見ることとする。

(イ)の場合。ここでは一定の基本犯罪が前提とされ、予備はそれを実現する為の準備活動であれば足りる。予備行為の種類や範囲を特定されることなく可罰的であるが、その処罰の基本犯の既遂刑、未遂刑に比して本来的に緩和されなければならない。例えば二三四条a三項がこれにあたるとされる。[10] 本項は同条一項により既遂に達した拉致に認められる可罰性を明文をもって予備状態にまで拡張し、刑のみ減軽するものである。この拡張的な処罰の根拠は、拉致罪によって侵害される法益をより効果的に保護する為に、可能な限り早い段階からこれを予防するという利益を図るところにある。[11] そこで例えば、被害者自身が未だ特定されていない拉致計画の中で、後日の実行の為に情報網を設置する場合のように、ある程度の不特定性が残っている行為であっても当該予備罪にはなりうるのである。[12]

(ロ)の場合。侵害される法益の価値に鑑み、特に危険であると考えられる若干の犯罪につきその予備が独立犯として規定される。ここでは更に二分が可能である。すなわち、例えば八三条（内乱企図予備罪）にみられるように、基本犯が、構成要件的に特定されているのみならず具体的に個別化されている場合に、それに向けられた予備行為は非定型的に把握することが許されて、処罰の対象とされる場合と、例えば八七条（サボタージュ目的の予備的援助活動罪）及び一四九条（通貨及び金額券の偽造予備罪）のように、目的とされる基本犯は単一でなく、同種性をもつ複数の犯罪のいずれかでありうるが、その予備自体は構成要件的に限定された、すなわち定型的に特定された行為でなければ可罰性を持たないとされる場合とがある。これらの場合、予備行為は独立した犯罪構成要件を表わす。そこで、例えば八三条のように一二条の意味における重罪である場合、八三条そのものに更にそれの未遂処罰が可能かという問題が生ずる。この場合に、例えば二六五条のように予備行為が定型的に定められているのであれば、この行為自体の未遂を観念することは充分可能であるから、これについて可罰性を認めることも可能である。[13] これに対し、八三条一項の予備はいわば定型的に開かれているのであるから、この行為の未遂はここでいうところの「予備」という概念に当然含まれていると考えるのが妥当であるということになろう。[14]

(ハ)の場合。共犯行為の予備的な段階が、その中にある加功者の危険な内的連携を理由として独立の犯罪形態を形成する。三〇条がこれにあたる。単独犯の予備行為は極めて重大な重罪においてですら原則として処罰されないということについては既に述べた。可罰性は直接的な実行の着手をもって初めて認められる（二二条）。このことを基準とするならば、三〇条は、共犯の予備段階として表われる、重罪に向けられた若干の予備行為に対しての例外的措置を規定したものである。同条一項は重罪教唆の企てを、同二項は①重罪を行うこと、または、重罪を教唆することの用意のある旨の表明、②このような行為を行う旨の他者の申し出の受諾、あるいは③それについての他者との協定を内容とするものであり、実質的に、共同正犯、教唆、幇助の予備的段階を捉えている。したがって、三〇条の例外的処罰根拠は、単独犯の予備行為を越える、共犯現象に特有なものに求められざるを得ないというべきであろう。

そこで例えばイェシェックによれば、三〇条の処罰根拠は他者を行為決意の中に引き入れることによって生ずる謀議的結合の特別な危険性におかれる[15]。

また、マウラッハによれば、形式的意味での重罪（一二条一項）を犯す目的で行われる他者への働きかけ及び相互連携（Einwirkungen und gegenseitigen Fühlungsnahmen）の特別な場合が三〇条によって処罰されるものとされる[16]。三〇条の不法内容、刑事政策上の制定目的を考えるにあたっては、本規定の中に二つの思考指針があること、そしてそれらが交錯していることを認めなければならないということが彼の出発点である。すなわち、予備行為の線と、結果を得ないままで終わった共犯行為の線とが交叉する個所に三〇条の不法があるというのである。これらの現象は、いずれも、単独で把握される限りは、当罰的な危険性を有するものではない。単独犯の予備行為は原則として不処罰であるし、また、「予備的」共犯行為も、因果性を持つに至らなかったものとして、すなわち、帰属基体

（Haftungsgrund）としての、実現されるべき構成要件を欠くものとして原則的に不処罰である。しかし、一二条一項の意味における重罪に向って、他者への働きかけや相互連携がなされた場合には、この予備という基礎的思考と共犯という基礎的思考が共働することで、例外的にではあれ、結果を持たないままで終わった共犯にも当罰性が認められることになるのである。そして、両者が共働した場合に対する理論的な先導性は共犯の基本規定がこれをひきうけるのであるとする。具体的には特に二六・二七条がそれである。二六・二七条がもち出されるとすれば、そこでは当然いわゆる「従属性」の問題がとりあげられなければならない。しかし、三〇条において論ぜられる事案は、従属されるべき主たる行為が現実には存在していない場合である。そこで、この間隙をどのように解するかということがここで新たな問題としてとりあげられなければならないであろう。

すなわち、三〇条の法的性質は一体何であるのかという点、換言すれば、体系論上どこに位置づけられるものであるかという点からあらためて検討を加える必要があるのである。端的にいえば、三〇条が規定する共犯の予備行為は共犯論に整序されるべきなのか、特別罪として予備罪の領域に整序されるべきなのかという問題である。この問題は同時に共犯独立性説と従属性説の対立にも照合させて意味づけることができる。けだし、共犯の可罰性を独立させて把握する立場であるなら、三〇条は二九条と共にその共犯論の強力な根拠として欠くべからざるものになるであろうからである。これに対し、従属性説の立場からみる場合には、上述のイェシェック、マウラッハそれぞれの見解からも判るように、特別な処罰根拠を持ち出さざるを得ないが、この根拠自体が依ってきたるところをみれば、それは共犯論を越える、より刑事政策的な考量に行き着くことになるがゆえに、三〇条は体系的には共犯論の外側に位置づけられることも可能である。

三〇条は旧規定四九条aを承継したものであるが、この旧規定の法的性質も議論の的であった。ただ、四九条a

の沿革がビスマルクの暗殺計画の発覚を契機としたものであったところから、四九条aを特別犯として把握する見解も有力であったので、それを承け継いだ三〇条に対しても、特別犯説と共犯説とがなりたちうるのである。現在、三〇条の法的性質が共犯であるということは既に定説となっているところであると主張する文献もあるが[17]、他方、後述のイェシェックの見解がそうであるように、特別罪とみる見解に近いものも存するので、今後も注意を要する論点であると思われる。

共犯論に位置づけていく見解は、先にもふれたように、従属性の問題を解決しなければならない。この見解に属するバウマンは、旧規定たる四九条aに関してであるが、共犯の従属性そのものが問われなくてよい例外的な場合がとりあげられているのであるとする[18]。これに対しマウラッハは「従属性」の思考を捨てようとはせず、「仮定的従属性」という概念を用いて、関与者全員がその既遂を意欲したはずであるところの表象された犯罪に可罰性を従属させるべきであるとする[19]。しかしこのような考え方に対してはイェシェックの次のような批判が成り立つ。すなわち、従属性の概念が共犯の本質的な特徴を表わすものであるとするなら、従属されるべき主たる行為(Haupttat)に欠ける場合に、仮定的なそれを持ち出して代用させることは妥当ではないということである。したがって、確かに構造面からいえば謀議的諸場合が取り扱われているのであるから、共犯の現象形式を表している規定であるといいうるが、しかし、その法的性質という問題になればむしろ独立的な予備罪であると見るべきではないかということである[20]。ただし、この点についての両者の見解の相違は、共犯の予備段階を予備罪として把握するという当初の出発点を変更させるようなものではない。ここでは共犯の予備的な段階が独立に犯罪たりうるということを確認することに重点が置かれるからである。

以上、体系書レベルでの予備罪の取り扱いについて一応概観した。その中で、最も基本的であるが故に顕著な共通思考は、いわゆる可罰的予備行為は例外であるという点である。その認識に対して体系的な疑問を呈することができると考える。2ではそのような観点からのものである、フィンケの見解をみることとする。

2　例外的処罰論批判説

一般的見解によれば、予備行為は原則として不可罰であるが、例外的には可罰的であると主張される（用語の問題として、不可罰であるが故に不処罰であるといえるのである）。この主張は、刑事政策的な視点からは是認されるところであるが、しかし、理論的に見れば、原則と例外をそれぞれ総則と各則という異質なものに振り分けた上で両者を対比させているのであるから、本来、比較を可能とする共通面を有しないものを敢えて比較しているか、あるいは、総則と各則を同一平面上で混同させて把握しているのだという批判を受けなければならない。すなわち、立論のあり方自体に論理矛盾があるのではないかということなのである。この点について言及しているのはフィンケである(21)。

彼によれば、総則の刑罰拡張事由を支配する思考は形式性であり、各則を支配する思考は実質性であると断定されるのであるが、そのことを前提として、彼は次のように述べる。まず、論者が、予備をして、構成要件の充足を含む計画が今のところ未だ構成要件的に重要でない方法で行われていることである、と形式的に定義づけ、これを予備不可罰の原則の基礎とする場合には、この不可罰性の言明は総則に限定される。そして総則においてこの原則は例外をもたないものであるといわなければならない。なぜならば、総則は、構成要件的に重要でないにもかかわらず可罰的であるとされるような予備をどこにも認めていないからである。これに対し、もし論者が実質的な観点から予備を定義づけ、これを「遠くからの法益危殆化」として、あるいは、犯罪者意思の表明が一般に未だ不確かであって、社会の法感情をそれほど真剣に震撼させていない場合であると理解するなら、次のような場合にはいわゆる例外的可罰性を認める余地が出てくる。すなわち、個別的に見る限り、法益が既に現実に侵害されているか、あるいは、犯罪者意思が明確に表出している場合である。しかし、このような考慮は既に各則の領域への移行であることを示しており、予備を立法者の立場から刑事政策的に把握しているものに他ならない。ここでのいわゆる例外は、それゆえ、総則とは全く別の次元にあるものであり、原則に嚙み合ってはいかないものである、というのである。[22]

彼はさらに伝統的な見解を批判して、概略、次のようにいう。予備が原則として不処罰であるとされるのは、証明が困難であるとか、刑事政策的な配慮からではなく、刑法がそれに対して刑罰という威嚇を与えていないからである。犯罪意思の立証の困難さは予備に限られることではないから理由にならないし、刑事政策的配慮をいうのであれば、例えば、自己の物の奪取という形での可罰的未遂も社会的には無害であるにもかかわらず、その可罰性は否定されていないという矛盾がある。更に、予備と実行行為の間には障害があるとか、決定的な瞬間に必要とされる犯罪エネルギーの欠缺があるというような経験的事実は予備にのみいわれることではなく、未遂についても同様にあてはまることである。そうであればこそ、中止犯規定も存在しうるのであるし、また、通説にいわせれば「例外的な」可罰的予備行為にも個々的に「有効な悔悟」の規定が認められるのである。これを要するに、予備と実行行為の間に障害があり得るというようなことをもって予備罪の原則的不処罰の理由とすることは適当でないというのである。また、更に、例外的に処罰される場合の根拠として伝統的見解によって指摘された三つの観点につき、これを批判する。すなわち、まず、①間接的に脅かされる法益の重大性をいうのであれば、殺人についての予備罪が規定されるべきであるのに、立法者はそれをしていないし、②一定の法益に対する行為そのものの危険性ということも、当該行為を意図的に予備罪として独立させて規定することにつながるものではなく、むしろ、当該法益を保護する構成要件の範囲を単に拡大して規定すればすむことである。また、③予備行為者の人的危険性から発する、法的平和に対する現実的脅威という点についても、これには一般的に、例えば、酩酊運転禁止規定のように、固有の保護法益によって形成される「危険犯構成要件（Gefährdungstatbestand）」が創設される。可罰的予備行為という考え方はここではしたがって当初から生じて来ないものである、と指摘する。フィンケは以上のような考察に基づいて、結局、予備行為は総則上は例外なく不処罰であるとし、その理由は、法益の現実的危殆化に欠けるからでもなく、証明の困難さからでもなく、不法の中核（Unrechtszentrum）から遠く隔っているからでもなく、すなわち、そのような諸々の実質的な理由からではなく、ただ単に、予備行為が形式的な未遂概念を充足しえないものであるからなのだとする。更に、各則の中で実質的に予備行為が処罰されていることに対して、このことは、これらの可罰的予備行為においては例外的に法益が現実に危殆に瀕しているのでもなければ、その法益が特に価値を有しているからなのでもなく、むしろ、立法者が既にこの予備行為の中に当罰的な不法の中核を見出し、したがってそれを既遂として形成せしめているということなのである、としている。(23)

三　予備罪の法的性質

1　犯罪行程論による考え方とその批判——独立・非独立の問題

前述のところから明らかであるように、通説は例外的処罰根拠を、実質的なもの、すなわち、法益に関係づけられた価値的なものに基準を置いて論じ、そこから、「予備罪」という一般的概念を定立させたことであった。これに対し、フィンケの考え方によれば、ここには二重の誤謬があるということができたのである。例外的処罰と解することと、実質的な観点をとりいれることがそれである。通説のこのような考察の背景には、既遂犯を原則とし、したがって、結果発生を最終目標とする「犯罪行程」の観念があるはずである。確かに事実的にも論理的にも予備行為は実行行為に先行するものであるから、ある行為とそれによって意図されている犯罪との間には主観的、客観的に連続性が認められる。特に主観面においてそれが一層顕著であろうことは、予備罪が目的犯として構成され得るものであるところからも明らかである。[24] しかし、目的の一貫性あるいは客観的な行為態様が示す予備の従属性は、予備行為と実行行為の間に存在する個々独立の行為の限界を消滅させるものではない。予備→実行の着手→結果発生という一連の行為行程の存在を事実として想定することは何ら問題ないことであるが、それらが常に重畳的に把握されることを意味するのであれば問題がある。例えば、構成要件論によれば、未遂罪を修正構成要件であるとすることと同様に、予備罪も修正構成要件として把握されうる。[25] そのことが有する意味は一体何であるのかということが改めて問われるべきである。

予備罪に関し、特に問題とされるのは総則規定適用の可否論であるが、この問題が提起されることの原因となっている「予備罪と実行行為性」の議論はそもそも予備罪を本来的に非独立的な性質のものであると解するところから生みだされたものであるといえる。端的にいえば、予備罪については終始、基本構成要件の有無という視点が付き纏っているのであるが、このことが結果として予備罪を独立犯として把握することへの無意識の妨害となってしまっているのではないかと思われるのである。総論に持ち込まれたことの弊害であるといわなければならない。

上述の諸問題は、単に、独立予備か非独立予備かという形式的分類に応じてその解決が導かれるというような性質のものではなく、当該予備罪の固有の法益（ここでは処罰根拠）に鑑みて、実質的に解釈されるべきものであると考える。そこで、この結論に至りうるか否か、以下で改めて「独立予備・非独立予備」の問題について考えてみることとする。

この問題領域は広範であるので、ここでは主として、独立予備、非独立予備に二分して考えなければならない根拠はどこにあるのかという点と、このように分類することに果たしてどのような意味があるのかという点に絞って検討する。

この、予備罪の法的性質を論ずることに益があるのだろうかという問題に対しては、ドイツにおいても否定的な見解がある。予備罪の解釈論は予備罪の立法化が現実的要請に端を発するものであるところに影響されざるを得ないので、純粋に理論的な問題であるところの法的性質論はこれに決定的な機能を果たしうるものではないというのがその考え方である(26)。

これに対しては理論的整合性を主張する立場から当然の反論が出される。法的性質の明確化は解釈論にとって論理的前提であるという理論上の正論がそれである。わが国においても香川教授がこの点を強力に主張される。従来の理論に対し、予備罪の性質に関する正しい知識の欠如を指摘され、刑の権衡という観点に終始してきたものであると批判されて、本質論に依らなかった点に反省を促がされるのである(27)。しかしわが国においては、予備罪の本質論がその解釈にあたって重要性をもたないものであるという主張は前面に出てきてはいないようである。むしろ、独立性、非独立性という観点を導入することは良しとして、なおかつ、「予備罪を独立的のものと非独立的のものに分つの標準は必ずしも明白ではない(28)」という問題の方に重点が置かれているように思われる。

しかし、これは実際には同一の問題に立ちかえっていくのである。何故ならば、予備罪の本質論はあまり重要性を持たないと考える場合、そこでは予備罪はまさしく独立犯として把握されているに他ならないからである(29)。したがって、独立罪か非独立罪かという問いかけのそもそもの発端は、むしろ、独立罪として取り扱うことへの疑問に見いだされ得るものであるといってよい。それゆえにやはり、ここで両者を区別する為の基準を明確にする必要が出てくるのである。

この問題は、まず、犯罪行程論（あるいは段階論）を前提とすることにより、予備を構成要件修正形式、いいかえれば非独立犯に統一する見解、また、逆に、予備罪の特殊な可罰性をその本質であると解して独立犯に統一する見解の両者をひとまず除き、現予備罪には独立罪もあれば、非独立罪もあるとする二分説の立場で最も重要となる。予備罪をどちらの範疇に入れるかによって解釈論上の相違がでてくるからである。しかし、この点についても学説は一定していない（詳細は斉藤誠二教授「予備罪の研究」二五二頁以下を参照されたい。ここでは概括的にのみ採りあげて先につないでいくこととする）。

どのような場合に予備罪は独立犯であるといえるのか、その基準について、大別すれば、構成要件の面から実体的に把握していこうとする考え方と、むしろ形式的に刑罰の面から、すなわち、どのような処罰が定められているのかという面から検討できるとする考え方がある。これは、独立とは何に対する評価であるのかという問題である。前者は当該予備罪の構成要件が、実体的に記述されていることにより、一個の犯罪定型を構成していると認められる場合が独立犯であると主張する。(30) 後者は、当該予備罪がそれに対応する基本犯を欠いており、したがって、予備それ自体が単独に処罰されている場合、及び、刑罰の上で予備が既遂と同一の評価を受けている場合に独立犯と解すべきであると主張する。(31) 両者の相違はわが刑法七八条において明らかである。前者の立場からすれば、本条の行為態様は特定されておらず、それ故、独立予備罪であるとはいえない。これに対し、後者の立場からすれば、本条の法定刑はまさしく独立して規定されており、また、その程度も既遂罪たる七七条一項二号の刑と同等である。したがって、明らかに独立予備罪であるということになる。ここでは対応する基本犯の有無という基準は当然後退している。

この問題についてはどのように考えるべきであろうか。まず、二つの見解について考うべきところを若干述べ、そこで整理された点も併せて、当初からの課題である、予備罪はこれを独立犯として、しかも、個別的に把握すべきではないのかという論点に進んでいくこととする。

予備罪に非独立性を認める見解はいわゆる犯罪行程論に基づくものであるということは既に述べた。ここでは、一連の行為の時間的発展段階を観念し、その線上にある一定の結果から遡って実行の着手へ、更に、その準備行為たる予備へという対象の拡張が考えられているのである。そして、行為の同一線上にあるという観念上同質性を根拠として、この二回の拡張はパラレルに把握される。予備の修正構成要件が未遂の構成要件から成立する過程は、未遂の修正構成要件が基本構成要件から成立する過程に等しいものとして把握されるのである。(32)ここから形式論理的に予備と未遂の法的近似性が招かれる。

さて、時間的な事実としての予備行為が結果から遡る一本の線上にあるということは認められてよい。しかし、このことから直ちに、予備罪が犯行行程の論理的構成部分であるということをひき出すのは妥当ではない。何故ならば、結果犯の犯罪行程とは、総則がこれを明示しているように、実行の着手から以降のものでなければならないからである。

未遂罪の構成要件は、それを結果部分であるとの限定はできないにせよ、基本構成要件のある部分的な要素が欠落した形で把握され得るものであるが故に、定型性概念に依拠する限りは、字句の通常の意味での修正形式であり得る。

これに対し、予備罪の構成要件は、既遂罪の構成要件と重なり合う部分を全く有しない。構成要件を行為の定型であると考えるならば、この二つの構成要件は完全に別個のものであるといわなければならないであろう[33]。両者の関係は、正田教授が指摘されるように目的従属性にあるといいうるのみである[34]。

この目的従属性は予備罪を目的犯たらしめるものとして法的に構成されるのである。したがって、一定の既遂罪との直接のつながりを示すこの目的は当該予備罪の範疇にとり込まれることとなり、両者は基本構成要件とそこから生ぜしめられる修正構成要件であるという法的関係を失う。両者はむしろ目的に対する手段であるという関係で把握されていくべきであろう。

構成要件の意味は原則として行為の定型性を保障するところにあるといわなければならないが、それに照していえば、二重の修正を受けた構成要件に（しかも、基本構成要件の枠外にあるものである）そのことを期待するのは困難である。そこに存在しているのは単に当該予備構成要件が有する枠のみである。すなわち、当該条文に該当する行為の存否が個別に問われているだけのことであると考えられる。これは一見総論思考であるように錯覚されがちであるが、実際には各論の問題なのである[35]。

二重の修正を受けた構成要件概念に敢えて総論上の意味を認めるとすれば体系的整序にあるということになる。この概念を用いることによって予備罪を非独立犯であるとしたとしても、そのいわゆる非独立性という性質には何の機能も認められないのではあるまいか。

予備罪を二分して把握する場合、㋑行為態様に着目して検討する立場は、結局、理論的には極めて正統性を維持する構成であるといえるが、実質的意味を持つものではないと考える。これに対し、㋺刑罰面で判断する立場は、独立・非独立を論ずるそもそもの理論的出発点からすれば、逆行があるといわなければならない。確かに反面において、ここでは罰条どうしの比較がなされるのであるが故に、理論的対立を越えた説得力も備えているということができる。予備罪に対する刑と既遂罪に対する刑とが等しく位置づけられているという事実ほど両罪の独立対等性を示すものはないといえるからである（刑罰は犯罪に対する立法者の評価そのものであり、予備罪の刑の上限は既遂罪のそれを必ずしも下廻るものではないのである）。しかしながら、独立、非独立の問題として考える場合には、前説イがそう解したように、それ本来、構成要件について論ぜられるべきものであるということは否定できないであろう。構成要件の問題であるからこそ、そこでの区別に基づいて未遂や共犯規定の適用の可否が論ぜられることになるのである。少なくとも、犯罪行程論を前提として、実行行為の段階的修正による変容を理論化していこうとする立場で考える以上は、前説が正当である。

植松博士は犯罪段階説の立場から、予備罪は全て非独立犯であると主張され、そこから二分説を批判されて次のようにいわれる。[36]すなわち、構成要件が法文に明確に独立的に規定されているものという意味で「独立の」というのであれば、定型性・限定性が強いとはいえようが、そのような場合を独立予備、すなわち、実行行為性をもった予備であるとして、他の予備の場合と別様に取り扱う必要はないといわれるのである。この批判は、そもそも二分説が何故主張されるようになったのか、まさにその基礎となったところに対して「差別をつけるほどの意味があるとすべき根拠はない」とされる点で問題があるように思われる。しかし、他面において、予備罪の本質はまさにそれが予備である点に認められるものとされ、構成要件の形式や罰条という形式的な部分に左右されるべきものではないという本質論のあり方を示されるものであるところが注目される。確かに、二分説が意図したところのものは予備罪の法的性質、すなわち、本質の解明である。しかし、そこでとられた形式的な方法論がその目的に適したものであるかといえば、その点については必ずしも疑問無しとはしえない。いいかえれば、二分説で行われたこの操作はむしろ各則犯罪の分析及び分類であり、各則の体系化を図るにあたって必要とされるべきものではあるが、本質論にはなり得ないものなのではないかと思われる。この点について更に言及しつつ、併せて、本稿の最終的な検討課題、すなわち、予備罪をめぐる解釈論は、それが形式的に独立予備であるか、非独立予備であるかによって決定されるべきものではなく、個別の実質的な処罰根拠に照して判断されるべきではないか、という点に向って総括的にまとめていくこととする。

2　私　見

予備罪の問題性は、ひとえに、総則規定が存在しないところに発する。この点について例えば斉藤教授は「予備についての総則規定の有無は立法政策の問題であり、それによって、予備罪の法的性格が左右されるものとは解しがたい[37]」といわれる。この考え方は、思うに、予備罪を非独立犯であるとする見解に恐らく共通するものである。ここでは、現実には存在していない予備罪の総則規定が、行程論に基づいて観念的に想定されているといってよい(さもなければ、二重に修正された構成要件であるという制約は出てこないはずである)。総則は、各則によって固定化している犯罪の枠を補正するという機能を有している。この補正によって最終的な犯罪概念が決定づけられるのであるから、その領域での総則規定の有無には立法者の明確な意思が働いているものであると解さなければならない。斉藤教授のいわれる「立法政策」が立法技術の意味であるとするなら、ここで、総則規定が不存在であるという事実には単なる立法政策を越える意思表明があるというべきである。わが刑法に例をとっていえば、犯罪の開始は実行の着手を基点とするものであり、予備行為は例外なく不処罰であるというのが立法者の意思である。したがって、各則において、予備行為の形態を持つ行為が犯罪とされている場合には、それは決して当該行為を予備行為として処罰の対象としているのではない。いいかえれば、それはむしろ全く別の視点からみられて、そこに固有の中核となり得る不法が認められるとして処罰の対象とされるのである。ただし、勿論、そのことをもって、予備罪が総則規定を特に排除する程の特別犯であるとすることにはならない。かつて大場博士が述べられたように、「独立の法案を以って特定の犯罪の予備行為はこれを罰する旨の規定ある以上は、かかる予備行為は一個独立の犯罪なる点において他の犯罪と異なるところなし」(38)ということなのである。社会的事象は連続的な生起から成るものであるが、そのうちどの部分を犯罪として採りあげるかという判断は立法者のものである。その実質的な、法律に先行する価値判断に基づき、あるいは、結果を惹起する部分が、あるいは、それに事実上先行する部分が、一方は既遂犯の形式で、他方はいわゆる予備犯の形式で規定化されるのであるから、この領域、すなわち、各則の中での両者は対等・独立のものであるということができる。それ故に、例えばわが刑法九三条、ドイツ刑法八〇条(39)のようにいわば予備的な行為だけが単独で犯罪とされることも可能なのである。ここには、総則によって不処罰であるとされる、結果から遠い予備行為、という視点は入り得る余地がない。むしろ、一個の形式的既遂犯が構成されているのである。この意味で、予備犯は危険犯や挙動犯に類似した性格を持つものでもある。事実、予備罪であるとされる犯罪は学説上一定していない。条文の中で予備という文言が使用されている場合を予備罪であるということもできるし、より実質的に判断していくこともできる。例えば、わが刑法一〇七条は一〇六条の予備であるとか、二〇八条の三は騒乱罪の予備であるといわれるが如しである。教唆犯も予備であると主張されることもある。(40)このことは、結局、予備行為という概念が持つ無定型性に帰因するといわなければならない。このような性質の概念に基づいて、予備罪という一般的抽象的概念を構成することはできない。むしろ、無限定、無定型な予備行為を前提として、これに対し、二の1で例示されたような刑事政策上の観点からの処罰の必要性ということが問われ、それによって初めて予備行為の一定の部分が予備罪を構成すべく取りだされてくるのである。したがって、各予備罪はそれぞれ個別の性質をもつものであり、故に、予備罪に関する解釈上の諸問題は、個別に検討されなければならない(41)。例えば、予備罪の処罰根拠というような問題が一般的に提起されたとしても、個々の予備罪によりそれは異なるはずなのである。立法者が刑事政策上いかなる観点から当該予備罪を成立せしめたのかということが全ての基本である。その点を個別に明らかにして初めて総則規定の適用の可否も問われるべきであろう。例えば、集合犯について共犯規定の適用はないが、それは集合犯が事実上共犯関係にあたる行為を内包しているからである。すなわち、当該構成要件の解釈がそれを排除せしめるのである。同様なことが予備罪にも該当する。その犯罪に対する共犯行為はそれ自体当該予備罪の実行行為であると解される場合があるはずであるし、共犯として構成されなければならない場合もあるであろう。特に、自己予備と他人予備を区別して考えるとすれば、右のような場合が生じてくるはずである。予備罪は非独立犯であるが故に、共犯規定の適用が排除されるべきであるというような概括的な把握では足りないように思う。けだし、正犯が実行の着手に出たとすれば当然その共犯になり得る行為は、着手に至っていないからという理由で不処罰とされるべきではないからである。

未遂規定の適用については、四三条本文と但書を区別して考えなければならない。本文に関していえば、形式的な適用関係は四四条がこれを解決している。実質的には、当該予備罪の実行行為の中に未遂もまた含まれていると考えられる場合が多い。ただし、例えば、一〇〇条をもって九七、九八条の予備であると解するとすれば、一〇二条は一〇〇条を除外してはいないのであるから、同条にいう「その他逃走を容易にすべき行為」の未遂が問題となる。構成要件が不特定であるとして、未遂規定の運用がこの部分にのみ排除されるのであろうか。しかし、この問題も結局、容易にすべき行為の有無という判断問題である。

これに対し四三条但書準用の問題は若干異なった思考を要する。まず第一に中止犯の問題は犯罪を構成する理論ではなく、処罰を軽減させる方向での理論である。しかも、その根拠は政策的なものであるし、法律的なものであるとしても本質は違法減少に見出されるものである。確かに、予備罪群とされている数個の犯罪につき、立法者はその処罰のあり方を極めて詳細に個別化して規定している。自首による刑の減免、情状による免除、いかなる減免も無し、という方法を犯罪によって慎重に使いわけているのである。この事実から考えるならば、あえて中止犯規定の準用を認めることは、これらの犯罪のそれぞれの処罰根拠に基づいた上での立法者の判断を無にするものであるともいうことができる。しかし、自己の意思によって実行の着手を放棄した場合、これに何等の配慮もなさないことは正義に反する。ここで重点的に働くべきものは、上述の如く、政策的配慮と結果発生の現実的危険及び行為の反社会的相当性の事後的減少（立石二六・刑法総論2版二七四頁）であるからである。[42] 中止犯規定の類推適用は例外的に認められるものと解する。

残された問題として、特に、予備罪の故意の問題と罪数論がある。故意については、当該犯罪の認識で足りると解さなければならないことは本稿の立場として当然のことである。前述のように、基本犯への目的従属性から目的犯として構成されるべき場合には、故意に加えて目的が必要とされるのである。

罪数に関しては、今後の課題である。これまで論じてきた点を今一度検討し、整理した上で、そこに至りたいと思うからである。

四　結び

前項の後半において、個々の点についての自己の見解を論述した。そこで、本章においては重複を避ける為、序論での問題提起に対応する範囲での結論を示し、加えて、若干の点を付記する。まず第一に、予備罪を予備―未遂―既遂という犯罪の段階構造の中で把握することは適切ではないということができる。第二に、予備罪という一般的抽象的概念を想定するという総論思考は総則と各則の関係を無視するものであるといえる。第三に、予備罪の諸問題は、各則で個々独立に論ぜられるべきものである。すなわち、独立、非独立の問題は演繹的な推論にとっての前提となり得べき性質のものではなく、個別の解釈によって得られる結果に他ならない。以上の三点を中心として、現段階における一応の結論をひき出してみた。顧みて思うに、他の凡ゆる諸問題におけると同様に、ここでも体系的思考という究極的な問題に対する関心と意識が底流にあるべきはずである。本稿で検討され、一応の結論に至った点も、背後にあるこの大きな問題への取り組み方によって、再び検討され、あるいは、補正されなければならないところを多々含んでいるものと自戒しなければならないであろう。検討不十分な問題、完全に残された問題もまた多数である。特に、予備罪を本稿のような立場で捉える場合、罪刑法定主義と矛盾するところはないかという批判が可能であろう。

思うに、予備罪の実質的な把握の一つのあり方として以上のような考察が可能であった。予備罪の定立は立法者の専権である。それ故、理論的に拡がり得る犯罪の定立にあたっては、立法者は特にその処罰の必要性を詳かにする義務があると同時に、その罰条が有する抑止力が現実に常に検証され続けなければならない。このことは、予備罪に限定されることではないが、個人法益の明確なる侵害であるといわれうるような犯罪に比すれば、予備罪は特に予防性の要求が強いものでありうるのであるから、これに対し、より一層の警戒の目を要するとするのは当然であろう。そのためにも予備罪はまず特別犯として個々的に検討されなければならないのである。

（1）本稿では、予備罪とは個別の犯罪を指すものとする。予備犯とは、未遂犯、既遂犯という概念に対応させるべき時に使用される概念とする。

（2）本稿の立場からすれば、基本犯（あるいは基本罪）という概念は理論上認め難い。しかし、他に代わるべき用語が見あたらないので、便宜的にこれを使用する。既遂犯（あるいは既遂罪）で代用させるにはこれらの概念の特性が強すぎる場合があるのである。

（3）例えば、Schönke/Schröder,Strafgesetzbuch, 20. Aufl., S. 288. 参照。

（4）Vgl. Maurach, Strafrecht AT 5Aufl., S. 7.

（5）Vgl. Schönke/Schröder, a. a. O. (Anm.(3)), S. 288.

（6）Vgl. Maurach, a. a. O. (Anm.(4)), S. 7.

（7）Vgl. Stratenwerth, Strafrecht AT 3Aufl., S. 187.

（8）Vgl. Maurach, a. a. O. (Anm.(4)), S. 7.

（9）三〇条の法的性質については後述する。

（10）但し、異説もある。Fincke, Das Verhältnis des Allgemeinen zum Besonderen Teil des Strafrechts, S. 44. を参照。

（11）Vgl. Schönke/Schröder, a. a. O.(Anm (3)), S. 288, 1496.

（12）Vgl. Maurach, a. a. O. (Anm.(4)), S. 8.

（13）Vgl. Maurach, a. a. O. (Anm.(4)), S. 9.

（14）Vgl. Maurach, a. a. O. (Anm.(4)), S. 9 ; Schönke/Schröder, a. a. O.(Anm (3)), S. 290; Jescheck, Lehrbuch AT 3Aufl., S.424; Schmidhäuser, Strafrecht AT, S. 59.

（15）Vgl. Jescheck, a. a. O. (Anm.(14)), S. 571.

（16）Vgl. Maurach, a. a. O. (Anm.(4)), S. 266.

(17) Vgl. Maurach, a. a. O. (Anm.(4)), S. 261.

(18) Vgl. Baumann, Strafrecht AT 5Aufl., S. 605.

(19) Vgl. Maurach, a. a. O. (Anm.(4)), S. 261.

(20) Vgl. Jescheck, a. a. O. (Anm.(14)), S. 571.

(21) Vgl. Fincke, a. a. O. (Anm.(10))

(22) Vgl. Fincke, a. a. O. (Anm.(10)), S. 41.

(23) Vgl. Fincke, a. a. O. (Anm.(10)), S. 43.

(24) 正田満三郎・刑法における犯罪論の批判的思考一九頁以下参照。

(25) 香川達夫・中止未遂の法的性質一六一－一六二頁参照。

(26) Z. B. Mezger, Strafrecht 3Aufl., S. 378.
　なお、この点についての学説の状況の詳細は、斉藤誠二「予備罪の研究」二一四頁以下参照。

(27) 香川、前掲註(25)一五四頁参照。

(28) 草野豹一郎・刑事判例研究五巻二七六頁。

(29) もっとも、植松博士は、予備罪は本来的に修正構成要件であるから、改めての本質論は必要ないと考えられているようである。植松正・「従犯」刑法基本問題37講二四〇頁参照。
　ここで、「独立犯」あるいは「独立罪」の意味について、明示しておく必要がある。もっとも、このこと自体、充分、一個のテーマになりうべきことであるので、ここでは、二、三の学説を部分的に引用するに止める。①シュミットホイザーによれば（前掲註(14)九五頁参照）、Delictum sui generis＝eigenständige Delikt＝Delikt eigener Art であり、刑罰構成要件（筆者註：ここにいう刑罰構成要件とは犯罪行為の形式的記述のことである）の中では他の犯罪と結びついているが、法的効果においては完全に独立しているものをいう。②バウマンによれば（前掲註(18)一二二頁参照）、基本犯の修正が、独立した新しい、基本犯と同等の犯罪を生ぜしめた場合、最早、それは修正ではなく、独立犯であり、これを換言すれば、特別罪構成要件のことである。③メツガーによれば（前掲註(26)一九四頁参照）、独立犯とは、体系的には基本類型の修正であるが、法律的には相対的独立犯たるものをいう。④マウラッハによれば（前掲註(4)三〇六頁）、独立犯は、新たな価値水準をもつ法的単一構造態であるので、固有の内容と法的な独立性と特別な効力範囲を有するものである。

そもそも、独立犯、非独立犯という名称やその構造は、複数の構成要件間の類似性を前提として主張されることであるが、本稿の立場は、この類似性にひとまず距離を置いて考えようとするものであるので、後出註（38）大場博士の主張される意味と同旨に考えるべきではないかと思う。したがって、右記の学説に依るならば、マウラッハのいう意味において「独立犯」を理解するものである。

(30) 福田平・刑法総論一九三頁参照。
(31) 香川、前掲註(25)一五三頁以下参照。
(32) 斉藤、前掲註(26)二六〇頁は「未遂罪と全く同一のもの」であるとされる。一回の修正と二回の修正は既に別物であろう。
(33) Vgl. Fincke, a. a. O. (Anm.(10)), S. 52.
(34) 正田・刑法体系総論一八一頁、批判的考察二六頁参照。
(35) Vgl. Fincke, a. a. O. (Anm.(10)), S. 43. 同旨である。
(36) 植松、前掲註(29)二四〇頁参照頁。
(37) 斉藤、前掲註(26)二六〇頁。
(38) 大場茂馬・刑法総論下巻七七七頁。
(39) Vgl. Fincke, a. a. O. (Anm.(10)), S. 47.
(40) 正田、前掲註(24)二二頁参照。
(41) Vgl. Mezger-Blei, Strafrecht I, 14A., S. 113. この個所は、独立犯に関して論じているところである。しかし、予備罪も、独立犯、非独立犯の問題領域で論ぜられるとすれば、結果的に本稿と同旨である。
(42) 立石二六・刑法総論第2版二七四頁参照。

第七章　刑法総則と各則の関係論
――その構成原理――

一　はじめに――問題提起

わが国の刑法典は二編よりなり、その第一編を「総則」とし、第二編を「罪」としてそこにいわゆる各則を規定している。このことをうけて、刑法理論は、総則規定及びこれに関連して発生する諸問題を対象とする論考についてはこれを「総論」の名称の下に置き、「罪」すなわち主として刑法各本条を対象とする論考を「各論」と称して、両者を一応独立別個のものとして取扱うのが通例である。法典の構成に対応する形で、理論がこのように一応二分されているということは、刑法学が実定法の解釈学であるという事実に鑑みるならば、形式的には至当のことであるということもできよう。このことは注釈・注解のように逐条の解説を主眼とするものには一層あてはまることである。ただ、そのような場合ですら、それらを内容的にみるならば、総論＝総則、各論＝各則という図式で割り切られてはいないことがわかる。注釈書においても、特に第一編の前には「序論」ないし「序説」がおかれ、刑法自体の意義、機能をはじめ罪刑法定主義及び犯罪論の体系等、総則に直接規定されていない事項が論ぜられるのが常である。しかも、それらの論点は体系書等においてはまさに総論の中心的論点として取り扱われるものである。また、一方、総論の教科書にあってはさらに即成犯、継続犯、状態犯等の分類にその典型をみるいわゆる構成要件の種類に関する記述がなされる場合があるが、これはむしろ各則の分類に関わることであり、いわば「各則の総論」とされるべき部分である。このように、総論と総則、各論と各則はそれぞれその領域について多少のずれをもつものであることを知らなければならない。

まず、総則という概念については、それが実定法上のものであるということ、従って、刑法総則という場合、その範囲は刑法典の総則部分であるということは明瞭である。これに対し、各則という概念は必ずしも刑法典の二編部分に限定されるものではない。それは特別刑法の各則を含むものである。しかし、この意味に於ける各則はこれを広義のものとしつつ、刑法各則という場合には、通常、刑法典第二編を意味するものと考えることとなっている。

このことに比較すると、総論、各論の意義は必ずしも特定されない。最も端的にいえば、それは、前述のごとく、総則、各則のそれぞれの規定に対応する理論面として把握さるべきものであるが、体系書等の実際の内容を概観しただけでも、その形式に止まるものはむしろ稀であるといってよい。刑法総論であれ、刑法各論であれ、実定刑法の形式的枠を超えて構築されているのである。現在一般的犯罪論を考察の中心となしている総論にあってはもとよりであるが、各論においても条文の順序を目的的に変更して一定の体系化がはかられていることはもはや通例であるし、さらには、先にも述べたように特別法上の犯罪をもとり入れて全体を把握していくという形式のものもみられるのである。

従来からの伝統的な総論観、各論観をあげてみれば、まず、総論は「犯罪及び刑罰についての一般理論、つまり個々の犯罪や刑罰に共通な問題についての一般的考察である」(1)のに対し、各論は「個々の犯罪及びそれについて定められた刑罰についての特殊的考察である」[2]というように認識されている。そして、各論はむしろ「総論を発達させるための血や肉を提供するもの」[3]であり、いいかえれば「総論的な一般原理は、つねに各個の犯罪規定の研究を介して抽象されてきた」[4]ものである。ここにおいて、総論の内容は総則規定を土台としながらも、さらにそれを超えて、きわめて抽象的・理論的なものに昇華したことであったし、他面、各論の課題はそれぞれの犯罪類型の意味内容を分析的に明らかにし、それに基づいて具体的適用を論ずるというところに求められ、条文に密着する方法がとられてきたのである。

しかるに、近時、このような伝統的な考え方に対して批判的な動きがみられる。ドイツにおいては、伝統的な総論理論の有用性に疑問が提示されており、例えば、まずティーデマンによれば、一般論として「ドイツ刑法学は他の学問分野の認識にならい、しだいに、『完結した』体系という概念的－演繹的体系学から離れて、様々な事案類型（Falltypen）と事実にそくした正義（Sachgerechtigkeit）とに向けられた『半開き』の体系思考へと移行している」[5]とされる。すなわち、「新カント学派の影響の下で、刑法学においても特殊的なるものから一般的なるものへという方向づけをもった方法論がとられてきたのであるが、具体化という解意学上の理論を通じて部分的には既に逆の方向がみられる」[6]というのである。彼は特に、過度に一般化された理論では経済犯罪の特殊性を把握することができないという指摘をしている。この種の犯罪については、未遂、共犯、禁止の錯誤、時効のそれぞれにつき、特別の考察をしていくべきではないかというのである。この見解の詳細については後日に譲る。

次に、ナウケもまた別の観点から総論理論の絶対性を否定する。[7]すなわち、そこでは、総論の思考である犯罪三分法を各本条にあてはめていくという従来の考え方（つまり、個々具体的な犯罪要素を、構成要件該当性－違法性－有責性という総論体系に整序していく操作）に対し、そのような操作が当該犯罪にどのような現実的意味を与えるのかという見直しが重要であるとされるのである。

我国においても、「体系思考」から「問題思考」へという指摘がみられるが[8]、むしろ、各論についてのこれまでの思考に加えられる批判の方がより顕著である。例えば、藤木教授は次のようにいわれる。

「ところで、これまで、刑法各論の課題は、主として現行刑法典および付属の特別法の罪を体系的に整序したうえ、個々の罰則の定める犯罪類型を明らかにし若干の具体例をあげてその具体的適用を論ずる、ということに存するとされてきた。いわば、法規から出発して事実に論及するというのが、刑法各論の共通の方法であった。

社会生活関係が単純であり、社会生活観念上、合法行為と違法行為、よい事と悪い事との限界が比較的明快であった時代においては、刑法各論の役割もそれで足りたであろう。しかし、社会生活関係が複雑化し共同生活上保護を必要とする利益も多様化し、しかも権利・利益相互の衝突が日常化し、市民の価値観念も多様化しつつある今日の情況下においては、市民の日常行動と犯罪行為との境界線が錯綜し、そのため、かつては当然の絶対悪的行為として誰の目にも犯罪となることが明らかだと考えられてきた一般の自然犯、刑法犯についてさえ、違法行為の輪郭が不鮮明化する傾向が強まってきた。このことは、総論において、現代型犯罪、可罰的違法性理論に関連して強調しておいたところであるが、このような状態のもとにおいては、社会生活上、公衆が放置しがたい不法と意識する事態と、刑罰法規が本来の規制範囲と考えている類型的不法との間にずれを生ずることが例外ではなく、その犯罪類型に関連する非典型的な事態がどの範囲まで犯罪類型にあてはまることになるかを論ずることが、自己の利益を保全するために、国家に対し、あるいはそのような不法に対して既存の刑罰法規を根拠として刑罰権の発動を求め国家の保護を要求する被害者の立場に立つ市民にとってはもちろん、利害の衝突が避けられない生活領域において正当と信ずる生活活動を行う立場の市民にとっても、刑法解釈論として重要な実践的意義をもつ。さらに、そのような不法を刑事的手段によって抑圧することが必要であるとしたとき、現行法に欠けるところがあるならばどのような立法を行うことによって、所期の目的を、副作用的害悪を最小限にとどめつつ実現できるかという立法の基準を考究することが、重要な課題となる。この場合には、従来のような、法規から出発して事実に及ぶ考察方法では不十分であり、むしろ、現実の社会生活における不法事実から出発して、それと法規とのかかわりを検討する考察方法を積極的に推進する必要がある。(9)」と。

各論の中心的課題が各本条の意味を明確にすることにあるのは否定できないところである。けだし、いかなる総則規定も単独で適用されることはありえず、必ず各則の個別的犯罪規定の適用を通して具体化されるのであるから、その意味においても各則規定の内容の明確化はまず先決問題であるからである。他面、体系化という点では各論は総論に比して未だ若干の遅れを見せているといってよい。すなわち、従来その体系化はもっぱら法益面から図られてきているのであるが、ここで主として論議せられてきたことは、まず、国家法益、社会法益、個人法益という各則上の順位が、憲法思想の影響の下で疑問視されるという点であったし、また、立法者意思によれば例えば社会法益を侵害する罪であるとされてきたものが、学説上新たに個人法益を侵害する罪の下に再編成されたり、あるいはその逆のことが行われるというような形がこれであった。とはいえ、各則は罪刑法定主義の直接の支配をうけるものであるから、体系的解釈や目的論的思考によって再編された結果、可罰範囲に変動が生じるようなことがあるとすれば、そのような体系化が果たして許されるかどうかという新たな問題を生ぜしめることになる。従って、各論の体系化には総論のそれ以上に限界があることは否定できないであろう。

このように、ドイツにおいても、わが国においても、総論と各論の関係をめぐる諸問題はさまざまな派生的問題をも含みながら、未だ議論の途上にあるものといわなければならない。そのことは、総論、各論それぞれの任務を改めて問い直してみることを求めるものであるといってよいであろう。本章の目的は、刑法における総則―各則分離の根拠を検討するとともに、これを通して総論と各論の関係がいかにあるべきかを考察しようとするものである。この問題を考えるにあたり、フィンケの「刑法総論と各論の関係[10]」という論文がきわめて示唆的であったことを予め指摘しておきたい。本問題にとっては、各国刑法典を対象とする比較法的方法もあると思われるが、本稿においては、まず、わが国の刑法典を中心的にとりあげて検討することとする。

なお、註にあげた文献・法典はその大半が本稿初出当時のものであることを断わっておきたい。

二　総則成立の必然性について

1　歴史上及び体系上の相対性

まず第一に、総則を各則から分離させることの必然性という点について検討してみたい。結論を先取りするならば、総則と各則の二分性は相対的なものであるということである。このことは、(1)歴史的にも、(2)体系的にも明らかにされるところである。従って、総則は何か一定の目的の為に、意図的に成立せしめられたものであると考えなければならない。そのことがドグマとしての総論を生み出す根拠ともなるのである。以下、上記(1)(2)の二点について述べ、それを前提として、総則・各則分離の必然性について考えてみたい。

(1)　総則が各則から独立分離するという現象は歴史的には比較的新しいことに属す。なお、いうまでもないことであるが、わが国の刑法典（現行のもの）はドイツ刑法を母法とする継受法であるので、これは継受した時点からの歴史的実在として考えれば足り、したがって、わが刑法典についての発生史的検討はあり得ない。ドイツやフランスにおいては、啓蒙期の終り頃、すなわち一八世紀から一九世紀に入る頃、各州の法典が総則規定をもちはじめたといわれる。それ以前の、例えば、カロリナ刑法典では、窃盗と訴訟の為の規定の間に予防拘禁の可能性、幇助、未遂、責任無能力の諸規定が個別に定められていたり、正当防衛は生命に対する罪の個所で認められたり、また、教唆も特定犯罪についてのみ認められるものであった、という形での、いわば総則の萌芽的なものがみられるにすぎない。

これに対し、一七九四年のプロイセン普通法は現在の総論の本質的部分にも該る「犯罪ならびに刑罰一般について」という章を既に設けているし、一八一〇年のフランス刑法典も刑罰及び罰せられるべき人について規定している。一八一三年のフォイエルバッハのバイエルン刑法典は重罪及び軽罪に先立って初めて「総則」を明らかにしたものである。

さて、このような総則の漸次的分離の背景はどこに見出されるであろうか。まず第一に挙げられるべきものは当時の時代意識であろう。すなわち、合理性に基づいた、矛盾のない、完全な体系の可能性が立法の領域でも追求されたということである。第二には「厳格法」の思想である。すなわち、一般的な刑罰拡張事由や縮小事由を各則中に留めるとすれば、そのことは必然的に、裁判官に対して広範な立法的裁量の余地を与えることになるということと、片やそれらが各則として規定されることによって結果的には理論による支柱を失うことになるといえるからである。総則規定は、それを発生史的にみれば、結局、三権分立論に由来する立法独占性の反映として、裁判官の法創造を可能な限り排除するために設けられたものであるということができる。

(2)　総則と各則に分けることは体系的にも相対的なものである。なぜならば、各則からどの程度一般化されたものが総則になるのかということは特定できないからである[11]。メルケルによれば、総則とは大枝をもった幹であり、各則とはその木の小枝と葉である[12]。しかし、この形容は不適切である。けだし、大枝と小枝の区別がつきにくいからである。小枝が、全体の成長の中でどの程度大きく見えた時に大枝の範疇に入るのか、これは極めて相対的な問題であると思われる。その一例としてあげうるのは予備罪である。犯罪行為を時間的経過に従って把握する場合、予備→未遂→既遂という連続態になるが、刑法総則は未遂罪の規定はこれを有しているのに対して、予備罪についてはこれを有していない。予備罪は各則において犯罪毎に個別に規定されているのみである。(1)で見たように、未遂罪もかつては各則に規定されていたものである。それら各則上の未遂罪からその本質的な要素が抽出されうる段階に至った時、抽象的な未遂罪として、総則に移行したものと考えられるが、この移行は未遂自体の可罰性を一般的なものとして認めるためのものであったと解することができる。

わが刑法につき考えてみれば、第四三条は、実行に着手してこれを遂げなかった行為の一般的可罰性を明示しているものであり、結果を欠いた点に刑の減軽根拠を認めているものと解される。しかし、実際には、第四四条が当罰性による限定を加えているところから、罰せられるべき未遂は各則の領域に止まる。したがって、その限りにおいては、未遂罪と予備罪は類似点をもっている。同一行為の流れの中で、実行の着手前と着手後の行為段階が区別して取扱われるのは立法者の価値判断に基づくものである。予備罪についてもその可罰性を一般化すべきであるという価値判断がなさるとすれば、その段階で予備罪も総則に独立規定をもつはずである。未遂罪と予備罪の取扱いは立法者の判断に依存しているという意味で相対的であるといわなければならないのである。

同様のことは、各則に点在する減免規定をめぐってもいうことができる。例えば、自首や自白に関する規定を各則及び特別法に見ることができるが、両者ともそれによる刑の減免は政策上の要請であり、責任の事後減少であるといわれている。(13) このうち、自首については既に一般化されて総則規定四二条になっているが、自白についてはその総則規定がない。また、自首そのものについても、四二条は任意的減免であるのに対し、各則等の自首は特例として必要的減免である場合がある。これらの決定も刑事政策という特定の観点から選択されたものであるということができる。さらに、各則の親族相盗例も問題となる。この減免規定は、財産罪中三六、三七、三八各章に共通して認められているものであり、財産罪の中ではある程度一般化されたものであるということができる。四二条と比較した場合、親族相盗による減免が総則に規定をもたないことは、立法者の判断に基づくものであるという意味でやはり相対的であるということができよう。

2　総則成立の目的

以上述べたように、総則と各則を分けるということは、歴史的にも体系的にも相対的なものであるといわなければならないのであるが、それにもかかわらず総則と各則の二編からなる立法が行われている根拠はどこに見出されるのかということが次の問題である。まず考えられることは立法技術という形式的観点であろう。総則とは一般的に妥当する通則の意味に解されうるが、例えばドイツ語においてはAllgemeiner Teilと表現される。ここにall-gemeinとは全般にあまねく通用するの意である。ここからも明らかとなるように、本来総則とはそのような性質をもつ規定のことである。各則を犯罪のカタログとするならば、まずそれら全般に妥当するような規定はあらかじめ総則としてまとめられることになる。

刑法典の総則は単に刑法典上の犯罪のみならず、実質的意味における刑法全般に妥当すべきものでもある。ドイツにおいては、刑法典総則が有するこのような機能をKlammerfunktion[14]と呼ぶ。このように刑法全体を一つのまとまりをもつものとして統括する機能を果たすべきものが必要とせられたことが総則形成の大きな理由であるとフインケも指摘している。[15]総則領域の理論的中心課題である一般的犯罪論もこの機能を実質的に支えるものに他ならないと考えられるし、例えば、効力に関する規定のごとく、各則のみならず総則自体をも拘束する規定の存在も広義における Klammerfunktion を果たすものである。この機能をもつ総則の存在は立法経済という点からも有効である。さらに、犯罪のカタログ以外のものを内容とする規定を各則から独立させることによって、一方では各則の犯罪カタログとしての特質が保持されると同時に、他方、各則の支配原理から自由な規範領域の存在が認められてくるということもいえる。そこで、総則と各則が分離されることの背景には、単に立法技術論的なものを超える理論的要請があるのではなかろうか。そのことが次の関心事である。

これまで述べてきたように、総則は歴史的にも体系的にも一定の目的に指導されて生じてきたものである。では、総則はどのような目的のために各則から分離してきているのであろうか。その前提として、総則と総論の関係につき、重ねて検討してみたい。

総則が規定そのものを意味するものであるということは明らかであるし、その本質が一般的妥当性にあるということも明白である。しかし、法規は現実に即応しなければならないという性質上、その一般的妥当性も相対的なものであり、限界をも有するものといわなければならない。理論すなわち特に学説の必要性もそこに関係づけられている。まず、総則が生ずる段階で、理論はその生みの親であるといってよいであろう。総則分離が法政策上の要請（立法者意思）に基づくということはもちろんであるが、その前に客観性を担保するための理論が存在しなくてはならない。理論的に普遍妥当性をもつと考えられるもの、また、もたせるべきであると考えられるものが選択され、立法技術上の検討、整備が加えられた上で規定化が行われるのである。規定化された事柄はその瞬間から絶え間なくその普遍妥当性を検証され続けることになるであろうが、その際、検討されなければならないことは多様である。抽象的にいえば、その妥当性の存否、さらに、存在すると認めるために必要な補充理論（立法技術の上から規定化されないで残されたものを理論へ導入することも考えられるであろう）を中心として、それらの体系的把握に至るまでの過程は全て学説理論と判例理論によって相互補充的に担われることになる。

　もちろん、理論である以上、客観的に追求可能な限度まで検討するのであるから、理論によって立法の不備が指摘されることもあれば、法の欠缺が顕在化せしめられることもあるであろう。それらが補充可能であれば理論はそれを補充し、補充が不可能であれば新たな立法的解決を導く場合もあるのである。矛盾のない理論体系がなりたちうる法典であることは、原則として、その法典に属する個々の法規の解釈を安定させることになるといってよい。特に刑法総則のように直接適用されるものではない法規には断片性が強く、法規相互の内的連関を明らかにする作業は必須である。そこに総論の主たる任務があると思われる。

　総論的思考は総則の土台であると同時に、それを批判・補充するものであり、それが結果的に次の総則を生み出すことになるという相互関係が両者の関係であると解してよいであろう。したがって、総則を理論面から把握する場合には、総則というよりむしろ総論として論じてゆく方が適切である。(16)このように解すれば、当初の問題である、総則はどのような目的をになって各則から分離しているのであろうかということも総論の問題である。そこで以下では総則を総論として論ずることとする。

　総論の最も中心的な論点は一般的犯罪論である。現行の総則はこれについては消極的な形式で規定するのみであるので、積極的な要件についてはもっぱら学説がこれを補充している。この一般的犯罪論は、通常、それが法的安定性に寄与するという点で重要視されているものである。けだし、法的安定性は、主として、判決内容の予測可能性により保障されることになるのであるが、もし各則の個別構成要件毎に犯罪構築を試みることが裁判官に要求されるとすれば、その予測可能性はおよそ期待され得ないことになるであろうからである。したがって、思考経済の上からも、個々の犯罪要素を付加すれば足るだけの基本的な犯罪概念をあらかじめ明確にしておくことが必要である。この点についての異論は恐らくあり得ないであろう。

問題はむしろ次の点にある。すなわち、この犯罪論が「各則の総論」としてではなく、総則の領域にとりこまれるのはなぜかということである。伝統的な見解によれば、総則こそ法的安定性の保障を第一の目的として創られたものであるからである。イェシェックによれば、犯罪を分析・統合という形式によりつつ体系的に論ずる思考は合理的であり、事実から遊離することがなく、ばらつきのない判決を可能にするものであるから、それによって本質的に法的安定性の保障が図られるといえるのである。そして、このような認識は西欧刑法学の共通の基調であるし、アメリカ刑法学においてすら最近では認められるところである、とされている。[17] さらに、ロクシンが総論の機能に直接関係づけてこの法的安定性を挙げていることも注目される。[18]

これに対し、フィンケは、法的安定性は各則の原理であるとし、総則はむしろ正義を指導理念とするものであると解する。[19] その根拠は、各則は、罪刑法定主義の要請である、いわゆる厳格法に直接支配されながら、不法を類型化し、行為責任を前面におくものであるが、総則は、各則によって厳格に規定されている犯罪の限界を、場合によってはさらに縮小し、場合によってはより拡張するという形で緩和していく任務をもっており、行為者責任の面もとり入れて評価の個別化を図ろうとするものであると考えられるからである。

フィンケのこの思考は基本的に正しいものであると考えられる。なるほど、イェシェックの見解に代表される伝統的な総論観は総則の発生史にも合致するものであるし、特に一般的犯罪論が犯罪の認定方法の適正化に役立つものであることは否定できないのであるから、その意味で総論は法的安定性を保障する機能を果たすものである。しかし、フィンケも指摘しているように、未遂犯や共犯の規定の存在は別の見方を可能にするものである。フィンケはこれらの規定が各則によって定められた犯罪の限界を拡張するものであるとし、そこに総則規定がもつ修正機能をみる。同様に、量刑規定にいたるまで、総則の内容は全て各則の限界を修正する機能をもつと指摘している。[20]
思うに、量刑規定に対するそのような捉え方については異論はない。他に、罪数に関する諸規定も同様の性質をもつものとして挙げられるであろう。これに対し、未遂犯規定、共犯規定の本質を可罰性の拡張あるいは縮小形式としてとらえ、そのことを根拠としてそれらの規定が正義に資するものであるという考え方にはその前提部分に異論のあるところである。未遂犯や共犯規定の本質を拡張あるいは縮小形式とみる考え方の基礎には、各則の構成要件によって把握される限度の行為が本来的な犯罪であるという思考がある。この基本観は、歴史的にみて、犯罪を可能な限り限定的に捉えていこうとする法政策上の意図に由来するものであるといえる。しかし、現在、罪刑法定主義自体、政策論たるの任務を解かれ、解釈論としての新たな意味づけがなされている段階にあって、前述の基本観も見直しが可能であろうと思われる。

すなわち、可罰性の限界を画するのは各則のみではなく、未遂犯規定や共犯規定にもその機能があると解してもよいのではないかということである。未遂犯規定や共犯規定が当初は各則に個別に置かれていたということはすでに述べた。これらが抽象化されて総則規定となったということは何を意味しているであろうか。それは、未遂犯も共犯も犯罪現象として一般化さるべきであるということを原則的に明示しているのである。前者について明示するのは四三条であり、これに対し当罰性のみを限定しているのが四四条であると解される。そしてこの四四条の存在により未遂犯は結果的には各本条に個別に規定されている場合と同様の取扱いをうけるのであるから、それだけに、原則規定として先行する四三条の意義は一層重要であるといわなければならない。未遂を罰する旨の各則規定の有無にかかわらず、犯罪行為はその着手段階から一般的に犯罪現象として成り立ち得るということを認める規定であると解すべきであろう。後者についても同様に考えられる。共犯規定が各則から独立して総則規定になったということは、共犯現象そのものにつき、犯罪としての一般性が与えられたものであると解される。各則の犯罪は、原則として単独で行われるはずのものとして把握されるべきであろう。かくて、単独で行い得ることは複数でも行い得るということを原則化する規定であると把握するなら、共犯規定の存在そのものが共犯の領域からの単独犯原理の排除を意味するものと解される。

未遂犯及び共犯について述べたところから明らかであるように、総則が目的とするものは、単に法的安定性のみならず、また、具体的衡平という意味での正義に止まるものでもなく、むしろ、総則に属する規定に一般的妥当性を与えることにあると考えられる。それにともない、各則の任務は総則を具体化する際の限界を画するという意味で把握されるべきである。より具体的にいえば、総則において認められる未遂犯と共犯を加えた範囲のものが可罰性の限界を画するというべきであり、純粋に各則だけがその役割を担うと解すべきではないであろうということである。

すなわち、各則の範囲を原則とし、総則の規定をその拡張あるいは縮小とみるのではなく、逆に、総則の範囲を原則として、各則がそれに可罰性の観点からの限定を加えているのであるとみるべきではないかと考える。後に述べるように、総則の本質はその規定の性質の多様性に認められるが、このことは総則自体がいくつかの異った観点からの目的をになわされているということを意味するものでもある。

確かに、総則規定の適用範囲を明確にする為に存在している総論、なかんづく、犯罪体系を構築する理論は各論をその枠内に止めるという形式性を持つがゆえに、どの事案にあたっても結論に至る方法論は共通であるという意味での予測可能性を保障するものであるから、これが法的安定性という目的に適うものであることは否定され得ない。さらに、犯罪体系論に限らず、そもそも理論による裏付けという操作そのものが、規定の限界を明らかにするという副次的な成果をもつものである以上、法的安定性を目的とするものであるといえるであろうし、現行刑法典には存在していないいわゆる目的規定に明示されるべき内容を理論によって確定しなければならないとすれば、それは最も原則的な指針として凡ゆる解釈を規制すると思われる。したがって、総則という存在には、その一つの目的として法的安定性があるといえる。

それと同時に、具体的衡平原理が機能する場があるということも否定できない。フィンケによって指摘された点は正当であるし、さらに罪数論での吸収主義、併科主義が場合に応じて使いわけられる点、行為者主義をとり入れた各種の行刑上の規定や累犯加重の規定、酌量減軽の規定も具体的衡平という考え方から導入されたものであると考えられる。例えば、二五条一項、二八条、二九条一項、四三条、六六条の「……できる」という文言は結果的にそのことを表わしている。以上のように考えてみると、総則の目的は単一のものではなく、各則の厳格法を補充するという点でのみ共通項をもつ、いくつかのものにわかれると解することが妥当であろう。どの規定がどのような目的の下に属せしめらるべきかということも相対的な問題である。そのような思考を許容するのが総則の特徴であるということもできよう。

三　総則及び各則の本質について

さて、これまで、総則の成立上の相対性とそれを前提とした上での成立の目的について検討し、総則が各則から分離することの必然性について考えてみた。次に問題となることは、そのように把握される総則と各則のそれぞれの本質はどのようなものであろうかということである。以下、この点について検討することとする。

1　総則の本質

まず、総則の本質について、である。第一の視点としてとりあげられるのは、各則の実定的性格に対し、総則の哲学的性格を指摘する見解である。前述のように、総則は発生史的にみれば理論的探求の成果である。例えば、国家刑罰権というような抽象的観念は、各則に規定された個々の罰則を取り扱う過程で思惟的に成立してきたものであるし、法の適用というような、比較的具体的な問題も各則の適用から抽象して生じたものであると思われる。このような学問的性質はその思弁性のゆえをもって、哲学的という表現にいいかえられるものと考えられる。各則の存在を前提とし、その適用を論ずる「各論」から、帰納的に抽象的観念が抽出され（この過程が本来の総論思考と呼ばれうるものである）、さらに、その観念に内在すべき理念、あるいはまた、例えば罪刑法定主義の成立根拠がそうであるように、刑法とは区別される国家法的な、いわば、刑法にとっては外在的な要請に指導されて、新たな理論的展開がもたらされることが考えられる。「総則」はそのような種々の思考の実定法における結実として把握されうるであろう。

そしてさらに、成立した総則規定の解釈論としての「総論」も誕生することになる。したがって、厳密にいえば、本来の総論的思考、すなわち、対象を諸要素に分析し、そこから共通要素を抽出して統合するという一般化思考と、既にできあがった総則の解釈論という意味での総論とは、形式的には区別されなければならない。例えば「各則の総論」という表現はもっぱら前者の領域に属するのであるし、逆に、解釈論としての総論の場合にも、その中に個別的な、いいかえれば逐条という意味での各論的な問題が属しうるであろう。したがって、少なくとも解釈論としての総論が、各論と比較された場合、どの程度実定的でないかということは量的な問題でしかないように思われる。これに対し、総論的思考は非実定的なものである。

フィンケによれば、[21] 例えばフォイエルバッハは当初このような意味での総論を「哲学的」と表現し、未だ特定されていない国家の刑罰請求権の可能性をそこで論じ、それと対比される実定的なものとして、各論をおいて、そこで特定の国家の現実的な刑罰請求権を論じた。後に、彼は総論の下では違法行為一般の処罰に関する共通原則を論じ、各論の下では個々の違法行為の処罰に関する特別の基準を論じた。しかし、彼の場合にも、総則そのものに関しては、実定的な観点でこれが把握されている。けだし、一八一三年のバイエルン刑法典の総則はいわゆるKlammerfunktionをもつものと考えられているからである（この機能が果たすべき目的は、学問的な命題の介入を排除することであり、学説及び判例に対し、立法者の意思を恣意的に変更する機会を与えまいとするところにある）。

メルケルもまた総論の哲学的性質ということを思考した一人である。[22] ただ、彼の場合には、実定法学はもはや哲学と対立する立場にあるものではなく、それが学問たるためにはむしろそれぞれの分野ごとに哲学を吸収するものでなければならないとされるのである。この点において、総論の哲学性と各論の実定性を対比せしめたフォイエルバッハの思考とは異質のものである。メルケルの総論思考の基礎をなしている思想は統一的な学問体系ということである。彼の見解によれば、総論といわれるべきものはいかなる分野にも存在しなければならないはずのものである。けだし、学問を、進展する過程的なものと考える以上、孤立的に他との関連なくとりだされる要素はその学問対象たりえず、したがって、個別的なものからは必ず全体への属性あるいは関連性を意味づける本質部分の抽出が行われなければならないからである。個別的な事項についての探求は、一般化及び相互の関係に向けられた探求に結びついてこそ一つの意義あるものになるのであるし、それによって初めて学問という概念を充たすものになるのである。

さて、メルケルによれば、学問領域における精神活動は二つに大別される。一つは、知識の幅を拡大していこうとする動きであるし、他の一つは、得られた知識の求心化をはかろうとする動きである。後者すなわち求心化の動向の基礎となる学問活動をメルケルは「哲学的」と称するのである。総論の哲学的本質にいう哲学的とは、まさにこの意味に他ならない。この哲学的活動は、それが当該領域に存在するものの基礎となっている諸要素を特定し、これらの要素の一般的態様及び相互の関係を確定することによって、個別の知識あるいは単独に展開された理論間の関連性を認識させることになるのである。これらの哲学的考察の成果が集積されるところがそれぞれの総論である。したがって、刑法の総論においては、犯罪と刑罰の本質及び両者の関係が一般的な根拠を示して論ぜられるべきであるし、さらに、個々の刑罰法規の内容及び適用にとって一般的な形で定められるべき事項、例えば、時効や量刑基準が論ぜられることになるのである。そして、事実、これらの事項は、その実定法上の根拠並びに全体に対する統一的なつながりを、総則の諸規定によって保障されるはずである。

さらにこれと同様の体系が、法律学全体の総論としての法哲学と個々の法律学総論との間にも成立するものと考えられる。すなわち、法律学全体も法律学総論というべきものを持たなければならないとされるのである。個々の法律学総論は、それに結びつけられ、かつ、それによって内容が補充されるものと考えられる。すなわち、個々の総論段階でいわば中断状態に置かれている諸問題はこの全体の総論において改めて伸長し、自然的な終結に至ることになるのであるし、個々の総論で得られた結論はここで確証され或いは修正されることになる。

かくして、個別分野で認められた、各法律に固有の客体に関する諸概要は、ここで一個の全体図にまとめあげられるはずのものになるのである。例えば、刑法総論において論ぜられる一般的犯罪概念はあくまで刑法規範の要素としてのそれである。しかし、それは、法律学総論の段階では刑法規範を越えて、一般的な法侵害と概念に昇華し、他の法規範、例えば、民法上の不法行為や、行政法違反などに共通する上位概念として形成されることになる。このようにそれぞれの総論を基準として相互の関係（合の関係のみならず、反のそれもあるであろうし、また、関係自体が否定される場合も含まれるであろう）を検討し、共通の原則を探求して、ある統一体を形成せしめるという段階的な考察は、法的生活にまとまりを与え、その体系化を可能にするといってよい。

このことを押し進めていくならば、メルケルが指向したように、各法律学の最も重要な任務である法発展史への寄与を果たすことが可能になると考えられる。例えば刑法学者が、総論という本質的な形で各国の刑法を把握し、その中で繰り返されている段階的結果を知りうるならば、そこから法全体の一定の進歩の契機というものを得ることができるであろうからである。

さて、メルケルのこのような思考及びそこに位置づけられる総論観は、法律学の、さらにはそれを超えて学問全体の体系化を目指すものとしては一貫性をもつものといえる。しかしながら、このような特定の視点の下で把握される総論は逆に二つの意味において実定的な基盤からは遊離しすぎるきらいがあるといわなければならない。すなわち、一つには、それはあたかも各々の実定法から、それを実定法たらしめている固有の規範目的を排除し、「Recht」という共通の観念形象を採りだす過程に類似するものであるからである。このような観念形象は、それが純粋であればある程、法と法以外のものの区別には寄与するであろうが、法の領域内での何らかの機能を果たそうとする場合には一度捨象された具体性を再び加えてみざるをえないのである。それと同時に、一個の法律の中にあっても条文を構成する法概念は相対性をもつ。したがって、各本条の個性を切り捨てて共通要素のみを採りだすという形での抽象化を図ったとしても、それはおそらく当該法律の体系化ということ以外の何物でもないといえるであろう。「哲学的」ということを、その抽象化操作の意味にとるとすれば、それはメルケルが主張するように個別的＝特殊的なることに対置せしめられる性質のものとして把握されるに留まり、反面、おそらくメルケルの意に反して（すなわち、フォイエルバッハの見解の如く）、実定性を離れた理論的内容のものに転移をとげると思われる。この意味において、哲学的という意味は実定法に欠缺部分が存在する限り（立法者による意図的なそれであるか否かを問わず）、純理論的な見解が入りうる余地があるというように把握されるべきであると考える。

二つには、総論をメルケルがいうような意味で捉えるとすれば、総論は、個々の犯罪群にとっての総論部分にあたる上位の法規を取り扱うものでなければならないはずである。しかし、総論の実定法上の基礎である総則は、各則の構成要件の上位概念を規定するものではなく、むしろ、個々の総則規定には、例えば効力に関する規定のように、当該法規全体に対し直接個別に適用されるものもあれば、未遂・共犯規定のように、各則の構成要件と内容上並列関係にたつものも存在する。さらに、刑法典七章の諸規定のように、犯罪構築に関して消極的な方法で規定しているため、一般的であるとはいえるにしても、高い欠缺性のある規定も存在する。これらはいずれにしても各則の構成要件によって具体化せられうる内容のものであるとはいえない。いいかえれば、現実の総則規定は、それらが充足されるためには各則が必要であるという性質のものではなく、それら自体が各則と同様に直接包摂性をもつものであると考えられる。このような実定法規定に鑑みて、メルケルの総論観は明らかに実定規範から遊離するものといえるのである。

さて、第二の視点として考えられるのは総則あるいは総論の原語である「一般性（Allgemeinheit）」ということである。第一の視点であった哲学的本質の個所で述べたことと重複する部分が多いが、その理由は上述のところから明らかであろう。実定法としての総則がこの性質を保ち得ないものであることについては既に指摘した。反面、学問としての総論はこの一般性ということを本質とする。第一に、すでに触れたいわゆる総論的思考は個別的なるものから共通要素を抽出するという意味で、まさしく一般的基礎を構築するものであるし、第二に、総則の解釈論としての総論も実定法の断片的な規定を体系的に把握するために規定上の欠缺部分の理論的補充を先決としなければならないものである。この点において、総則の母体である総論的思考と、総則の事後解釈論としての総論は実質的に結合するものと思われる。なぜならば、歴史的にみて、前者から総則が生み出されたとすれば、立法者によって意図的に、あるいは、意識されることなく、採択されなかった部分を探り出すことこそが欠缺部分の補充に他ならないからである。

前述のように、総則の規定はそれぞれが個別の包摂性を有しており、その内容の具体化の為に各則を必要とするように構成されていない。しかしながら、反面において、法規定はその総則、各則を問わず、規範としての抽象性をもつものである。「人を殺した者は云々」という規定は「罪を犯した者は云々」という命題より具体的であるが、殺人の凡ゆる態様をそこに含むべきものである限り、個々の具体的殺人事実に比すれば抽象的であるといわなければならない。したがって、各則の規定にしてもそれを適用する段階においてはさまざまな疑義を生むことになる。特にわが刑法のように法定刑の幅が広く、量刑が大きな問題となる場合には刑罰とは一体何であるのかというような根本的問題を看過することは許されないところであろう。

同様なことは、総則の解釈にもあてはまる。特に刑法七章のように犯罪の不成立というような消極面からの規定を解釈するためには、そのような場合、なぜ不成立が認められるのか、逆にいえば、どのような消極的要件が機能するがゆえに不成立とされるのかという実質論議が不可欠のものとなる。このことは七章に止まるものではない。効力規定たる一条においても、「罪を犯した」とは何を意味するのかということが問題となる時点で、犯罪とは何かという一般的な視点が必要となってくる。結局、刑法典が犯罪と刑罰に関する法律であると定義されるものである限りは、その二者の本質及び相互の関係についての一般的把握が、凡ゆる具体性を越えた、刑法の哲学的基礎づけとして要請されることになる。総論はまさにこのような「刑法理論[23]」の場を提供するものとして、必然的に一般性という本質をもつものと解されよう。

さて、これまでは総則の本質を理論的な面から検討してきた。既にそこで散見されたように、総則自体はさまざまな規定から成り立つ。ここにわが刑法典を例とすると、以下のごとくである。第一章法例（現・通則）、第二章刑、第三章期間計算、第四章刑の執行猶予、第五章仮出獄（現・仮釈放）、第六章刑の時効及び刑の消滅、第七章犯罪の不成立及び刑の減免、第八章未遂罪、第九章併合罪、第十章累犯、第十一章共犯、第十二章酌量減軽、第十三章加減例（現・加重減軽の方法）、である。一章は刑法の効力に関する規定であって、各則のみならず総則自体を、さらには特別刑法等他の刑罰法規をも包括する前提的規定である。二章は刑罰体系を明らかにして、各則の刑を限界づけると同時に、特にその執行方法をも規定するものとして行刑規範にもなっているし、その一〇条は総則・各則双方にかかる規定である。三章は自由刑の期間や時効期間等、総則・各則にわたって必要となる期間計算の基準を明示する。四章及び五章は行為者責任の観点をとりいれた制度であると意味づけられているが、広義の行刑規範であり、刑事政策的規定である。六章は刑罰権の消滅、特に現実的刑罰執行権を消滅させる規定である。九章は理論的には犯罪の個数の問題を論ずるものであるから、例えば団藤博士のような立場からは構成要件該当性の外延の問題であるとされ[24]、その限りでは犯罪論そのものに関わる内容の規定である。しかし、条文上は訴訟法的性格も認められるし、科刑基準たるものもある等により、犯罪の構成要素に直接関わっていく規定ではない。十章は四・五章と同性質の刑事政策的規定であるといえる。十二・十三章は量刑基準である。これに対し、七章は故意や過失という犯罪の構成要素や、正当防衛をはじめとする、その不存在が犯罪成立の要件となるような要素が規定されている。したがって、この章はいわば先取りされた構成要件要素の章であるということができる。八・十一章については、既述の如く、これらの規定の存在は各則と相俟って可罰性の限界を画するものである。すなわち、各則の犯罪類型は両章の限度までの現象性をもつといってよい。したがって、この両章の規定はそれぞれ可罰性の有無及び程度を各則と共働して決定するものであるということができ、その性質はむしろ各則に近いものであるということができる。

以上の概観からも明らかであるが、規定内容からみた場合の総則のこのような多様性も看過さるべきではない。従来、総則の機能は全ての犯罪あるいは少なくともある一定の犯罪群に対して同じように適用される事項を立法経済上先取りして規定することにあると考えられてきており、これをKlammerfunktionと呼ぶのであるが、この場合のKlammerを括弧とすれば、総則規定がこの機能を果たすべく括弧の前に位置づけられるその根拠は一様でない。

例えば効力規定のように当該法典の適用そのものに関する規定は、適用法としての性質上括弧の前に出されるのであるし、時効や執行猶予のように実体法と関わりをもたない訴訟法的規定や刑事政策的規定もその故をもって括弧の前に出されるのである。これに対し、未遂犯や共犯という現象形式を表わす規定や、違法性阻却事由、責任要素等の規定は可罰性の有無及び程度に直接関わるものであるから、各則との関係は密であり、単に自動的に括弧の前に出されたものであるとはいえない。むしろ既述のような目的性の下で意識的に各則から選別されていったものであると考えるべきである(25)。

総則は章毎に目的を異にする内容の規範をもつものであるから、したがって、例えば各則から抽象されて一般的犯罪要素がとり出されるような形で、章全体、あるいはいくつかの章の間で一般化が可能であるということはありえないし、さらに、より根本的には、ある章内容の背景にある思想が他章のそれと対立的関係にたつこともありうる。特に刑に関する規定にはそれが顕著であるといってよい。既に述べたように、執行猶予や仮釈放の規定は明らかに行為者責任の観点をとりいれたものであるし、また、改正刑法草案に保安処分の制度がとり入れられたことはその最も顕著な例であるといってよい。結局、総則の多目的性がそれを許すのである。

2　各則の本質

次に、各則の本質についてである。各則の本質はその比較的広範な同種性を前提として論ぜられることとなる。各則の中には、周知の如く、数種の特例、親告罪規定、準用規定等が含まれており、それらは部分的には Klammerfunktion を有するものではあるが、その性質上、理論的に各則の本質を形成する要素であるとはいえない。むしろ便宜的にそこに配置されたものであると解してよいであろう。各則の同種性は、各則規定がそれぞれ具体的に犯罪を定義づけ、さらにそれに対する法定刑を明示しているという点にみられる。そして、そのことはまさに各則の大半の規定がそのようなものであることをもって、各則の本質をなすものである。

それでは、各則が犯罪を定義づけ、法定刑を明示するということはいかなる意味をもつのであろうか。第一義的にドイツ基本法第一〇三条II項にいう罪刑法定主義を指向するものであることはいうまでもない。したがって、この問題につき、考え方に幅がありうるとしても、それは罪刑法定主義の枠を越えるものではないといわなければならない。各則のみが法定刑を規定するという点については条文上も理論上も疑問のないところであるのでここではとりあげない。これに対し、犯罪を定義づけるということの内容は必ずしも一義的ではないはずである。例えば、フィンケによれば、各則によって類型化された行為の不法の中核（Zentrum）が、ここ（すなわち、各本条）に存在しているのだということを明示しているのが各則であり、それがすなわち犯罪を定義するということである。[26]そして、各則に規定されている行為類型が現実の行為により具体化された場合、そこには立法者の見解により不法の徴表（Unrechtsindikation）であるといえるものが表出されているのである。(27) フィンケはこれを法益の侵害であるとする。したがって、例えばドイツ刑法二二六条a（現行規定では二二八条）被害者の同意のように各則に点在する違法性阻却事由は総則理論に移譲される方がよいといえるのであるし、他面、例えば同じくドイツ刑法第三五七条一項部下を犯罪に誘惑する罪にみられるような独立教唆罪を理論上共犯規定であるとして総則で論ずることは許されないということにもなるのである。けだし、立法者が各則に配置したということは、誘惑行為自体の中に不法の実体が見出されるということであるからである。このことは予備罪にもあてはまる。

各則の本質は犯罪となる行為の種類と態様を類型的に明示しているという点に認められるが、これは罪刑法定主義という政策的原理の要請であって、それ以外なんらの制約も受けるものではない。各則は立法者の刑事政策的な判断により、法益の侵害であると評価される行為が規定化せられたものであり、その限りで、伝統を「継受するにあたっての個人の裁量の問題(28)」であるともいえるのである。そこで、問題は、立法者が何を法益の侵害であると評価したかということになる。すなわち、各則犯罪はもっぱら刑事政策的配慮の所産であるがゆえに、さまざまな観点からの不法実体がみられるはずであるから、それに論理的に先行する総則理論での違法概念は極めて抽象化せられるか、あるいは、比較的多数の犯罪に共通する不法はそれの内実とするが、他はこれを例外として併存させるという形にならざるを得ないと思われる。したがって、その違法論の具体化にあたっては各則の不法実体を事実上先取りして検討せざるを得ないともいえよう。この意味での各則の役割を補充機能と呼ぶとすれば、総則理論に対するこの補充機能も各則の機能面での本質であるといえる。

そこで、各則の側でも各犯罪の分析を出発点とし、さまざまな観点からの体系的統合（法益論の観点からであれ、刑事政策的な観点からであれ、立法論的な観点からであれ）を目的とする理論化が必要となってくる。それ故、理論的な面から構築されるべきこのいわゆる各論の範囲は、各則の解釈ということを基準として把握されるものより広範であるということができる。(29) さらに、厳密にいえば、各則の総論であるはずのものが総則上の理論として取扱われてきていることを顧みるなら、このことは一層いわれうるところである。

例えば、各則規定の中で繰り返し使用される要素の類型、すなわち、作為犯、不作為犯、形式犯、結果犯、侵害犯、危険犯等の類型概念は現在構成要件の種類として構成要件論の中で論ぜられるのが常であるが、これらは本来は各則の中の総論的部分であるべきはずのものである。それにもかかわらずこれらの概念が総則理論で取り扱われるということは、論理的には各則からの独立先行性をもつにいたることを意味する。その最たる例は理論による不作為犯の形成過程であろう。これらは総則理論に位置づけられることによって、抽象的概念として独立し、罪刑法定主義に制約される各則解釈が硬直化した際にそれを実質的に緩和する機能を果たしているように思われる。各論はそのような総則理論に先行されるものとして、総論による緩和をどの程度受容すべきかという視点を持たなければならない。その為には、各論自体が、逐条解釈の枠内で限定解釈を行い、罪刑法定主義を厳守することを直接任務としながらも、なお一歩進んで各本条の体系化という統合的な視座をもつ必要があるのである。実際、これまでの各論の発展過程はそのようなものであったと思われる。

これに対し、既に序論でもふれたように、従来の条文解釈学とは発想を異にする研究方法が各論で模索されてきていることは注目に値する。すなわち、法典から社会事象としての事実関係へ、という視点の転換がこれである。(30)

上述のように、従来の解釈学は法文の字句解釈に重点を置いてきている。刑法各論でいえば、いわゆる構成要件の分析が主たる内容である。そして、明確にされた構成要件の枠の中に社会的事象を該当させていくのであるが、その際、周到に分析され解明されるのはもっぱら法規範としての構成要件の方だけである。法を裁判規範として把握するとすれば、裁判の対象物の分析そのものも不可欠ではないかということが考えられる。

特に現代のように経済機能をはじめとして社会の諸構造が複雑化し、社会的行為の幅も国際的なものになってきている状況にあっては、構成要件にあてはめられるべき行為をそれ自体の行態によって分析分類することが必要である。藤木教授もいわれるように、社会生活上放置しがたい不法であると公衆が考えるような行態と、法がその条文で類型化している行態との間には「ずれ」が生ずることがある。法適用という操作においては、その「ずれ」がどの程度許容されるかという判断が要求されるはずであるが、その許容限度は当該の個別事件において問題となるのみならず、類似の他事件との比較においても検討されなければならないものであろう。そのことを容易にする為に、社会的事象そのものの分類化と整序が必要であろうと思われるのである。このことの為にいかなる具体的方法論がとられるべきであるかということは今後の検討課題である[31]。ここで明記しなければならないことは、このような社会的事象からの視点を今後の各論の本質的な視点として指摘することができるであろうということである[32]。

四　総則と各則の関係について

次に、総則と各則の相互の関係について考えてみることとする。総則と各則を区別する基準として、総則規定は常に各則と結びついてのみ現実に適用可能となるのに対し、各則は効力に関する総則規定の存在を別とすれば、歴史的にそうであったように、それだけで適用可能性を有するといえるのではないかということが想定される[33]。しかし、このことは否定されなければならない。けだし、各則の中には、例えば二〇七条特別共犯例のように総則六〇条を必要とするものや、二一九条、二二一条のように他の各則規定（二七章の規定）を前提とするものが存在しており、必ずしも単独で適用可能性を有するとはいえないからである。

また他方、総則規定に関しても場合をわけて考えてみなければならない。先にも示したように、効力規定は総則自体にも適用されなければならないし、個別的には総則規定がさらに総則規定そのものに適用される例もあるのである。未遂犯や共犯の規定がそれである。これらの規定は各則の可罰範囲を変動させるものであるから、各則の存在を最も不可欠とするはずの規定であるが、このように各則と密接に結合すべき総則規定に対してですら、各則の構成要件にのみ適用されるものという特徴づけはできないのである。なぜならば、例えば連鎖的教唆においては六一条二項により教唆犯の規定はまさに総則規定に適用されるのであるし、教唆の未遂においては未遂犯の規定が総則の教唆犯規定に適用されるからである。基本的には、総則は果たして総則の可罰領域をさらに拡張し得るのかという問題となるのであるが、これに対し総則自体は何の解決も与えていない。もっぱら学説がそれぞれの基本思想を導入して、総則を解釈・補充するのである。

例えば形式的構成要件論の立場からは上述の場合につき可罰性を否定することが多いが、その根拠は実行行為の定型性による枠づけ機能が二重の修正により著しく減少する為であるということになる。

構成要件論は同様の根拠から各則規定である予備罪について共犯規定の適用を排除するが、他方、四三条中止犯の準用についてはこれを認めない見解ばかりではない(34)。結局、同一の各則規定に対して、ある総則規定は適用され、他の総則規定の適用は排除されるという選択が行われているのである。理論的にみる限り、いずれの場合にもその解決の鍵は、予備罪に実行行為という概念があてはまるのかどうかという点にあると思われる。この問題はここでの直接の論点であるとはいえないが、しかし、総則と各則の間の一つの関係状況を示唆するものであるといえる。そこで、この問題を例にとって検討してみることとする。

予備罪の場合、いわゆる基本犯の意味における実行行為が存在しえないものであることはいうまでもない。予備罪に基本犯に対する目的従属性を認める限り、前者は明らかに実行の着手以前の現象をとらえたものであるからである。そのゆえをもって予備罪には実行行為概念があてはまらないと解し、したがって、総則の、いわゆる実行行為の存在を前提とする諸規定との結合を否定する見解も充分認められるところである。[35] しかし、それと同時に、予備罪の目的従属性はこれをあくまで当該予備罪の固有性として捉え、それを超えて予備→未遂→既遂という一連の時間的経過事象の中で予備罪を位置づける要素としてまでは評価しないという考え方も成り立つと思われる。すなわち、予備罪をもって既遂の前々段階とみるのではなく、独立の犯罪として把握するということである。

先に、総則規定成立の相対性についてみた時、犯罪は未遂段階から総則化しているのであって、その予備は各則に止まっているということを、立法者の意思によるものであるとしたことであったが、この選択には目的的な意図があると思われる。すなわち、予備行為は現象的には実行の着手の前段階であるが、それはあくまで予備行為の性質であって、予備罪という刑法的評価を受けた概念の性質ではない。立法者は、実行の着手をもって犯罪の一般的基点とするものであることを、総則たる未遂規定により闡明していると解すべきであるから、実行の着手から結果発生までが犯罪の基本型として評価の対象である。また、未遂犯につき、詐欺罪の例にみられるごとく、結果の不発生だけが未遂の要素ではない。すなわち、予備、未遂、既遂を、結果を終点とする時系列段階として把握することとは必ずしも一般性をもつものではないのである。予備行為には定型性を認めることが困難であるという理由でその実行行為性を否定する見解は、右のような段階性を前提とする考え方であるように思われるが、予備が各則に止まるものであるところから、実行の着手を分水嶺として、予備罪を特殊な独立犯罪類型であると解し、結果発生を前提とする通常の実行行為概念とは異った独自の実行行為を有するものであると考えることも可能である。[36]

思うに、結果発生の危険性という観点からすれば予備罪にその可能性は極めて少ないといわなければならない。それ故、予備罪の犯罪性をそこに求めることは困難である。予備罪の犯罪性はむしろ個別的に評価されていくべきではないであろうか。その意味で通常の結果犯構成とは別の犯罪類型であると考える。形式的にはそれぞれの罪名に該る犯罪実行行為が存在しうるということ、したがって、それに対する他者の加功は充分考えられるということに基づき、予備罪への共犯行為の適用を認めることは原則として可能である。ただし、問題はこの原則が全ての予備罪に妥当するであろうかということである。周知のように、予備罪の構成要件は一様でなく、条文の内容により、自己予備に限定されるもの（例えば、一一三条、二〇一条、二二八条の三、二三七条）、他人予備を含みうるもの（例えば、七八条、八八条、九三条、一五三条、破防法三九・四〇条）に区別されうる。[37]自己予備罪に関しては、これを修正構成要件とし、これに対して重ねて共犯規定を適用することは許されないとする主張を別とすれば、通常の目的犯への加功と同様に考えて、共犯規定の適用が認められるべきである。他方、他人予備罪に関しては、加功形態自体が予備行為に該当するものといわなければならない。したがって、実質的に共犯規定の適用を認める必要がないことになる。直接、当該予備罪の実行行為にあたると評価されうるか否かがその可罰範囲の基準となるであろう。

さて、本章の直接の論点に立ち戻ってみるに、以上の考察からいいうることは、予備罪という素材に関して、総則の共犯規定は一般的・形式的に適用の可否が論ぜられうるものではないということである。すなわち、各々の予備罪の特質に応じて共犯規定の適用が、あるいは受容され、あるいは否定されることがありうるのである。いいかえれば、共犯規定の適用は一律ではなく、むしろ適用の結果が考慮されるという実質的妥当性の働く場面があるように思われる。このことは、総則規定に認められる具体的衡平という意味での正義の原理が然らしむると考えられる。

そして、このことが一層顕著に現われて学説に反映するのが予備行為の中止の問題である。けだし、この問題は前者とはことなって、結果的に類推の問題に帰するからである。問題の状況を具体的にみてみたい。総則規定四三条ただし書が各予備罪にも妥当するか否かが直接の問題である。この問題の前提としては予備罪にその未遂がありうるかという問題がある。もし未遂が観念されうるとすれば、四三条は準用ではなく適用の問題となる。未遂はありえないとすれば、それにともなって、未遂の一態様たる中止の規定も当然その適用を排除されるし、あるいは類推のみ可とされて準用されるかのいずれかである。理論的にはすでに古くから論ぜられてきた問題であるが、上で述べた予備罪と共犯の問題と同様に学説はわかれていて合一をみない(38)。当初指摘したように、予備罪に実行行為概念があてはまるか否か、いいかえれば、構成要件の修正形式であるか否かということがこの問題の大前提にあることは否めないのであるが、実際には、例えば小野博士がいわれるように、未遂罪と比較した場合の刑の均衡という観点から実質的に考察されているように思われる(39)。

ところで、この問題においても予備罪と予備行為とはこれを区別して論ずることが必要なのではあるまいか。まず予備行為として事実的にみる場合、その行為の実行に着手するという意味での未遂状態は確かに観念されうるところである。独立構成要件として類型化されている行為についてはもちろん、単に予備として記述されているものについてもこのことは否定できないであろう。しかし、ここにいう未遂とは、刑法四三条にいうところの未遂と性質を異にするものである。ここでは単に予備行為を開始したということを意味するに過ぎないのであるから、むしろここで四三条のそれと紛らわしい「未遂」という術語は用いるべきではない。したがって、予備行為にも未遂がありうるという表現をするとしても、それは予備罪に四三条が適用されることを意味するものではない。予備罪としての処罰は予備行為自体の既・未遂を問わず、およそ当該予備行為に着手した時点で既に成立するものといわなければならない。それ故、予備行為自体の中止は観念されうるとしても、四三条ただし書の意味における中止は考えられないというべきである。そこで予備罪の場合の中止論は予備行為終了の後、実行の着手にでなかった場合に、四三条ただし書の精神を類推しその準用を認めるべきかどうかという形で提示されるのである。

学説は三種にわかれる。(40) 準用を認める積極説、これを認めない消極説、独立予備罪には認めないが修正形式としての予備罪には認めようとする二分説がそれである。特に問題は中止未遂の規定が刑の免除を認めている点である。凡ゆる予備罪に四三条が類推適用されるとすれば、各則の予備罪において、例えば強盗予備罪の如く、刑の免除までは規定していないものにまでその効果が及ぼされることとなる。学説の対立はいわばこの点をめぐってのものであるといってよい。

積極説に共通する思考は処罰の均衡を意図する衡平論である。例えば小野博士によれば、「すでに予備行為を為したるにかかわらず、其の目的とした犯罪の実行を拋棄した場合に於て、予備罪として完全に処罰せらるべきものであるか、又は未遂に付てさへ其の自己の意思に因り止めたるときは、其の刑を軽減又は免除するのであるから、其の未だ実行に着手せずして之を拋棄した場合に於ても亦其の規定を準用することが公平ではないかといふ点に在る。……私は予備行為に付き中止犯というものを認めざるも、或る犯罪の予備を為したる者が、未だ其の実行に着手することなき間に、其の実行を拋棄したときは、其の予備罪につき中止犯の効果を準用すべきものであると信ずるのである」(41) とされ、また下村博士によれば「すでに、わが国、並びに、ドイツの学者等によっても指摘されている如く、実行に着手したのち、任意にこれに中止すれば、其の刑が減免されるにかかわらず、実行着手前の予備段階で思い止まったのでは、刑の減免を受け得ない、とすることは、いかにも事態の衡平を完うし得ないし、したがって、正義の要請に反する。ことを合目的に理解しても、何ら法的安定性を害するものとは思われないので、積極説が正当である」[42]とされるのがこれである。

これに対し、消極説は、予備罪が各則に限定されていること、総則上に予備罪の中止を認める明文規定がないこと等を立法者の特別な意思であるとみて、これを類推解釈によって動かすことは許されないと主張する。例えば、古くは、泉二博士によれば、「中止未遂罪ノ処分ハ一般的ニ之ヲ総則中ニ規定シ予備罪陰謀罪ノ処分ハ各場面ニ付キ各本条中ニ之ヲ規定シタルコトハ特ニ説明ヲ要セサル事実ナリ而シテ各本条ノ規定ハ総則規定ト矛盾スル場合ニ於テ之ニ優先ス可キコト亦解釈上疑ヲ容レサル原則ナリ」[43]とされているし、また、下って、植松博士によれば、予備に中止未遂を認めるべき成文上の根拠がないこと、及び、類推適用を可とする前提として、予備を一種の実行とみなさなければならないが、その点に疑義があるという指摘がなされている。[44]このような立場から、右の論者達は予備罪処罰の規定をもつ犯罪については中止未遂による免刑は認められないとされるのである。

二分説は予備罪を独立予備罪と非独立予備罪に区別し、非独立予備罪についてはその構成要件修正形式としての性質から、未遂に認められる効果は遡って予備にも認められなければならないと主張する。ただ、斉藤教授は以下のように述べられる。すなわち、独立予備罪は基本犯に吸収せられることがない。したがって、予備罪をなした者がさらに基本犯の実行に着手してこれを中止した場合、予備罪と基本犯の中止未遂は牽連関係にたつが故に、中止未遂の刑の減免は予備罪にまで及ばず、予備の中止と中止未遂との間に刑の不均衡という問題は生じない、四三条ただし書の準用は不必要である。これに対し、修正形式たる予備罪については基本犯への吸収があるので刑の不均衡が生ずる。したがって四三条ただし書が準用されなければならないという見解である。[45]ここでも、積極説と同様に、刑の不均衡の是正ということを中心に考えられているという点に注目すべきである。

これらの例も、総則は各則の画一的な適用がもたらす結果に対し補正的な機能を果たすということを示している。しかし、それと同時に各則もまた総則を補充するものであるといえる。けだし、総則はいかなる場合にも各則なしに適用されることはありえないからである。しかも、この補充関係は、体系的な上位－下位の関係でもなければ[46]、一般－個別の関係であるともいえない。なぜならば、総則と各則は考察方法自体を異にするものであるからである。各則は第一に罪刑法定主義による制約を受けるのであるから、構成要件も刑も共に限定的且つ明確であることが必須である。このことは条文についても、その解釈についてもいわれうることである。確かに構成要件を構成する諸要素は、それを表現している文言に厳格に限定される訳ではない。社会的事象に直接対応しなければならないものとして、条文中の個々の概念も条文自体も一定の包摂性を有するものである。しかし、このことは解釈ということの限界を越えるものではないという意味であくまで限定的であるといえるであろう。

ところで、各則のこのような性質は、反面において、当該条文の枠を越える問題については無力であるということになる。例えば従来から問題とされている類推解釈による可罰範囲の拡張ということは各則の外側にある思考によってもちこまれるものである。類推をとり入れる場合に主として根拠とされる目的論的解釈ということは条文の解釈ではなく、いわば処罰の必要性に他ならない。このことが認められるとするならば、それを許す根拠そのものは各則には存在しないのであるから、それ以外のところ、すなわち総則に求めざるを得ない。実際、類推解釈を明文で認めた総則も存在していたほどである[47]。もともと法が予想していなかった事態につき一定の条文がもつ包摂性を拡げて該当性を認めることは明らかに罪刑法定主義に反することであって許されることではない。それをあえて行うとするなら、それによって侵害される利益を上廻る利益あるいは目的がなければならないはずであるが、しかし同時に、どれだけ上廻る利益があろうと、あるいは目的があろうと、無制限に認められるべきことではないのであるから、これに対する一定の歯止めを設けておくことが必要である。最終的には、刑法の意義・機能をどのように把握すべきかという考察がその枠をもたらすものであると思われる。総則に、これに対応する規定が存在していない場合にも、総論はまずもってこのような原理・原則を探求していくべきである。[48]

前述のように、総則は異種の多様性を規定の特徴としており、それぞれの規定が依ってたつ原理も一様ではない。したがって、まず、章ごとの分析を出発点とし、原理を集積してみる必要がある。そして、それらの諸原理が憲法によって統括される法秩序の一環としての刑法の中でどのように体系づけられるのかということを明らかにしなければならない。これによって初めて刑法の意義・機能が明確になるのである。したがって、この憲法理念とのつながりを探求していくことが総論の最も大きな課題であると思われる。[49] このことが明らかにされることによって、各則の概念的形式性の中では解決されえない評価問題がその解答を得ることになるのである。[50] 総則と各則とは異った観点から相互補充を果たすものであるが、その補充関係の内容は、主として総則規定の多様性に応じて、一定ではないというべきである。

五　結び

最後にこれまで述べてきたところをひととおりまとめ、それをもって結論とする。

まず、本章で意図されたことは、刑法において総則と各則が別個独立に存在していることの根拠を検討し、そこからいわゆる総論と各論の関係がいかにあるべきかを把握してみようということであった。この問題意識は、実は、理論的な関心からというよりも、むしろ、総論の問題を考えるにあたってこの問題を常に等閑に付してきたことへの反省から生じたものである。この点について自分なりに整理をしておきたいというのが真の動機であった。しかし、本来、総論と各論の理論的な関係としては当然問題とさるべき事項、すなわち、特に構成要件論における両者の関係、及び、構成要件論に依拠しない場合の両者の関係について検討するところまで至りえなかった。(51) 疑問はそこに至るより前の段階で既に存在していたからである。

まず、総則というものの成立は必然的なことであったのか、という点について、歴史上及び体系上の観点をとりあげてみた。ここでは、総則の独立は歴史的にも体系的にも相対的な事柄であることが判明した。したがって、総則の分離は何らかの目的意識をもって意図的に生ぜしめられてきたものであると考えられる。そこで、総則にはいかなる目的があるのかということが次の問題である。その際、従来から第一に挙げられてきたことは法的安定性ということであった。しかし、これが総則独立の理由の全てではない。現実の総則規定をみるならば、むしろ具体的衡平に資するものの方が多いと考えられる。

さらに、総則というものの本質を考慮すれば、総則であることはとりもなおさずその規定内容が一般的妥当性を持つということを闡明にするものであるといわなければならない。結局、総則の目的は択一的に把握さるべきものではなく、各則の補充という点にのみ共通項をもつ数種のものの複合とみるのが妥当であると考えられる。そこで、このような目的の為に存在する総則について、その本質を検討した次第である。

同時に、それと比較する意味からも、各則の本質について検討してみた。前者の場合に主として採りあげたのは、総則あるいは総論の哲学性と一般性という点である。これらが総則あるいは総論の本質的部分をなしているということは否定されえないところであった。さらに、実定法の観点から総則の規定の異種性が挙げられる。この点が各則規定と極めて対比的にみられるところである。各則は犯罪の種類を限定するカタログ的なものとして同種性をその本質的要素とするものである。

これまで各論は各則のこのような性質の枠内で論じられてきたのであるが、フィンケがいうように、各則の内容を不法実体として実質的に把握していくべきであるとすれば、構成要件の解釈という概念分析的作業のみならず、対応する社会的不法の分析という実態面からの検討作業が必要になってくるのではないかと思われる。それによって、法が類型化している行態と社会生活上不法であると考えられる行態との間の「ずれ」を回避し易くなるであろうと思われるからである。各論は今後この視点をもたなければならないと考える。

以上のような考察を前提として総論と各論の関係について検討するにあたり、予備罪という各則規定を採りあげ、それに対する総則規定の関り方を示してみた。そこから得られた関係は、従来から一般的に前提視されていた上位－下位の関係でもなく、一般－個別の関係でもなかった。さらにここから敷衍して得られた結論は、総則と各則はその考察方法を異にすることによって相互補充関係に立つものとみることが最も妥当ではないかということである。このことは総論と各論の関係としてもあてはまることである。総論は、総則規定の独立性が示す意義に基づいて総則の諸原理を憲法理念に結びつけていく使命をもつ。各論は、社会の実態と罪刑法定主義による概念的制約の間のずれを解決する任務をもつ。総則の具体的適用は各則を介してのみ可能であるという点で両者は何よりも補充関係にあるといわなければならないが、より進んでいえば、総論が右の使命を達成することによって、各論の問題もその解決に理論的支柱をもつことができるといえるのであるから、理論的な意味においても両者の関係は補充性にあるというべきである。

（1）　団藤重光・刑法綱要（各論）増補版三頁。
（2）　同右

（3）　同右
（4）　大塚仁・刑法各論上巻三頁。
（5）　Tiedemann : Die Fortentwicklung der Methoden und Mittel des Strafrechts unter besonderer Berücksichtigung der Entwicklung der Strafgesetzgebung. ZStW 86 (1974), S. 304.
（6）　Ebenda.なお、文中、解意学と訳されている原語は hermeneutik である。この方法論については吉永榮助・要件行態論序説（大東文化大学法学部十周年記念論文集）八〇頁以下を参照。
（7）　Vgl. Naucke : Der Aufbau des § 330c StGB (Zum Verhältnis zwischen Allgemeinem und Besonderem Teil des Strafrechts), in Festschrift für Welzel, 1971, S. 761.
（8）　平野龍一・刑法（総論Ｉ）一頁参照。
（9）　藤木英雄・刑法講義（各論）四頁―五頁。
（10）　Fincke : Das Verhältnis des Allgemeinen zum Besonderen Teil des Strafrechts. (1975). という原題名である。
（11）　一般化ということが総則の本質であるということについては本文第二節㈠を参照されたい。
（12）　Vgl. Merkel : Ueben das Verhältniss der Rechtsphilosophi zur „positiven“ Rechtswissenschaft und zum allgemeinen Theil derselben, in Grünhuts Zeitschrift I (1874), S. 7.
（13）　注釈刑法⑷二五六頁参照。
（14）　Vgl. Fincke : a. a. O. (Anm. (10)) S. 8. 本稿においては原語のまま用いた。字義どおりとすれば、括弧機能である。分母機能と解することも可能であると思われるが、原語から離れるので慎重をきした。なお、斉藤誠二教授は「かすがい作用」という訳語を用いられる。刑法講義（各論Ｉ）新訂版四頁を参照。本稿第二節㈠総則の本質の個所も参照されたい。
（15）　Vgl. Fincke : a. a. O. (Anm. (10)) S. 8.
（16）　ラートブルッフによれば、法律自体は相当部分、法学の所産であり、したがって、法学はその限度でその対象と同じものであるとされる。このことは総則と総論の関係についてもあてはまることである。ラートブルッフ著作集2法哲学綱要二〇八頁を参照。
（17）　Vgl. Jescheck : Lehrbuch des Strafrechts, A. T. 3A., S. 156.
（18）　Vgl. Roxin : Kriminalpolitik und Strafrechtssystem, 1970, S. 6.

(19) Vgl. Fincke : a. a. O. (Anm. (10)) S. 9.

(20) Vgl. Fincke : a. a. O. (Anm. (10)) S. 10.

(21) Vgl. Fincke : a. a. O. (Anm. (10)) S. 18.

(22) Vgl. Merkel : a. a. O. (Anm. (12)).

(23) 小野清一郎・刑法と法哲学一九一頁―一九二頁参照。

(24) 団藤・刑法綱要（総論）改訂版四一〇頁参照。

(25) 本文第二章第一節(二)を参照。

(26) Vgl. Fincke : a. a. O. (Anm. (10)) S. 27.

(27) Vgl. Fincke : a. a. O. (Anm. (10)) S. 28.

(28) Mezger-Blei : Strafrecht, A.T. 14A. S. 2.

(29) 中山研一・口述刑法各論（第三版）三頁以下参照。「各論の総論」の必要性をはじめとして各則解釈論の課題についてまとめられている。「本来の刑法各則というのは、もっともっと広い射程を含み、困難な課題をかかえているのだということを念頭に置く必要があると思います」と（一六頁）。

(30) 例えば、西原春夫・犯罪各論はこのような立場からまとめられたものであるといえる。同書の意図はその序論で詳細に述べられている。社会の実情をみるに、例えば公害犯罪、交通犯罪のような特別法犯がますます増大し、かつ、刑法各則とのその関わりあいが問題となってきているのであるが、従来の刑法各論ではそのような視点からの把握が不可能であると述べられている。従来の各論のように被害法益からの分類をするとすれば、社会現象として同根の犯罪（例えば、政治目的で行われた公務執行妨害罪・凶器準備集合罪・騒擾罪）を機能的に関連づけて把握していくことが難しい。したがって、犯罪はこれをむしろ犯罪原因の観点から、あるいは社会学的な観点から捉えなおすべきである、というのがその趣旨である。

(31) 判例研究もその一環であるといえなくはないが、そこで取扱われている事実は既に法的に構成しなおされた事実であるし、また、圧倒的に有罪判決が多いのであるから、処罰されない限界というものはそこからひき出されにくいといわなければならない。どうしても実態面からの検討によらざるを得ないであろう。具体的方法の一つを挙げられたものとして、西原・前掲註(30)三頁を参照されたい。

このように例えば西原説の如く具体的な方法が示されているにもかかわらず、本稿で尚検討の余地があるとしたのは次のような懸念があるからである。すなわち、例えば西原教授によれば「法益の種類による体系を解体すること」（前掲註(30)三頁）が必要であるといわれるのであるが、この考え方を徹底させるといわゆる基本的構成要件と派生的な構成要件との区別及びその重なり合いを把握しにくくなるのではないかということである。したがって、この問題は単に刑法上の問題であるのみならず、刑事訴訟法の理論にも大きな影響を与えるのではないかと思われる。現に西原教授も本論では法益概念を兼用されながら全体の構成を試みておられる。何が基本構成要件であるかということは各則の解釈に欠くべからざる点である。その意味で条文の体系的把握ということの重要性は否定されえない。吉永博士の創唱になる用語を借用していえば、要件行態の分析統合の他に、与件行態の分析分類が別個に要求されるべきであるということになると思われる。特に訴訟法への影響を考慮するなら慎重な対応がなされなければならない。尚、この点に関連し、正田満三郎・刑法体系総論五頁―六頁を参照。

(32)　ここでの思考は吉永博士・前掲論文（註(6)）で示されている「与件行態」という考え方に示唆されるところが大であった。博士はさらに、構成要件を「要件行態」と訳すべきであるとされる。各本条の構成要件は確かに類型化された行態を表わすものである。行為の類型であるということを明示する意味では適切な訳語であると思われるが、刑法典では例えば第六五条1項に「犯人の身分によって構成すべき犯罪」との文言もあるし、類型化されている行態はまさに犯罪を構成する要件としてこそ意味をもつのである。構成要件という用語は小野博士あるいは瀧川博士以来最も基本的術語として定着しきっているので、これを変更することは難しいといわなければならないであろうが、吉永博士が主張されるところの思想は刑法学にとっても考慮に入れられるべきことである。

(33)　フィンケの前掲註(10)三〇頁にも同様の指摘がある。

(34)　予備罪をめぐる諸問題については、斉藤誠二・予備罪の研究が参照さるべきである。学説も詳細且つ網羅的に採りあげられている。

(35)　例えば、正田満三郎・刑法における犯罪論の批判的考察三一頁、三三頁がこの立場をとられている。

(36)　例えば、団藤・前掲註(24)一二六頁、下村康正・予備罪の従犯（斉藤金作教授還暦祝賀論文集）三一七頁などこの考え方を示しておられる。

(37)　実行行為が観念されうるか否かをこの区別に基づいて決定する見解もある。例えば、福田平・刑法総論一九三頁註(七)の第三説を参照。なお、正田教授は、予備罪の独自性を考慮するならば、予備を自己予備に限定する合理的理由はない、とされる。論理一貫した主張である。本稿では、一応、自己予備罪と他人予備罪に分けて検討したが、決定的な態度は保留したいと思う。正田・

総論一八一頁参照。
(38) 斉藤・前掲註(14)二八五頁以下参照。
(39) 小野・刑罰の本質について・その他二九七頁参照。
(40) 学説の状況については斉藤・前掲註(14)三二四頁以下参照。
(41) 小野・前掲註(39)二九七頁。
(42) 下村・予備行為の中止（法学新報六六巻五号）三五七頁。
(43) 泉二新熊・日本刑法論総論五五六頁。
(44) 植松正・刑法概論Ⅰ（再訂版）三三五頁参照。
(45) 斉藤・前掲註(14)三九三頁。同旨、立石二六・刑法総論第2版二七九頁。
(46) 例えば各本条は未遂や共犯概念に包摂されるという関係にたたないということを考えてみればよいであろう。
(47) 一九二二年のロシア共和国刑法典が代表的なものとして知られている。
(48) 例えば旧東独刑法典は総則第一章でドイツ民主共和国社会主義刑法の諸原則を明文化している。以下の如くである。

第一条　社会主義国家秩序及び社会主義社会の保護及び保全
第二条　刑事答責性の基礎及び目的
第三条　国家及び社会機関の犯罪防止責任
第四条　人間の尊厳と権利の保護
第五条　法の下の平等の保障
第六条　国家構成員の刑事司法に参加する権利
第七条　刑事判決における正義及び合法性の保障
第八条　刑罰法規の効力範囲についての諸原則　　以上

さらにこの原則規定に先立って「前文」が置かれており、ここに総則の諸原則のよってきたるところが闡明されていると考えられる。まずその第一段でドイツ民主共和国の社会主義法のあり方について述べ、その第二段以下でその一環としての刑法の目的や国民に対する制定者からの義務要請等が述べられている。前文の性質上法的拘束力をもつものでないことは明らかであるが、総則・各則を通しての解釈の基本的指針として機能するものである。わが国では特別法が目的規定を置いている。例えば、破壊活動防止法、売春防止法、覚醒剤取締法、道路交通法等は一条に目的規定を置き、あわせて定義規定を二条以下に有している。これらは典型的な総則構成であるというべきであろう。特別法はまさしく特別の目的の為に成立しているものであるから、解釈がその目的から逸脱することがないように、解釈の限定を図るべく目的規定を明示するものである。目的規定の存在はこのように限定的に作用する場合のみならず類推解釈の一般的根拠規定となってこれを容易に許容する可能性をもつ。したがって、刑法典のような基本的法律はこれを明文化することなく、もっぱら学問的な探求によって見出していく方が賢明であるともいえる。

(49)　同旨、中山・前掲註(29)一四頁。

(50)　Vgl. Naucke : a. a. O., (Anm.(7)) S. 774.

(51)　その他にも、理論的には客観主義、主観主義という総論上の対立が各論の解決にいかなる形で現出するであろうかという問題も、両者を対比させて整理してみるなら興味ある結果を示すと思われる。

第八章　解釈論一考

一　はじめに——解釈と罪刑法定主義

罪刑法定主義は、刑法にとって最も基本的な原則であり、それ故、「幻の第一条」とさえいわれて特別の取り扱いをされるものであるにもかかわらず、その内容の実現に当っては問題が少なくない。そのことは罪刑法定主義がその成立の時に、多分に政治性を帯びており、由来、イデオロギー性をも加味されつつ存続してきたものであることに帰因するといってもよい。

この原則はいわゆる成文法主義と、あわせて人権を権力から保護するという自由主義の精神を根幹とする。したがって、罪刑法定主義の本質は、いわばこの思想性にある。刑法がこの思想を原理としてもつことは、それが立法段階でも解釈の段階においても刑法の外枠を形成するものであるということに他ならない。それに応じて、立法者は、慣習刑法を避け、絶対的不定期刑を定めないのであるし、解釈者は、類推適用をせず、六条を除き遡及効を認めないのである。

罪刑法定主義の歴史的意味を考えるならば、それは直接に成文法主義の主張としてあらわれてきたものであるから、それが立法段階での原則であることは当然の理である。しかし、解釈論の段階においては必ずしも同じように割り切ることができない。なぜならば、解釈の目指すところは立法によって固定化した法と社会的変動の間の適合をはかることであるからである。

確かに解釈自体は最終的には一定の価値判断を要する思考作業であり、その価値判断は思想的背景から切り離されうるものではないであろう。しかしながら、解釈をして法規の客観的な意味を発見することである、と考えるならば、まず第一段階としては、可能な限り、特定の思想からは自由なものでなければならないと考える。そのように考える根拠は、解釈という行為を段階的に捉えるからである。すなわち、広義の解釈とは適用まで包括するものとして把握されうると思われるが、狭義の解釈はまさしく法規の意味の発見である。それは第一に、厳密な概念の分析を前提とする文理解釈、さらに体系的解釈を要し、それらを前提とする目的的解釈という価値的な基準の導入に分解されうるものである。すなわち、狭義の解釈は、現実への適用という多分に刑事政策的な観点からの評価のまさに土台となるべく、諸概念のあくまでも論理的な分析を出発点としなければならない。ドイツの判例が解釈は言語から始まると明言するのもその意味において理解されるべきである。ただし、このことは、解釈という作業が価値的構造の中で行われるものであることを否定するものではない。解釈は高度な価値考量を必要とする適用の前提となるものであるということを認める以上当然のことである。それ故、ここで価値的なものから自由な解釈ということがいわれうるとすれば、それはあたかも犯罪論においてまずもって価値的に中立な行為あるいは構成要件該当性が決定されることと同様な意味に解されるべきである。すなわち、解釈論は、本来客観的なものであり、固有の技術論をも有するものであるところ、その領域に憲法に由来する前提原理として罪刑法定主義がとりこまれざるをえないという点にさまざまな問題が生じてくるものと考えられる。(1)

この点に関してしばしば論ぜられるのが類推解釈の問題であるが、これは本来、解釈というよりむしろ適用の問題であると思われるので、ここでの例としては適切ではない。むしろ、類推と境を接するものでありながら、解釈技術の一つとしてとりこまれる拡張解釈につき、予測可能性という基準を設けるべきであるとする見解の方が好例である。(2) このような考え方の背景には、刑法がもつ行為規範性に目を向けようとする姿勢がある。裁判規範か行為規範かという問題は、決して択一的意味をもつものではなく、常に両面的なものとして把握されるべきであるが、裁判規範は法適用者に、行為規範は被適用者にとっての規準であるため、両者の位置関係の対置性が生む距離感は動かし難いところである。そこで、あえて裁判規範性を重視するとすれば、刑法は専門家による固有の判断基準として、一般人の理解をまつまでもなく機能しうるものとなる。解釈も、適用も、そこに法的論理性が認められる限り、他からの制約を受けるものではないはずである。これに対し、行為規範性を重視するとすれば、刑法自体がまず判り易い文言で立法されるべきものであることはもとより、解釈も一般人の理解の域を逸脱しないものであることが原則となるし、まして類推適用については到底認められないということになる。

罪刑法定主義と法の規範性の問題とはそれぞれ異なった問題領域に属するものである。しかし、解釈という作業を通じて、罪刑法定主義にいう保障機能が具体化するのである。そして、それによって実質的な行為規範が得られることになる点において両者は連関する。

本稿は、刑法の行為規範性に注目し、解釈の限界は条文の文言の自然的な意味に置かれなければならないとするバウマンの見解を考察の一つの契機とするものであって、さらにそこから波及する問題にもふれながら、解釈の限界という問題について若干の検討を加えるものである。

二　バウマンの見解及びその他の見解の検討

解釈という事実あるいは作用は包摂がもつ限界の延長線上に生ずる。一九世紀にあっては、法の適用という行為は確かに包摂という過程に尽きるものであった(3)。なぜならば、立法者が創り上げた法規は、法領域で生ずる凡ゆる問題に対して一義的に解決を与えるべく、その諸要件を全て集積抽象化したものであるから、そこにおける法の適用及び適用理論とはすなわち自ずから具体的事案を所与の一般的法規に包摂せしめうるか否かということに限定されるものであったからである。しかしながら、法適用がそのような自動作用的包摂に限定されるとすれば、そこに解決不可能な問題が生じてくるのは当然の結果である。まず、オットーの例を借りよう(4)。彼は例えば傷害罪をとりあげて、そこにいう身体的虐待とは身体的健全性あるいは無傷性を少なからず侵害するような、身体に対する不適切な取扱いをいうとされるが、それは一体何故であろうか、しかも法規自体極めて簡潔にしか規定していないのに、と問いかける。この問いかけに対する通常の答えは、物事を理解できる人間なら身体の虐待についてそのように理解するであろうとする考え方による、ということである。このような基準は通常 „allgemeine Verständnis“ という表現で示されるところのものであるが、このことがここでまさにとりあげられ、問題とされなければならないことである。その出発点として、再びオットーの例を借用することにしよう(5)。医師Aは患者Bの承諾が得られなかったにもかかわらず、Bの腫れものを切開処置した。その侵襲は良い結果をもたらしたので、数日後にはほんの小さな痕跡をとどめるだけであった。Aの行為は傷害罪に該たるのであろうか、というのがその例である。この問に対しては複数の答えが可能であり、しかもそれらはいずれも相当の説得力をもち得るものである。例えば、①侵襲の場合問題となるのは、何のためにそれが行われるのであるかという最終的な目的ではなく、直接の侵襲それ自体である。そして、この侵襲は本来身体の完全性に対する侵害として、傷害罪における身体の虐待を意味するのであり、患者の承諾あるいは緊急性の要請をまってはじめてその違法性が阻却されうるものなのである、という考え方、②医学的に行われた治療的侵襲はもともと傷害罪の構成要件に該当しない。けだし、身体の状態をより良くするために行われる侵襲の場合、傷害罪でいわれるような身体への不適切な取扱いが存在しないといわなければならないという考え方、③成功した、いいかえれば、治癒をもたらした治療的侵襲だけは傷害罪にならないとする考え方、反対に④実質的損失にいたった治療的侵襲だけが傷害罪の構成要件に該当するという考え方、等々、そのいずれもが他からの批判に十分耐えうるものである。

これらの考え方のうち一体どれがいわゆる „allgemeine Verständnis“ に適うものとして選別されうるであろうか。傷害罪の規定自体からは、その文言上も、又、包摂作用の面からも、一義的には判断され得ないことである。すなわち、ここには明らかに、法規とそれに包摂されるべき事実との間の緊張関係がみられる。

解釈者の任務は究極的にはこの緊張関係の調整にあるといってよい。けだし、解釈は包摂の前提であるからである。例えば、イェシェックによれば、解釈とは二重の使命をもつものである。(6) まず条文の解釈により上位命題の意味が明確にされなければならない。さらに、法的評価の当面の対象となっている新しい事案がそれと比較され、同価値であるとされるところの先例の意味範囲が明確に把握されなければならない。すなわち、判例解釈である。包摂とはまさしく、抽象的上位命題が、社会的事実から把握さるべき下位命題に妥当し得るかという判断に他ならないのであるが、イェシェックにいわせるなら、本来の法律的思考はこの命題構造の確立にあるのではなくて、むしろ下位命題の把握にこそあるとされる。(7) つまり、事実的素材の中から法的に重要な要因をとり出し、上位命題の概念要素に、同一性を理由として従属せしめる作業の中でこそ本来の法的思考が要求されるというのである。なお、このように、包摂の実体は新たに判断さるべき事案がかつて判断されたものと法的関係において本質的な一致をみるかどうかの検討である、とした上で、その検討にいま一つの支柱を与えるべく、判例がもつ解釈論上の意義にあらためてもう一つの方向づけがされることになると思われるが、それについては後述する。

解釈者はこの為に条文以外の、むしろ、刑法の機能についての考え方からくる、あるいは刑事政策的な思考からくる、一種の思想的な判断基準を持たなければならないと思われる。そこで、解釈がそのような一連の目的行為の中に位置づけられるものであるとすれば、最終的に思想性を帯びざるを得ないそのような行為の中で解釈は一体どのような方法論をもち、どうあるべきかが問われなければならない。

先に、オットーの事例を出発点とし、そこで問題とされた „allgemeine Verständnis" という観念に注目した。この言葉は「一般人の理解しうるところであって、なおかつ、社会倫理上も是認されうる内容をもつもの」というように理解されると考える。法が人間の社会生活上の行為を規律するものである限り、この allgemeine Verständnis によって受け入れられる法的判断をもって最終の判断をしなければならないことは当然である。そこで、この allgemeine Verständnis に適合しうる判断であるためには、既にして、解釈の最初の段階から、すなわち、概念の分析の段階からこの視点がとりいれられなければならないのではないかということができる。オットーの第一例はこのことの例であった。

そこで、オットーの事例が提起する問題を若干一般化して表わしてみるなら、次のような、法学上一見極めて平易な事実に形を借りて表わされることとなる。すなわち、法規という抽象的・一般的なものから出発して、社会的事実へのその適用という具体的個別的なものへの移行が法適用の過程であるとするならば、まず第一に法規そのものの概念的分析が行われなければならず、第二に当該規定の規範内容が立法者の社会政策上の判断という面から明示されなければならない。そして、この、立法者の社会政策上の判断により規定化されている不法内容（この段階ではまだ一定の類型化されたものとして把握される）に照らして、具体的な社会事実がそれに合致するか否かが検討されなければならないのであるが、その際、この第一、第二というように分けられる思考作業相互の関係、そして又、最終的に行われなければならない包摂のあり方につき、それ等を全体的にどのように把握すべきなのであろうかということである。

このことを考えるにあたっては実に多様な検討の仕方があると思われるが、ここで糸口としてとりあげるのは次のことである。すなわち、まず、前に第一とした概念的分析の個所で条文の文言は、そのいわゆる自然的な（natürlich）内容で把握されるべきものか、あるいは意味的な（sinnlich）観点から把握されるべきものかということが問われる。このことは同時に、第二としてあげた、規定の規範内容の明示ということと必然的なつながりを持つ。なぜならば、第一の個所で、法的文言を意味的に把握するとすれば、そこでいう意味とは、当該規定の規範内容が示すところの意味に他ならないからである。そこでは文言の概念的分析そのものが意味的概念の分析として目的論的に行われることとなる。そこで、解釈がもし言語の自然的意味を離れるとすれば[8]、更にそれを用いての類推適用の途も身近なものになってくるはずである。考察がそこに至れば、既に適用の問題となっているのであるから、適用さるべき法規のみならず、法規の適用を受けるべき社会的事実に対しても目を向けなければならない。以下の考察は概略、以上述べた筋を追いながら行われるものである。

まず第一の点からとりあげて検討してみることとする。一で述べた如く、解釈の限界として言語の自然な内容を把握すべきであるというバウマンの見解の検討が中心となる[9]。以下、しばらく、バウマンの思考を辿ることとする。

　彼によれば、規範の受命者が誰であるのかという問題が、刑法における解釈の限界の問題に対し重要な意味をもつこととなる。規範の受命者を裁判官のみならず、一般人であると考える場合、規範内容を表現するために用いられている言語とその意味は、一般人にとって理解しうるものでなければならない。それは行為規範として、行動の自由を確保するという機能に内在する要請である。ここにおいて、いわゆる言語の意味の自然的な把握が解釈の限界をなすべきではないかという問題が提起されることになる。彼はさらにいう。行為の可罰性が事前に確定していなければならないとすれば、その内容についての一般的認識可能性はこの確定の一般的妥当性を支えるものである。反面、この一般的認識可能性に欠ける確定は一種の秘密法になるといわなければならない。言語の内容が一般人にも理解できるという意味で自然的な形で捉えられ、それが解釈の限界として認められる場合にのみ、罪刑法定主義と類推の禁止は一体となって行為の可罰性と非可罰性の間を明確に区分するものとなり、よって、これが法服従者全体に与えられた、刑法から自由な領域を明確にする、というのである。けだし、同時に、適用の限界も言語が有する自然な意味範囲におかれる結果、法規の刑事政策的な必要性に鑑みて、この自然な意味範囲を超えて解釈するという動きが抑えられ、拡張解釈に名を借りた類推が避けられるからである。もし、この限界を超えて、構成要件に無理にこじつけられるような方法で概念解釈が行われるとすれば、特定の場合には当罰的行為の適正処罰に通じ得るかもしれないが、そのことはあくまで問題思考的解決でしかなく、全体からみれば、法的安定性という点で極めて弊害の多いことであるといわなければならない、と主張される。

　バウマンがこのような見解を示したのは、判例が、刑法は刑事政策上の目的を達成する為の手段であるという思想に傾くことにより、解釈の限界も刑事政策的に判断するという傾向を強めていることに対し批判の目を向けているからである。例えば、判例上概念内容が拡がってきた周知の例として独刑法二四四条一項一のa)号、二五〇条一項一のa)号にいう凶器概念、一七七条一項一号、二四九条における暴行の概念が挙げられる。前者の場合、判例は本来機械的（mechanisch）な作用によって他人の身体を侵害しうるようなものについてこれを凶器と見做し、例えば腐食性の硫酸塩などは凶器にあらずとしていたのであるが、今日ではこのような化学薬品も凶器としている。(10)後者の場合、特に麻薬の使用につき、RGは暴力的に与える場合のみを暴行概念に含まれるとしていたのに対し、BGHは無形的な使用も暴行概念に含めるとしている。このような判断は、一般的な用語、いいかえれば、一般人にとって判り易い言葉の意味が目指される場合には、大いに疑問とされなければならない。バウマンにいわせれば、刑法は単に刑事政策的な目的を達成する為の手段に過ぎないようなものではない。なぜならば、本来、刑罰という刑法の効果は目的性というものによって正当化され尽くすはずのものではないからである。したがって、判例が刑事政策上の考量から、あるいは又、犯罪エネルギーにおいて等しいものは刑罰も等しくさるべきであるという原則を利用し、刑法典の文言を曲げて解釈することは誤りなのである。

バウマンは以上の論述をした上で、次のようなまとめを行っている。すなわち、彼が主張する解釈の限界とは、解釈ということ自体を否定するものではないから、例えば、拡張解釈を認めないというようなことではないのである。又、同時に、文法的な方法論の優位性を主張するものでもなければ、疑わしきはゆるやかにの原則を主張するものでもない。彼が目指すところは、可罰性の限界、すなわち、各則の構成要件がそこを超えて、行為者の不利に拡大されてはならないところの限界を設定することである。彼によれば、規範においては用語の変遷が規範領域に影響を与えるのであり、その故をもってこそ、言語については一般的に判り易い自然な意味というものが把握されなければならないことになるのである。刑罰を根拠づけ、あるいは、加重する構成要件要素は、この一般的な用語に対し通常認められる振幅の中で（決して極端なところまでいくのではなく）、解釈されるべきなのである。このように解釈される場合、欠缺部分が残ることになる。しかし、それによって個々の事案の解決に満足のいかない結果が出るとしても、それはいわばやむを得ないものとして甘受されるべきことになる。けだし、限界というものはいずれにしても引かれなければならないのであって、そこから生ずる限界の痛みは、よしんば類推を導入したとしても、決して免れられないからである。構成要件に該当し可罰性をもついわゆる犯罪に、当罰性の面で匹敵し、それ故、何としても処罰が必要であると思われる事案が社会生活上存在することは否定できないが、しかし、構成要件による記述が法的安定性を目的とするものである限り、それが断片的、部分的なものにとどまることは必然であり、それ故、欠缺も本来的に甘受されなければならないのである、と。

バウマンのこのような主張に対しては、その最も根本的な部分、すなわち、刑罰は単に目的によってのみ正当化されるはずのものではないという基本認識のところでこれを評価しなければならないと思われる。判例は常時新しい事実に直面しているのであるから、その行為を、まず第一に当罰性の面から認識し、それに対して法的な根拠を与えていくという過程になりがちであろうことも予測されるところである(11)。それに対し、客観的な立場から絶えず警鐘を鳴らすことも必要な作業である。その点からもバウマンの主張には意味があると思われる。

しかし、他面において、若干の批判も可能であろう。特に、いわれるところの言語の自然の意味という主張が、解釈の行き過ぎに対する一般的な歯止めにはなるとしてもそれ以上のものではないという点、更にいえば、言語の自然の意味ということは解釈の限界というよりむしろ適用の限界で考慮されるべきものなのではないかというような疑問が持たれる。

このような疑問点を念頭におきつつ、他の論者の見解も検討することとする。まず、この点についての学説の大まかな状況をシェンケ＝シュレーダーによってみていく。[12] 解釈と類推の間の限界に関する基準論としては、一方にバウマンの見解があるとされる。他方、通説は「用語の価値的な意味としてなお考えられうる（noch mögliche Wortsinn）」ところまでを解釈の限界とする。この通説に対して、基準があいまいであるのみならず、実用性もないとする批判的見解がある。更に、そもそも発想の土台を異にする考え方なのであるが、解釈と類推を区別することは不可能であるとし、類推は原則的に禁ぜられてはいないとして、それと許されざる法発見の間の限界を見極めることが重要であるとか、類推の内部に法治国家観から必要とされる限界を設けるべきであるという比較的近時の見解がある。この見解に対してはさらにシューネマンからの批判があるのであるが、それについては後にふれる。

まず、バウマンの見解と通説を比較するなら、そこで見られる形式的な相違点は、前者が Wortlaut を基礎とする解釈でなければならないとするのに対して、後者はむしろ Wortsinn の発見に重点をおくものであるという点に見られる。もっとも、法文が言語からなるものである以上、解釈論はどのようなものであれ、それを出発点としなければならないことは当然である。それゆえ、通説の論者が、„mögliche Wortsinn“ が限界であるという場合、言語こそが解釈の基本素材であるがゆえに、この Wort の意味を超えて解釈することは許されないのであるし、[13] 又、構成要件がもつ概念の最大限度が裁判官の解釈による評価の限界である、といわれるように、[14] いずれにせよ、用語の概念的制約についてはこれを否定する考え方はあり得ないといってよい。又、バウマン自身も、解釈をする際の方法論としては、法益を顧慮する目的論的解釈が最も重要である、[15] と明言していることに鑑みれば、いわれるところの Wortlaut と Wortsinn の相違は実質的意味の大半を失うものと考えられる。むしろ、両者の相違は „natürlich“ 及び „möglich“ というそれぞれの形容詞に帰すものなのであろうか。バウマンによれば、通説がいうところの可能的な意味（意味として及ぶ範囲）を基準にするとすれば、その可能性がおよそ稀薄であるところまで含まれ得ることになる、[16]として、これが排されるのである。

この区別を我が国の刑法の例に照らしてみるとすれば、例えば一〇八条放火罪の「現住性」の判断など好例であろう。「現に人が住居に使用し」という文言を自然な意味で、つまり一般人にとって理解できる意味で把握するというのであれば、例えば、冬季あるいは夏季用の別荘などはこれに含まれないであろうが、意味の中に入りうる限度という形で可能性が捉えられるとすれば含まれ得るであろうし、一五五条にいう「公文書」の中にコピーも入るのかどうかという問題などでも公文書はあくまで公文書そのものをいうのであり、コピーはそれとは別物であると考えるのが一般的な（いいかえれば素人的な）考えであろう。

これに対し、比較して想起されなければならないことは、通説がいうところの、意味として成り立ち得る範囲それ自体の流動性である。この基準は Wort につながれているものではあるが、実際には Wort のみから生じてくるものではあり得ない。言語がもつ意味は社会生活の中では特にそのあるべき場によって内容を異にすることとなるからである。法領域の違いによって、又、属する条文の違いによって、同一言語の意味が異なってくる例はしばしばある。それゆえ、刑法においても例えば、立法者意思が問われる歴史的解釈、法規の目的が問われる目的的解釈（もっとも、この両者は主観説、客観説として同一平面で比較され択一さるべきものであるかもしれない）のように、照らすべき基準を持つのでなければ、言語を定まった意味として把握することは不可能であろう。例えば、ハセマーの考えがこのようなものであると思われるが、[17] Wortlaut と Sinn は本来対立的なものであり、Sinn を求める作業は類推思考そのものであるとすれば、まず、Wortsinn にいう Wort が既に意味論（Semantik）上の概念として存在すべきものである。マウラッハが指摘するように、純粋な言語解釈は分析的な役割を持つものであるが故に、それだけでは刑法にとって到底役立ち得ないものである。[18] そこで、言語をそれが意味体として及ぶ範囲で捉えるという通説的な考え方は、「全ての解釈は言語から始まる」という基本的主張にもかかわらず、現実にはさまざまな解釈方法を共働させ、ある場合には立法者意思を尋ね、ある場合には法規の意味を探り、というような形での解釈とならざるを得ない。(19)

通説が „möglich“というのに対し、シュミットホイザーは、「ここでは不可能が可能といわれているにすぎない。我々法律家はそれに慣れ、かつ、そこではまさに言語の『可能な』意味が取り扱われているのだとして疑いを抱かないだけだ」と述べ、(20)彼自身はこの制約から離れていく。そして、合理的な解釈は結局目的論的なものであるという考えの下で、解釈構成要件という独特な概念を用いるのである。(21)この概念は文言構成要件（Wortlauttatbestand）といわれるものと対比さるべきものである。前者は法定構成要件が解釈され、その結果として、法適用に向けられるものとして捉えられる場合のことをいう。これに対し、後者は我々が文言に接した時、その文言から最初にそして直接的に理解する構成要件のことである。すなわち、法定構成要件が日常用語及び通常の法律用語に結び付けられて一次的に理解される内容で把握される場合のことをいう。文言構成要件が、用語本来の直接的な意味に接して理解される条文に基づくものであるのに対し、解釈構成要件は、法適用にあたり、規定の総合的な意味から必要とされるのであれば、用語の個々の意味を無視しても条文上理解されるところから生ずるものである。両者の違いを明確に示す例として挙げられるのが不作為犯である。例えば故殺の構成要件は文言構成要件としてはただ作為犯を示すにすぎないものであるところ、解釈構成要件としては「人の死を故意に妨げない」という不作為犯も含まれていることになるのである。(22)

さて、以上のような学説状況の中で、シューネマンによって主張される見解も特にとりあげておくべきであろう。[23] 彼は、まず、先にシェンケ＝シュレーダーが挙げた伝統的見解とは立場を異にする学説にふれ、それに対する批判から自らの見解を導きだす。しばらく、シューネマンの述べるところを追うこととする。[24] 彼によれば、そもそも類推適用にあたっては、裁判官による規範の創設が行われるのであるが、これは第一に三権分立の思想に反するし、第二に、判決の中で初めて出現する規範には一般予防効果がないのであるから、この二点において罪刑法定主義に違反するといわなければならない。ところで、この罪刑法定主義違反はまさに基本法違反となるのであるから、類推思考を許容する見解は何とかこの難所を切り抜けなければならないのである。そこで、その為の突破口として、解釈と類推との間の伝統的な区別は法理論上支柱をもたないものであり、現実には類推は目的論的解釈と同一のものであるという思考がザックスやアルトゥール・カウフマン、ハセマー、シュミットホイザーなどによって採られた。シューネマンはこれを批判する。[25]

この「革命的なテーゼ」はまずザックスによってうちたてられた。ザックスによれば、類推とは法規の文言により表面的に規定されている事案と、規定されていないがその下に入れられうる事案とを、目的的に発見される法規の意味という第三番目のものにより合一させることをいうのであるから、類推はもっぱら目的的法規解釈の領域で行われる論理的＝法的推論に他ならないとされる。[26] シューネマンは、しかし、この根拠づけは循環論証であるといえよう。なぜならば、法規の目的的意味ということだけに照らすとすれば、目的的に同一の構造をもつ事案どうしの範囲内では、定義上、もともと分かつことができないはずだからである。

シューネマンにいわせるなら、この欠陥を補おうとするのがカウフマンである。カウフマンは、通説が、独立した基準として認め、解釈と類推の間の限界を画するものであるとするいわゆる用語の意味として可能な範囲という概念を、有用なものではないとする。なぜならば、このような言語の限界（Wrotlautgrenze）は存在論的に否定されるものであるからである。彼によれば、意味に充ちた概念は決して一義的ではなく常に類推許容的[27]であるので、解釈というものはいずれにせよまさに類推形成以外のなにものでもなく、それはまさに法発見の全行程が類推的性格をもつのと同様である、というのである。それゆえ、カウフマンによって意図されたことは罪刑法定主義の放棄というよりむしろある程度確かな限界を引くことによって類推の内部で罪刑法定主義を実現しようということである、とシューネマンはいう[28]。

問題はこのことを実現させるには一体どのようにすべきであるのかということであるが、その方法はカウフマンの弟子であるハセマーによって初めて探求された。彼は「不当に行われる拡張的な」解釈は禁ぜられるべきであると主張することにより、類推手続の中での罪刑法定主義的配慮をしたのである。しかし、シューネマンにいわせると、この一般条項的な用語からなるハセマーの基準では限界はまったくとらえ難い。そして、それにもかかわらず、このような見解からみずから袂を分かったはずのシュミットホイザーが、この見解の結論だけはこれを採用し得たのである。そして、類推の禁止は、裁判官に対しその最善の知識と良心に従って判決を下してほしいという訴えかけをするものになってしまっているとして、これをほとんど放棄する形をとる[29]。

シューネマンは、通説がこれらの批判に対し実質的な反論をしないまま、それでも類推禁止を放棄するわけにはいかないという状況にあると指摘し、次のような見解を提示してこの難問を解決しようとするのである[30]。以下はシューネマンの主張である。

彼はまずいわゆる Objektsprache と Metasprache という概念を刑法にとりいれてくるのである。これ等の概念を刑法に移しかえてみるなら、前者は法律の専門用語として認識されるものであって、確かにそれは日常用語の言語を利用するのではあるが、しかし、特に法律的な意味付与、すなわち、まず、歴史的＝ヘルメノイティックな、次いで、目的的＝評価的な考察方法をとることによって得られる固有の意味がそれに結びつけられるところのものである。立法者が使用するのはこの法律上の専門用語であるが、われわれは法律的な基準によって発見されたそれらの意味を Metasprache としての日常用語に移しかえて理解するのである。後者はすなわちこのような意味での日常用語のことである。言語が単一かつ同一の平面にあるとすれば、そこでは言語内容に限界があるということはあり得ない。なぜならば、言語の意味は、その言語が言葉として使用される範囲内でそれに一致するものであるからである。しかし、法律上の専門用語は、術語としては日常用語上の言語を使わざるをえないにせよ、その意味に関しては日常用語の意味を自動的に受けいれるものではない。この二層性をもつものであるがゆえに、ここではそれとは逆のことがありうる。すなわち、法概念に対する目的的－類推的構造の解釈と、その概念を構成している言語の日常用語としての使われ方（それは前者とはまったく異なる基準に服するものである）とを対比してみるのである。そして、それにより刑法上の法発見の体系を、自然な言語使用という別個の法則に従う体系によって限界づけていくとすれば、論理的にもいささかの難点もないといえることになる。かようにして、類推と目的論的解釈とは法理論上同一のものではないのかという主張に対しても、それは誤りであるということが出来るのである。(31)

彼はさらに類推の禁止について、これを遵守しなければならないとし、実際にそれは可能であるとして論を進めていく。第一に、用語の限界内で、日常用語的な、従って一般市民に理解できる範囲内での意味により法規が具体化される場合には、一般市民は行為にともなう危険をあらかじめ想定することにより一般予防に到達する可能性がある。これに対し、類推が行われることによって日常用語が法律上のねじまげを受けるとすれば、それは一般市民に対しいかなる動機づけも与えないし、ただまったくの恣意が行われていると思われるだけである。第二に、規定内部での解釈の余地があることは法理論上なくし難いことであり、それは極めて厳格な三権分立によってすら決してなくならないことである。それに対し、規定を超える類推は、いずれにせよ、司法権による立法権の侵害を意味するものである。このように考えてみると、刑法における類推の禁止は論理的に成り立ちうるものであると同時に、目的論的にも有意義であるといえるのであるから、基本法一〇三条二項からの演繹は絶対に必要であるとされなければならないというのである。

さて、このシューネマンの見解に対しても、既述したバウマンの見解に対する疑問と同様なことがいわれるであろう。すなわち、日常用語の透過性という表現をシューネマン自身がしているのであるが、(32) その透過性と、そこから生ずる „Wortlautgrenze“ の不確定性ということに対し、これをどのように補っていくかということが最も重要な論点になってくると考えられる。シューネマン自身はこの問題を理論的にも実際的にも簡単に解消されうることであるという。(32) 彼によれば、日常用語の意味論上の不明確さはそれが使用不可能であるということを意味するものではない。何故ならば、正常例（Normalfall）においては日常用語による理解でなんらの問題も生じないということ、また、日常用語は法方法論では使用不能であるという主張をする論者達ですら、通常例（Regelfall）に対するその有用性についてはこれを明らかに認めているということは、われわれの一人一人が常に経験し続けていることであるからである。類推禁止の領域では問題性は一層緩和されることになる。何故ならば、ここでは疑わしい場合に対しては、つまり、言語の内容の限界が踰越される場合、いいかえると、まだ日常用語使用の範囲内であるとされ得る幅をもった限界域が捨て去られる場合には基本法一〇三条二項違反であるとする一義的な判断基準が確保されているからである、とされる。(33) つまり、シューネマンの見解ではむしろこの日常用語の透過性が幅のある限界域を生みだし、それによって、融通性が生ずべきものとして活用されていると考えられる。その例として、彼は犯罪隠匿罪の構成要件をとりあげ、次のように論ずる。この構成要件は旧規定によると „wer zum Absatz der Sache mitwirkt" と表現されていたのであるが、新規定において „wer die Sache absetzt oder absetzen hilft" と変えられようとした。立法者の意思によれば同義の表現であったのである。この場合 Wortlautgrenze ということによるとすれば、立法者は、意図してはいなかったにせよ、ともかく法規の内容を変更しようとしたのであるということもできる。なぜならば、「物を売却し」という構成要件要素は、これを自然的な用語法でみれば、売却行為の完了を要求しているのであり、旧規定の場合のように売却に向けられた行為があれば足りるという訳ではないと考えられるからである。シューネマンはしかしそれを否定する。けだし、結果発生が必要とされるのであれば、時制として „abgesetzt hat" という現在完了形が用いられている場合にのみそれが言葉の上でも明示されているのだということができるのに対し、二五九条に見られるのは現在時制であるから、結果発生に向けられた単なる行為も、用語上、その中に入り得るものと考えることができるというのである。シューネマンにいわせると、言語の自然的な意味に従えば、このように二通りの解釈が可能であり、そのことは欠点というよりかえって立法時の不注意な表現が固定化してしまうことを回避し得べき融通性をもつものとして評価されることになるのである。(34)

三　結　び

以上、さまざまな見解を検討してきた。条文を解釈するにあたり、その文言は自然的な意味で捉えられるべきか、意味連関の中でとらえられるべきかという問題について考えるための検討であった。事実、その問題についても今や一応の結論を出すことが可能であると思われるが、更に、それのみならず、本稿においてとりあげた他の問題点を考えるための示唆もそこから多くを得られることとなった。すでに指摘したように、解釈はまず文言から始まるといえるのであれば、その段階での考察は適用にまで至る目的行為の出発点として、その後の一連の行為全体に影響を及ぼすものであるからである。最終的には解釈はいかなる方法論をもち、いかにあるべきかという大きな問題が解決されなければならないのであるが、そこまでの究極的な見解には未だ到達しえない。上での検討を通して、概括的にではあるが、ともかく考え到ったところまでをまとめて結論とする。

思うに、解釈の限界ということは本来ありえないことである。特に、概念内容の分析という段階における解釈は、多義的な概念の場合にはそれが意味体として成り立ちうる最大限度まで、すなわち „möglich" なところまで把握さるべきであり、そこに一般人にとって理解が可能であるかどうかという他の判断基準をもちこむことは適切でない。なぜならば、そもそも構成要件は抽象化された形象であって、一般人が直接表象するところのものとは次元を異にするものであるからである。構成要件の解釈は概念分析から始められるが、その概念自体の形成を考えてみるならば、個々の事実的表象をメルクマールに分析し、それ等の中から共通性のあるものをとり出して、それを更に統合し、同時に、他の類似する表象との差異を示すメルクマールを明確にすることが行われる。このように形成される概念は、共通性の判断をする際にすでに一定の判断基準が導入されなければならないことを考えると、直接的表象そのものとはちがう存在であるといわなければならない。概念がそのようなものである場合、概念分析はまさに上とは逆の過程を辿ることになるが、その際、統合された概念が観念形象でありながら具体的な言語であらわされざるをえないものであるところに問題が生ずる。すなわち、概念が分析の結果、メルクマールに分けられる場合、おそらく、概念を表現するために用いられた言語そのものが本来的に有するところのメルクマールというものも出てくるのであろうが、そのメルクマールは、概念形成時の表象から得られるものと必ずしも一致しないであろうからである。しかし、この不一致は類型思考をとる限り必然的なこととして甘受されなければならないであろう。「殺す」という概念は直接表象されるもの自体ではない。逆に「殺す」という概念から得られるメルクマールは例えば不作為による殺人にも認められうるということができる。つまり、概念形成時は生の表象が基本であるとしても、一度、形成された後はすでにその概念用語の意味として機能するものの存在が認められなければならないであろう。

　このような概念（概念からなりたっている構成要件も同様である）を分析する際に、あえて限界という表現にあたると思われるものをあげるとすれば、刑法の条文の解釈である、という制約である。一般人が理解しやすい限度という限界ではないであろう。もちろん、刑法の条文の解釈であるということから出てくる要請は実はきわめて多いはずである。現に、バウマンの見解も、刑法の条文解釈であるが故に罪刑法定主義に服し、一般人に理解されやすい限度でなければならないのである、ということになるのであろうからである。つまり、刑法の条文の解釈であるという主張自体包括的なものであり、従って基準とはなり得ないものであるが、その中でも、少なくとも形式的な意味において把握されるをえ、かつ、形式的であるがゆえに、他から否定され得ない事実が存在する。すなわち、第一に、各条文が一定の意味をあらわす小体系であるということ、第二に、各条文は刑法典という大きな体系の中の一環を形成しているものである、ということである。少なくともこの二点については既定事実であるということができる。したがって、刑法の条文の解釈はこのような大なる体系の中に位置づけられる小体系としての意味体が明確にされることであるといえる。

　このことを伝統的な解釈方法の名称を用いて述べるとすれば、いわゆる文理解釈（あるいは文法解釈）と体系的解釈によって、文言が表わす意味の、体系内での最大限度までを第一次的に明らかにすべきではないかということである。[35] 少なくとも個々の概念はそのような全体との関連の中で把握されなければならない。例えば、行為という概念も刑法の領域で把握されるのであるがゆえに、反射運動や絶対的強制下の行為を含まないのである。また、このことは、刑法的因果関係論として用いられる条件説が一般的・哲学的なそれとは異なるものとして論ぜられることとも同一の基盤をもつ。このように刑法の領域内ということを前提とすれば、概念にある程度価値的な限定が加えられることになる。しかし、その結果認められることになる「刑法上の」概念という有価値性は、むしろ概念そのものに内在する本質であって、解釈を限界づけるものではないといわなければならない。この段階では Wortlaut を最大限に分析し、そこから得られる Wortsinn を möglich というよりむしろ möglichst に把握すべきである。けだし、Wortlaut を土台とする解釈は刑法体系内での論理的な作業として、社会的現実からは独立したものであり、法の機能面、すなわち、それがいかなる社会問題をいかに解決すべく機能させられるべきかというような視点に捉われない、論理的・中立的なものであると考えるからである。ここでは、何よりも、概念内容として成り立ち得る範囲の呈示がなされることが先決である。

もちろん、用いられている言語そのものが持っている意味の範囲を最大限に把握し、更に、文脈上繋がりうる限度で解釈するとしても、そこから生じる結論の数が一個に定まるものではないということは自明である。成立し得る複数の解釈の中のいずれを採るべきかということは自動的に定まり得ることではない。むしろ、解釈者が明示的あるいは黙示的に前提とする一定の価値的考量を新たな基準としてとり入れ、それに基づいてこの選択を行うものであるといわなければならない。すなわち、条文の意味は、一次的な客観的解釈によって定まりうるものではなく、解釈者によって、最終的にかくあるべしと望まれている形相へと導かれていくことにより初めて定まるものである。このことを一語で表わすとすれば、いわゆる社会政策的な視点から望まれる、法規の規範内容を最もよく実現すると考えられる解釈が選択されるということになる。これがすなわち目的的解釈である。この目的的解釈により、法規の規範的意味が定まることになる。ここでいわれる目的が立法者意思か、法規の目的かという問題については、ここではふれない。ただ、立法者意思は歴史的なものとして捉えられるのであるが、現時点での立法者により、法規が改正も廃止もなされていない限りは、依然、妥当なものとして存続していると考えなければならない。それ故、よしんば、客観的目的説による場合であっても、立法者が明らかにそこまでは意欲していなかったと考えられる場合をも法規の目的としてとり入れることができるかどうかは問題である。けだし、目的論によれば、目的は意欲を前提とすべきものであるが故に、法規の目的とはすなわち立法者の意思に担われているものと考えるべきであろうからである。

さて、この目的的解釈の際にいわれる目的とは、構成要件が積極的犯罪構成要件であるという意味で、犯罪構成に向けられる目的である。しかし、そのことは処罰の拡大を意味するものではない。なかんづく、バウマンのように、法規は刑法全体が指向する目的、さらには法秩序全体が追求する目的を顧慮しつつ解釈されるべきであり、その意味でも目的的解釈が行われるのである、と主張する場合にはなおさらである。曰く、「単に基本法違反を避けるというのみならず、基本法の目的に向けられる解釈[36]」であらねばならないのである。それゆえ、基本法が罪刑法定主義を唱い、類推を禁ずるものであるならば、バウマンの場合、そこから導かれるとされる解釈の限界性はむしろこの目的論的解釈の段階で機能することになるのではないであろうか[37]。犯罪を構成すべきものを明らかにするための解釈は同時にそこから犯罪とならないものを区別するのである。

このように解釈されて法規の意味が定まったとし、次に考えられなければならないことは当該法規の適用を受けるべき社会的事実についてである。解釈の終局目的は法規の適用によって示される判断である。この判断自体が一般性・普遍性を持つべきものである限り、社会的事実の中の当事者による当初の個別的な表象をまず固定化し、それに一定の定型化を加えることによって、表象を客観的なものにする必要があるということである。このように客観化されることによってはじめて、すべての人間間に当該表象についての一致した理解が得られる。それにともない、その表象したところに基づいて行われた行為に対して下される法的判断の是非についても、これを共通の基盤から検討することが可能となるのである。

ここに刑法理論と犯罪学、心理学、精神医学というような近接科学との直接的な接点があり、しかも、そのための事実的資料の大半は判例がこれを担わなければならないと思われる。すなわち、判例の意義はその判断の有り方にあるのみならず、社会的事実をどのように客観化しているのか、その方法論についての是非を問いかけるものである点にも見出される。

本来の解釈論は法規が出発点である。これに対し、ここでは生の社会的事実が出発点である。とりわけ、各種特別法の領域での過失処罰と刑法上の特に二一一条との関係が実体的にどのように整序されるべきかということは大きな課題であると思われる。構成要件の視点からみれば、両者は各々独立した過失であるから、理論上、行為はそれぞれの過失に分断されて把握されなければならない。この分断作業、あるいはそれに対する法の適用は当然のことながら裁判所の専権である。従って、そのような過失領域においては、刑法は一般人に対し一般予防的効果を実質的にもちえない。行為規範となりうべきものは、むしろ、そのような場合の社会的事実に対し、表象面、行為の態様面からの類型化を具体的に示しうる判例であろう。

また、あわせて、判例が提示する「罪となるべき事実」の構成が実態を損なうものではないかどうかという批判的な検討も、そのような実態面からの類型化を比較検討することによって、一つの基準を持つことができる。少なくとも、そのことが法の適用と社会的実態間の距離ということについての意識を絶やさないためのエネルギーとなるものであることは確かであろう。

さて、最後に法の欠缺について若干言及し、本章を閉じることとする。

法の欠缺そのものについていえば、刑法におけるそれはいわば本来的なものであると考えられる。けだし、刑法は無数の反社会的行為の中から、そのごくわずかな、しかも、類型的な行為だけを刑罰に当たるべき犯罪行為として断片的に規定しているものだからである。このことは、法というものが制定と同時に過去のものとなっていくという事実からやむをえず生ずることなのではない。むしろ、刑法が、その本質上、観念的・体系的に構想されるものではなく、経験的に生成してくる法であるべきことに帰因するゆえである。刑法は道徳律、倫理、習俗、歴史、文化等、既存の文化律に関係づけられて生成するものである。それらに培われた意識を源泉としなければ刑法的な法意識は成立しえない。一般的な法意識に支えられていない法には実効性をも認めることができないのである。刑法における法意識は過去からの積み重ねの上に生み出されるものである。特に刑法の中核をなす自然犯は、いずれもいわば発見されたものであるとはいえても、発明されたものであるとはいえないように、刑法はその法自体の性質から、更に加えて、法的安定性の観点から、欠缺部分を必然的に内包するはずのものなのである。

民法等の立法者に比較的自由な法創造が許される。これに対し、刑法の立法者は、構成要件として類型化できる程度の歴史をもった違法行為に限り、これを規定化することができるのである。それゆえ、立法後に新たに生じた反社会的行為に対し、これを既存の規定で把握することができないという状況が生まれることは当然予想される。そこで、この状況に対しどのように対処していくべきなのかということが、解釈と欠缺問題としてとりあげられることになるのであるが、この問題をめぐれば、結局、罪刑法定主義はどの程度に厳格な遵守を求められるかという当初の問題へとたちかえることになる。

罪刑法定主義にいう「法」とは法文であるのか法の意味であるのか、そのことはさらに、刑法に対する基本的な姿勢の相違へとわかれていく。刑法を依然として人権保障の砦とするならば、その行為規範は直接的なものであり、そのために法文という明確な基準がなければならない。これに対し、刑法を社会調整の手段として考えるとすれば、それがもっともよく機能することが最大の目的である。それゆえ、法文とか、解釈の限界というような制約はできる限り少ない方がよいことになる。もとより、このような対立は相互に歩み寄りえない根本的なものであると思われる。

確かに、各々の見解が論理的な思考に基づいて結論をひき出すのであるが、その論理性の枠内であっても、結論の多岐性は否定され得ない。すなわち、基本とするところの前提が異なるからである。実に、立法者によって意図された規範目的の詳細な限界づけも、これらの諸前提も、その妥当性に関していえば、もっぱら検証可能性という点においてのみ相対的に確証されるだけである。したがって、解釈論はもとより法理論全般についても、理論的検証可能性がもっとも重要なこととして追求されなければならないであろう。他方、具体的な法適用は、そこを基準としつつも、なお、その範囲内では自由な裁量により、刑事政策上の観点（処罰方向のみならず）から実態に適合する具体的衡平を第一の基準として行われるべきものである。この裁量が恣意に流れない為にこそ、社会的事実の面からの実態的な犯罪類型化がはかられなければならないと思われる。ひいては、それが法の欠缺を明白に映し出し、欠缺への立法的解釈という正しい道を拓くのであると思料する。

（1） Vgl. Jescheck, L.B., A.T., 3 Aufl., S. 122. 解釈の中で刑法の保障機能がどのように保証されるべきか、それが問題である、とする。

（2） 西原春夫「刑法総論」（成文堂、一九七七）三四頁。Jescheck, a. a. O. (Anm. (1)) S. 122 参照。

（３） Vgl. Otto, Grundkurs Strafrecht, 2 Aufl., S. 23（Ryffel を引用した部分）.

（４） Vgl. Otto, a. a. O. (Anm.(3)) S. 23.

（５） Vgl. Otto, a. a. O. (Anm.(3)) S. 24.

（６） Vgl. Jescheck, a. a. O. (Anm.(1)) S. 121.

（７） Vgl. Jescheck, a. a. O. (Anm.(1)) S. 119.

（８） Vgl. Lippold, Reine Rechtslehre und Strafrechtsdoktrin, S. 166-167.

（９） Vgl. Baumann, Die natürliche Wortbedeutung als Auslegungsgrenze im Strafrecht (in Beiträge zur Strafrechtsdogmatik, 1987), S. 3 ff. 六頁ほどの小論文であるので、部分部分の頁数の引用は省略する。

（10） Vgl. Baumann, a. a. O. (Anm.(9)) S. 5. Anm, Nu. 7.

（11） 例えば、井上・福田・渡辺編「法律学概論」（青林書院新社、一九八一年）八〇頁以下、参照。

（12） Vgl. S. S., Strafgesetzbuch, 20 Aufl, S. 29.

（13） Vgl. Jescheck, a. a. O. (Anm.(1)) S. 126.

（14） Vgl. S. S., a. a. O. (Anm.(12)) S. 30.

（15） Vgl. Baumann, Strafrecht, A. T. 5 Aufl, S. 145. ただし、何が保護法益かという認識は、まずもって、文理・文法的解釈を基礎とし、それにさまざまな方法論をあわせて得られるものであるとする（一三六頁）。

（16） Vgl. Baumann, a. a. O. (Anm.(15)) S. 140.

（17） Vgl. Hassemer, Einführung in die Grundlagen des Strafrechts. S. 257.

（18） Vgl. Maurach, Strafrecht, A. T., Teil 1, 5 Aufl, S. 125.

（19） Mezger, LB, 3 Aufl, S. 80.

（20） Schmidhäuser, Strafrecht A. T., 1970, S. 88.

（21） Vgl. Schmidhäuser, a. a. O. (Anm.(20)) S. 14.

（22） Vgl. Schmidhäuser, a. a. O. (Anm.(20)) S. 15.

（23） Schünemann, Nulla poena sine lege, 1978.

（24） Vgl. Schünemann, a. a. O. (Anm.(23)) S. 17 ff.

(25) Vgl. Schünemann, a. a. O. (Anm.(23)) S. 17.
(26) Vgl. Schünemann, a. a. O. (Anm.(23)) S. 17–18.
(27) 原語は analogisch であるが、あえて類推許容性と訳す。
(28) Vgl. Schünemann, a. a. O. (Anm.(23)) S. 18.
(29) Vgl. Schünemann, a. a. O. (Anm.(23)) S. 19.
(30) Vgl. Schünemann, a. a. O. (Anm.(23)) S. 19 ff.
(31) Vgl. Schünemann, a. a. O. (Anm.(23)) S. 20.
(32) Vgl. Schünemann, a. a. O. (Anm.(23)) S. 21.
(33) Vgl. Schünemann, a. a. O. (Anm.(23)) S. 21.
(34) Vgl. Schünemann, a. a. O. (Anm.(23)) S. 22–23.
(35) リッポルド一六一頁によれば、文理解釈、体系的解釈は Wortlaut に向けられる解釈であるとされ、目的的解釈、歴史的解釈が目的や意味に向けられるものであることと対比的にとりあつかわれている。
(36) Baumann, a. a. O. (Anm.(15)) S. 136.
(37) 先に、バウマンがいうところの言語の意味の自然的な把握という考え方は、解釈というよりむしろ適用論ではないかと述べたことであった。目的的解釈は、法が具体的に適用されることを見すえての現実的な解釈である。第一次的解釈である文理、体系的解釈が没社会的、中立的であるのとは異なり、目的的解釈は適用そのものの基準となるという意味で、適用論ではないかと述べたのである。

初出一覧

第一章　違法構成要件論への道程：平一九年　法学新報一一三巻三・四号
第二章　客観的帰属論：書き下し
第三章　原因において自由な行為：平一七年　中央学院大学法学論叢一九巻一・二号
第四章　併発事実と法定的符合説：平四年六月　法学書院『刑事法学の現代的展開』上（八木国之先生古稀祝賀論文集）
第五章　共謀共同正犯論：平一八年　中央学院大学創立四〇周年記念論集『春夏秋冬』
第六章　予備罪考：平元年一一月　法学新報九六巻一・二号
第七章　総則と各則の関係論：平元年六月　法学新報九五巻　一一・一二号
第八章　解釈論一考：平三年八月　法学新報九八巻　一・二号

著者紹介

山本雅子（やまもと まさこ）

昭和19年　島根県生まれ。

昭和37年　中央大学法学部法律学科入学。同大大学院法学研究科修士・博士課程を経て、その後、中央学院大学法学部に奉職、現在、同大法学部教授。中央大学法学部非常勤講師。

実質的犯罪論の考察

2007年5月20日　初版第1刷発行

著　者　山　本　雅　子

発行者　阿　部　耕　一

〒162-0041　東京都新宿区早稲田鶴巻町514

発行所　株式会社　成　文　堂

電話 03(3203)9201(代)　Fax 03(3203)9206

http://www.seibundoh.co.jp

製版・印刷　藤原印刷　　製本　弘伸製本

☆乱丁・落丁本はおとりかえいたします☆

ISBN978-4-7923-1764-5 C3032

定価（本体5500円＋税）